马克思主义中国化视野下的"土地革命"研究

共产国际与"土地革命"战略的提出及实施

汪澎 ○ 著

中国社会科学出版社

图书在版编目（CIP）数据

马克思主义中国化视野下的"土地革命"研究：共产国际与"土地革命"战略的提出及实施/汪澎著．—北京：中国社会科学出版社，2023.1
ISBN 978 - 7 - 5227 - 1362 - 5

Ⅰ.①马…　Ⅱ.①汪…　Ⅲ.①第二次国内革命战争—研究
Ⅳ.①K263.07

中国国家版本馆 CIP 数据核字（2023）第 030820 号

出 版 人　赵剑英
责任编辑　刘　艳
责任校对　陈　晨
责任印制　戴　宽

出　　　版　中国社会科学出版社
社　　　址　北京鼓楼西大街甲 158 号
邮　　　编　100720
网　　　址　http://www.csspw.cn
发 行 部　010 - 84083685
门 市 部　010 - 84029450
经　　　销　新华书店及其他书店

印　　　刷　北京明恒达印务有限公司
装　　　订　廊坊市广阳区广增装订厂
版　　　次　2023 年 1 月第 1 版
印　　　次　2023 年 1 月第 1 次印刷

开　　　本　710 × 1000　1/16
印　　　张　13.25
插　　　页　2
字　　　数　201 千字
定　　　价　69.00 元

序

　　本书作者汪澎博士是我的第一个硕博连读研究生，我对作者以及她的博士学位论文的研究情况非常了解，因而，这部以博士学位论文为基础的书稿即将出版之时，我欣然为之作序。

　　2005 年，本书作者汪澎以硕士研究生入学考试全校文科考生第一名的成绩，考入西南交通大学政治学院马克思主义理论与思想政治教育专业。她入学之后，我们有幸结下师生关系。待她留校任教之后，我们又成为同事。

　　早在从事留法勤工俭学运动研究时，我便留心到中共党内的留学生群体，在"经典作家论近代中国"硕士生课程的多年授课过程中，我注意到斯大林、共产国际不止一次提及中国应当进行土地革命，尽管他们心目中的土地革命与后来中国共产党所实行的土地革命有天壤之别。考虑到为"中共党内留学生群体研究"这个课题做一些资料方面的准备，我安排入学不久的汪澎开始着手这个课题的基本资料的整理。她利用暑假时间，查阅了《近代留学生大辞典》《中共党史人物传记》等若干工具书和资料集，设计整理了一份九万余字的《中共党内留学生名录》。开学后，我看着这份"暑假作业"，甚感惊喜：一个入学才一个学期的硕士生，能够积极地完成如此细致耗时的资料整理工作，似有"板凳坐得十年冷"的毅力，当是一个做学术研究的苗子。

　　2006 年年初，西南交通大学政治学院获批马克思主义基本原理和思想政治教育两个博士点，翌年便招收第一届博士生。这个能坐"冷板凳"的研究生顺利地成为博士点的第一个硕博连读博士生，开始重点进行马克思主义中国化的研究。在学习、研究和博士论文选题的过程中，我给汪澎和另几位博士生提出了一个系列的研究计划，就是将中国共产党若干重大的理论和实践，比如，关于"土地革命"、关于"武装斗争"、关于"统一战线"等问题，与共产国际的理论设想做比较研究，从而研究中国共产党在理论和实践中继承了马克思主义的哪些资源，又作了什么样的发展，从而厘清中共的理论创新和实践创新。这样的创新正是马克思主义的本土化、中国化的具体内容。经过慎重地考虑，汪澎选择了做共产国际与中国"土地革命"的缘起与实施的研究。

其后，我们就开始查阅资料与选题的论证。收集资料方面，中共党史方面的，在藏书颇丰的政治学院的资料室、网上的旧书店都搜集很多。值得一提的是，苏联解体后，大量的档案资料陆续开放和出版。自1999年开始陆续出版《共产国际、联共（布）与中国革命档案资料丛书》，截至2006年出版了前12卷（至2012年，全套丛书共出版21卷）。这是尚未被充分研究和利用的最重要的档案资料。此外，还有中共建党前后的重要的期刊、杂志、报纸，就只能泡在校图书馆里翻阅摘抄。我向来对研究生有定期的"考问"，就是要他们汇报前一段时间的读书体会心得，交流讨论学习中不甚理解的问题或心得体会。从"考问"中可以看出，汪澎对共产国际关于在中国进行土地革命的几种方案设想、实施路径、领导者或领导集团的资料收集较为充分，也有了初步的研究，思路亦大体明晰。她重点将中国"土地革命"战略的实施与共产国际设想的方案进行了比较，在此基础上，两者的联系出来了，特别是两者的区别明显了，中国化的内容便清楚了，博士学位论文也就有数了。

在前述学习和研究的基础上，与博士学位论文相关问题的研究，理所当然地纳入了她的视线。诸如共产国际提出的多种方案的比较、中共内部对各种方案的看法、接纳程度，八七会议前后中共对土地革命的态度，土地革命与中国革命新道路的关联，孙中山对土地革命的态度，等等。在认真学习和研究的基础上，数篇学术研究论文应运而生。在博士学位论文撰写期间，汪澎陆续发表十余篇学术论文，其中《孙中山对共产国际"土地革命"战略的态度析论》被《新华文摘》

予以论点摘编。攻读博士学位期间，汪澎克服了若干学习上、生活上的困难，最终较好地完成了博士学位论文，并得到校内外专家的好评，顺利地通过答辩。

博士学位的获得，成为汪澎继续进行学术研究的起点。留校任教之后，她在教学、科研两个方面均取得明显的成绩。短短五年间，不仅成长为教研室主任，还先后获省级和教育部教学比赛的奖项；在《光明日报》（理论版）发表论文，获批国家社科基金项目。与此同时，对博士学位论文的思考、修订也在进行之中。

在博士学位论文的基础上，这本书稿《马克思主义中国化视野下的"土地革命"研究》即将出版，总体而言，这本著作有这样几个特点：

其一，注重创新。学术研究就是既要汲取已有的研究成果，更要有所创新。过去，"土地革命"相关的研究成果很多，但是，由于资料方面的限制，没有将中共的实践与共产国际的设想进行比较，没有强调"土地革命"是马克思主义中国化的一个极为重要的成果。本书的研究就是提炼出在"土地革命"的实施中，"中国革命不同于俄国革命""中国共产党的实践不同于共产国际的构想"的具体内涵，从而得出令人信服的结论。作者不囿于成见，就中国革命中的"土地革命"战略的若干未曾探讨或有争议的问题，提出了自己的见解。比如：作者认为中国革命的"土地革命"战略是共产国际最早提出的战略设想，但是其具体方案却不可行；中共对共产国际在这方面的指示并不太认同，党内对农民问题的重要性的认识深浅不一，不赞成共产国际的"没收地主土地再分配"这一政策；在"土地革命"战略的具体实施中，中共独创性地开辟了将"共产党领导""武装斗争""根据地建设"和"土地革命"紧密结合、四位一体的实施路径。这就弄清了中共领导的"土地革命"与共产国际所设想之"土地革命"的异同：是不是由中国共产党领导，是不是与武装斗争相结合，是不是走农村包围城市的道路。换言之，作者就是力图在马克思主义中国化的视野下重新审视中国共产党所领导的"土地革命"。

其二，资料翔实丰富。史料是历史研究的出发点和依据，历史研究的推陈出新不仅在于理论与方法的创新，亦在于史料的创新——新史料的发现、整合和利用。苏联解体后，尘封多年的共产国际和苏共档案解密。从20世纪90年代末至今，俄罗斯和德国学者合作编纂的《共产国际、联共（布）与中国革命档案资料丛书》已陆续译成中文出版。对"土地革命"的研究，不能割断同共产国际的联系，孤立、封闭起来研究，中国共产党的农民土地理论与共产国际的主张认识存在何种关联，必须在史料上下足功夫。充分发掘、利用新出版的共产国际和苏共档案正是本书的一大特色。在熟读并理解资料的基础上，不断思考，不断进行比较研究，才能写出有价值的学术论文。在当前学术研究略显浮躁的情势下，注重资料的收集、整理、利用，注重言之有据，是难能可贵的。

其三，注重比较研究。比较研究本是学术研究中的常用方法之一，之所以成为本书的特色，是因为本课题必须注重比较研究。对于马克思主义中国化研究而言，尤其是共产国际、苏共在中国有绝对权威的时期，他们所提出的若干方案、路径，有不少并不完全符合中国社会的实际，不完全符合中国革命的实际。这就给马克思主义中国化提出了挑战，而所有这些挑战往往表现为教条主义者津津乐道的"山沟沟里出不了马克思主义"。如果将中共"土地革命"的成功实践问题看作中国共产党在马克思主义中国化方面所取得的第一个重大成果，那么，中国共产党在新民主主义革命时期的重大理论和实践均与此相关联，中国革命胜利的基础也正在于此，毛泽东思想和中国革命新道路的形成亦与此相关联。中国共产党人当年便注重比较与鉴别，我们今天的比较研究在某种意义上正是历史的再现。既要将共产国际所提出的方案的重要内容进行比较，又要将共产国际的方案与中共的具体实践做比较研究，还要将四一二、七一五、八七会议这些重大节点前后的方案进行比较研究。即便是中共的实践，也有变动，也需做比较研究。

其四，思路清晰绵密。全书在行文结构上以"土地革命"概念、战略的提出及实施为线索，如实地把中国革命新道路的形成过程看作一个历史过程，同时又系统地探索中国"土地革命"理论体系在各个方面的表现，从而将历史事件的时间顺序研究和分专题进行的研究结合起来，立体地、完整地揭示"土地革命"理论体系的博大内容。按照历史发展的基本线索，以马克思主义理论家对农民土地问题的探索为开端，到共产国际提出中国"土地革命"战略构想，再到中国共产党以共产党的领导、武装斗争、根据地建设和土地革命四位一体革命道路的基本开辟为结尾，按照历史发展的顺序详细展开。按照这种历史线索的研究，有助于形成明晰的概念和具体过程。全书又不完全流于历史发展顺序的叙述，因为如果那样，往往不能完整地再现整个"土地革命"战略体系各个方面的丰富内容。在基本按照历史顺序展开的同时，作者以专题的形式对理论体系的形成进行系统研究，全面展开了中国共产党所实施的"土地革命"的丰富内容，具体完整地呈现中国共产党"土地革命"的丰富内涵。

总的来说，这本《马克思主义中国化视野下的"土地革命"研究》在史料的梳理及运用以及论证方面是较为清晰的，作者的辛劳在书中随处可见。

平心而论，本书也难免有不足之处。开辟中国"土地革命"实践路径，以至于开辟中国革命的新道路，毛泽东的思考和贡献无疑功勋卓著，成就斐然，本书也不惜笔墨，充分剖析。但是书中对李大钊、瞿秋白、陈独秀、周恩来等其他共产党人相关思想与实践的研究还显薄弱，如时间充裕，当做一定补充，将中国共产党人的集体智慧更立体地展现出来。联共（布）、共产国际在中国大革命失败后减少了对中共直接地具体地发布指示。因此，由于资料的原因，本书对大革命失败之后，联共（布）、共产国际关于中国"土地革命"如何实施的思路演变的研究也稍显单薄，进一步的研究还有待相关资料的深入挖掘。

应当说，作者经过博士阶段的研究训练，如今已具备了独立进行科学研究的能力。和所有的成功一样，学术研究更需要长年累月地坚持和努力，愿汪澎将最初的耐力和坚韧用到今后的学术研究上，不懈进取，这是老师所深深期待的。

鲜于浩

2017 年 7 月

目　　录

第一章　绪论 ……………………………………………………（1）

　第一节　选题的缘起 ……………………………………………（1）

　　一　选题的背景 ……………………………………………（1）

　　二　选题的意义 ……………………………………………（3）

　第二节　国内外研究现状及评价 ………………………………（5）

　　一　研究现状 ………………………………………………（5）

　　二　研究评价 ………………………………………………（16）

　第三节　本书的研究内容 ………………………………………（18）

　　一　本书主旨 ………………………………………………（18）

　　二　研究内容 ………………………………………………（19）

第二章　马克思主义理论中的"农民土地问题"概述 ……………（22）

　第一节　农民在革命中的地位与作用 …………………………（22）

　　一　从"一口袋马铃薯"谈起 ……………………………（22）

　　二　走进"农民的国度" …………………………………（25）

　　三　列宁对农民革命作用的认识与发展 …………………（28）

　第二节　对农民阶级阶层的划分 ………………………………（29）

　　一　马克思恩格斯对农民阶级阶层的划分 ………………（29）

　　二　列宁对农民的阶层划分 ………………………………（32）

　第三节　有关土地问题的基本思想 ……………………………（35）

　　一　"土地国有化" ………………………………………（35）

　　二　列宁有关土地问题思想 ………………………………（38）

第三章 共产国际与中国"土地革命"战略的缘起 …………… (42)

第一节 共产国际与中国"土地革命"战略构想的提出 ……… (42)

　　一 酝酿准备 …………………………………………… (42)

　　二 初步提出 …………………………………………… (48)

　　三 形成战略 …………………………………………… (50)

　　四 重申丰富 …………………………………………… (54)

第二节 共产国际对中国"土地革命"实施方案的设想 ……… (59)

　　一 造就"革命的雅各宾"的国民党领导"土地

　　　　革命" ……………………………………………… (60)

　　二 改造国民党为"工农政党"来实行"土地革命" ……… (67)

　　三 倚重"革命的"国民党左派来支持"土地革命" ……… (77)

第三节 共产国际内部对中国"土地革命"战略的争议 ……… (91)

　　一 关于东方国家解决土地问题的原则 ……………… (92)

　　二 关于革命政策的中心 ……………………………… (95)

　　三 关于解决土地问题的必要性 ……………………… (99)

　　四 关于解决土地问题的方式 ………………………… (105)

第四章 中国共产党对"土地革命"战略的早期认识与

**　　　 分歧** ……………………………………………… (111)

第一节 对指示精神搁置不议（1921—1925） …………… (111)

　　一 对农民重要地位与作用的认识与共产国际尚有

　　　　差距 ………………………………………………… (111)

　　二 中共不赞同"没收地主土地再分配"的政策 ……… (117)

第二节 战略方向上逐渐认同（1925—1927.4） ………… (121)

　　一 对农民问题的认识有"质"的发展 ……………… (121)

　　二 逐步触及解决土地问题 …………………………… (125)

第三节 实施路径上意见不一（1927.4—1927.8） ……… (131)

　　一 没收和分配土地的时机 …………………………… (131)

　　二 没收和分配土地的若干政策 ……………………… (134)

　　三 建立农民的政权和武装 …………………………… (136)

第五章　中国共产党与"土地革命"战略的实施 …………（140）
　第一节　对"土地革命"相关战略举措的探索 …………（140）
　　一　与"土地革命"相联系,制定"武装斗争"新
　　　　方针 ………………………………………………（140）
　　二　打出共产党的旗帜,确立"土地革命"领导力量 ……（144）
　　三　建立革命根据地,巩固"土地革命"大本营 …………（147）
　　四　将全党工作中心转向农村,还原"土地革命"应有
　　　　之义 ………………………………………………（151）
　第二节　中共对土地革命具体政策的逐步完善
　　　　　　（1927.8—1931.3）…………………………（156）
　　一　应当没收哪些土地 …………………………………（156）
　　二　如何分配土地 ………………………………………（161）
　　三　怎样进行阶级划分 …………………………………（166）
　　四　如何确立土地所有权归属 …………………………（173）

余论　马克思主义中国化视野下的"土地革命" …………（179）

参考文献 ……………………………………………………（189）

后记 …………………………………………………………（199）

第一章　绪论

第一节　选题的缘起

一　选题的背景

新民主主义革命的狂风巨浪早已平息，但对它的追忆与思考却远远没有结束。

20 世纪上半叶，在中国农村广袤的土地上，中国共产党发动和领导了土地革命，赢得了占中国人口 80％ 的农民的参与和支持，以农村革命根据地为依托，走出了一条不同于俄国十月革命的"农村包围城市"的革命道路，这条道路的成功已经被事实所证明。有关"土地革命"的研究成果为数颇巨，从已有研究的主要内容来看，主要涉及以下几个方面：一是从土地革命与中国革命的关系出发，论证土地革命的合法性及必然性；二是研究土地革命的运作过程、政治意义与经济效应；三是关于土地革命的跨学科的多元综合的研究。共产国际与中国土地革命的关系研究是与上述几个方面都有相关性的一个问题，这方面的研究已取得相当的成果，但囿于档案资料的不足，仍有一些问题没有得到透彻的分析。

（1）"土地革命"的战略究竟是谁最早提出的？是在何种背景下提出的？提出的目的是什么？

（2）中国共产党作为共产国际的一个支部，其土地革命战略多大程度上受到共产国际的影响？共产国际及苏共内部在关于中国土地革命的战略上有无争论？中国共产党对共产国际关于土地革命的战略如何认识？党内有无争论？

（3）中国共产党领导的"土地革命"之内涵与共产国际所设想之"土地革命"的内涵有哪些异同？中国共产党在实施土地革命政策的过程中是如何根据本国国情作出调整并实现中国化的？

带着上述三个问题，笔者在充分吸收借鉴众多研究成果的基础上，利用近年俄罗斯解密的《共产国际、联共（布）与中国革命档案资料丛书》及相关资料，把中国的"土地革命"放到共产国际与中国革命的历史背景中，以马克思主义中国化的视角重新审视，对"土地革命"问题进行深入研究。

"土地革命"是无产阶级领导农民消灭封建土地所有制，从政治上、经济上打倒地主阶级，解放农村生产力的革命。[①] 中国共产党领导广大农民为废除封建剥削的土地制度进行了长达 30 多年艰苦又曲折的斗争，学术界一般将其分为以下五个阶段：建党初期和第一次国内革命战争时期的减租减息运动、第二次国内革命战争时期的土地革命、抗日战争时期的减租减息、解放战争时期的土地改革、新中国成立以后的新区土地改革。从实践上来说，1927 年至 1937 年的第二次国内革命战争时期是以打倒土豪劣绅、废除封建土地所有制，使农民获得土地为主要目的，所以通常又将这一时期称为"土地革命时期"。然而，"土地革命"的思想源头并非自 1927 年开始。本书研究的"土地革命"，从时间上来说是自 1919 年共产国际成立时起至1931 年春土地革命阶级路线初步形成时止；从内容上来说，"土地革命"也并不专指变更农村的土地关系，同时也是与共产党的领导、根据地建设、武装斗争等内容紧密联系的四位一体的中国革命道路的总称，其题中之义就包括两个方面：变更农村土地关系的研究和"共产党领导""土地革命""根据地建设""武装斗争"四位一体革命道路的研究。

---

① 《辞海》（第六版第三册），上海辞书出版社 2009 年版，第 2292 页。

二 选题的意义

(一)理论意义

首先,扩大了"土地革命"研究的理论视野。

一般而言,对"土地革命"的研究是从 1927 年八七会议确立"土地革命"总方针开始。事实上,没收分配土地的革命实践,并非始于土地革命时期,而是从大革命后期的极个别地区即开始了,"土地革命"的理论源头甚至可以追溯到 1920 年召开的共产国际第二次代表大会。关于"土地革命"进程及成效的研究已经取得丰硕成果,囿于档案资料的不足,对于"土地革命"理论的缘起并没有得到透彻的分析。通过无产阶级总同盟罢工的方法来夺取政权的革命道路给共产国际和年幼的中国共产党造成一种"路径依赖",即"依赖工人阶级,以城市为中心的民众运动"的革命路径。这样,在革命过程中如何重视并提出农民土地问题,要不要搞土地革命和什么时候、怎么样搞土地革命在共产国际和联共(布)内部以及中共内部都曾引起巨大的分歧和争论。共产国际和中国共产党在"土地革命"口号的提出及初步实施过程中,对"土地革命"战略的认识和实施政策都在不断变化和完善。在这一过程中,中国共产党并非完全"照搬"共产国际的指示,同样也不是完全不受共产国际影响,共产国际的指示和中共的政策是错综复杂的互动关系。中国共产党在分歧和论争中接受"土地革命"为中国革命的战略方针,在实施中逐步深化认识、完善政策,形成一条正确、有效的土地革命阶级路线,将革命的中心从"城市"转移到"农村",成功地探索出农民武装革命的道路。正是以毛泽东为代表的中国共产党人,依据中国革命的实际情况,吸取并发展了马克思主义关于农民土地问题的理论,在中国成功地武装农民,践行了"土地革命"战略思想。从这一意义上说,本书的研究是以共产国际指导中国革命为历史背景,深入挖掘共产国际与中国"土地革命"的关系。以马克思主义中国化为研究视角,详细论述中国共产党在领导中国的"土地革命"实践中对丰富和发展马克思主义所做的理论贡献,从而扩大了"土地革命"研究的理论视野。

其次，本书对于研究毛泽东思想形成与共产国际的关系，对于科学总结马克思主义中国化的具体内容具有重要的学术价值。

井冈山根据地时期，中国共产党开辟了"土地革命"战略的实践路径。中国共产党深入农村，开展武装斗争，建立红色政权，把落后的农村变成强大的革命根据地，进而以农村包围城市，最后夺取全国政权，取得革命胜利。将武装斗争、土地革命、根据地建设三者结合的"三位一体"思想，正是中国革命道路最基本的内涵，这一革命道路的形成过程也是毛泽东思想的形成过程。对"土地革命"的研究，不能割断同共产国际的联系，孤立、封闭起来研究；对共产国际与"土地革命"关系的研究，为研究毛泽东思想，尤其为研究毛泽东农民土地思想和中国革命道路思想同共产国际互相联系、互相渗透、互相借鉴方面提供了基本前提。以毛泽东为代表的中国共产党人借鉴和继承共产国际的哪些思想资源，又做了如何的丰富和发展，这些正是"中国化"马克思主义的具体内容。

最后，本书的研究有助于客观、科学地评价共产国际指导中国革命的功过是非。

共产国际对中国革命的影响，毛泽东评价曰：两头好，中间差。周恩来对这一评价作了进一步的阐释："两头好，也有一些问题；中间差，也不是一无是处。"[①] 在中国的"土地革命"中，共产国际指导作用的"好"具体体现在哪里，"坏"又带来了哪些影响，中国共产党又是如何克服"坏"的指导的。本书的研究有助于厘清这些史实，从而客观、科学地评价共产国际指导中国革命的功过是非。

（二）现实意义

在有着数千年封建积压而又幅员广大、人口众多的中国大地上，中国共产党人发动和领导的"土地革命"是中国革命道路上的一次艰苦的探索，解决了农民的土地要求，赢得了农民的支持。今天，土地问题又重新成为现实生活中的一个重大课题。用当代人的眼光审视民主革命时期的农民革命仿佛是如此遥远和朦胧，但当我们深入历史

---

① 周恩来：《周恩来选集》（下卷），人民出版社1984年版，第303页。

的隧洞，详加考察农民问题的实质时，才发现历史在很多时候有着惊人的相似。这是因为，中国苏维埃运动在新民主主义革命时期，农民是无产阶级可靠的同盟军，是民主革命的主力军，是农业、农村和农民的革命奠定了中国革命的基础，可以说，没有"土地革命"就没有中国革命的成功；在社会主义建设时期特别是改革开放后，农业、农村和农民又在进行着另一次的革命，不同的是，这一次的革命是为了实现国家的现代化。因此，农民问题始终是中国革命和建设的根本问题。新民主主义革命时期，农民之所以跟着中国共产党闹革命，最根本的原因是党顺应了农民的要求，将土地分给农民。而我们今天的新农村建设，也应该借鉴历史的经验教训，认真研究"三农"问题的实质，认真研究农民的需求，坚持科学发展，统筹兼顾，来实现"三农"的发展。本书总结和反思革命时期中国共产党人将马克思主义基本原理与中国实际相结合的过程，这类总结与反思，对我们当代"三农"问题的解决仍有一定的借鉴与启示意义。

第二节　国内外研究现状及评价

一　研究现状

（一）国外研究概况

解读中国共产党的历史、研究中国共产党理论和实践，逐渐成为国外汉学家研究的一门"显学"，而作为中国共产党革命理论和实践中的最具特色的农民土地革命理论更是一直为国外研究者所关注。相较其他国家而言，苏联学者研究中国革命具有得天独厚的条件，并且起步也较早。杰留辛的专著《中共政策中的农民土地问题（1921—1928）》研究了中国共产党 19 世纪 20 年代的土地政策和中国共产党人争取农民的斗争。格里戈里耶夫在研究档案资料的基础上撰写了《苏维埃运动初期的中国共产党（1927.7—1931.9）》，探讨了中国成立苏维埃政权的过程、苏区和中共武装力量的成立过程和中国共产党在这个时期的农民土地政策。法国的毕仰高较多地研究了中国共产党领导的农民运动，他利用中文档案资料，在《剑桥中国史》第 13 卷中分析了中国农村社会和农民运动。美国学者哈特福与 S. 戈德斯坦合编的《星星之火：中国农村革命》是研究中国农村革命运动的论文集。柏林自由大学政治研究系麦斯纳的《"红海丰"——彭湃关于中国南方农民运动的报告》研究了中国大革命时期的农民运动。曾访问过革命根据地或在当地生活过的国外新闻记者和观察家也在其著作中对土地革命作了相关研究，如韩丁的《翻身——中国一个村庄的革命纪实》、杰克·贝尔登的《中国震撼世界》。他们以亲身见闻记述了土地革命中中国共产党争取农民参加革命并赢得革命胜利的过程，对土地革命给予了高度评价。珀金斯的《中国农业的发展 1368—1968》以"现代化"的分析模式对土地革命的积极作用提出质疑。这些研究为国外的中国"土地革命"研究开拓了道路，但由于时代的限制，有些研究成果和研究方法体现出"政治化"的倾向，其结果是导致研究"失真"。

近来研究者以新的"研究范式"拓宽了"土地革命"研究的领域。比如黄宗智以"表达性现实"和"客观性现实"这样两个内涵不同的概念来区分土地改革研究中表达与实践两个层面之间的关系。①黄宗智的理论构建为理解解放以来的乡村社会提供了一个新视角，是对以往中国革命的研究中表达与实践的单一维度的突破。黄冬娅则从农会（贫农团）的变迁着手，对当时苏维埃区域中的国家——基层组织——农民之间的利益结构进行了剖析。美国著名中国问题研究专家史华慈在《中国的共产主义运动与毛泽东的崛起》中提出"毛主义"的概念，高度评价毛泽东关于农民土地问题的鲜明独创精神。布兰特利·沃马克出版了《毛泽东政治思想的基础》一书，从政治学角度提出了"政治范式"的概念，以"政治范式"的概念来研究毛泽东对中国革命道路理论的阐释。

（二）国内研究概况

港台学者涉及中国共产党土地革命的研究有陈永发的《中国共产

---

① ［美］黄宗智：《中国革命中的农村阶级斗争——从土改到文革时期的表达性现实与客观性现实》，2006 年 11 月 29 日（http：//www.chinese-thought.org/shgc/002621.htm）。

革命七十年》和《内战、毛泽东和土地革命——错误判断还是政治谋略》、王松山的《中国大陆土地问题研究》、朱秋霞的《中国大陆农村土地改革》等，他们主要是以整个大陆地区为考察对象，以革命史范式为叙事框架，对这一论题作了有益探索。但囿于资料不足，这些研究还不够深入和全面。

改革开放之前，对土地革命的研究多从"土地革命"与中国革命的关系着眼，研究者多为受党影响的革命知识分子。其目的一方面是揭示土地政策与新民主主义革命的关系，论证土改的合理性，另一方面是宣传党的土地政策。所见较早的著作有：胡伊默的《土地改革论》、孟南的《中国的土地改革问题》、陶大镛等的《土地改革与新民主主义革命》。因受资料和时代的限制，这些著作还没有深入研究中国共产党土地改革的内部过程。

改革开放以来，国内大量珍贵史料得以整理出版，如佟英明与邢永福编的《第二次国内革命战争时期土地革命文献选编》、中国社会科学院选编的《第一、二次国内革命战争时期土地斗争史料选编》、高熙的《中国农民运动纪事（1921—1927）》、中共中央党史研究室编的《土地革命纪事》、中央档案馆编的《中共中央文件选集》、中国人民解放军政治学院党史教研室编的《中共党史参考资料》及《中共党史教学参考资料》等。另外，有关武装起义和根据地专题的史料也相当多地涉及了土地革命，相关研究成果蔚为大观，有较高学术水平的著作如郭德宏的《中国近现代农民土地问题》、赵效民主编的《中国土地改革史（1921—1949）》、杜润生主编的《中国的土地改革》、孔永松著的《中国共产党土地政策演变史》、张永泉与赵泉均著的《中国土地改革史》、成汉昌著的《20世纪前半期中国土地制度与土地改革》、何东等编著的《中国新民主主义革命时期的农民土地问题》、农业部农村经济研究中心当代农业史研究室编的《中国土地改革研究》等。

学者从土地占有与中共的土地革命关系角度对革命前的土地占有做了实证性研究。如杜润生的《杜润生自述：中国农村体制变革重大决策纪实》、高王凌的《租佃关系新论——地主、农民和地租》、胡英泽的《流动的土地与固化的地权——清代至民国关中东部地册研究》，以及黄道炫的《1920—1940年代江南地区的土地占有——兼谈地主、农民与土地革命》等文。另外，许多学者开始利用来自社区层面的文献和口述资料，将土地革命研究进一步推向了运动的微观运作机制，从区域社会史、乡村社会变迁的视角深入研究、重新审视土地革命运动。这些实证性和多视角的研究引起了学术界广泛的讨论，将土地革命的研究向纵深方向推进。

（三）研究的主要内容

1. 关于土地革命的合法性前提

研究者在论述土地革命合法性前提时，都强调地权分配不均、地主对农民的阶级压迫。通过对革命前土地占有状况、租佃、雇佣、借贷的关系、田赋、捐税和灾荒，以及帝国主义剥削与掠夺的描述，学者们普遍认为农民生活恶化、土地集中到少数大地主手里的程度日益加深，只有消灭地主阶级，农民才能解放出来。具有代表性的观点是："地主占有制形成的大规模土地垄断，官僚军阀强权掠夺、无偿占有，到处可见。大量地区，农村宗法社会遗留的人身依附，当时依然存在。这一切阻碍了社会资本向工业和农业资本主义经营的转移。……这个社会结构，除非用革命手段予以扫除，没有别的出路。"[①]

但是，另一方面，近年来已经有越来越多的研究者认为近现代以来中国并不存在土地日趋集中的严重趋势。他们对人们耳熟能详的"占乡村人口不到百分之十的地主、富农，占有约百分之七十至八十的土地，残酷地剥削农民"[②]的说法重新加以研究，认为以前的论断是不准确的。如郭德宏通过实证研究，提出地主"在旧中国的几十年间，约占户数和人口的9.45%，占土地总数的54.37%"[③]。高王凌分析了地主和农民的租佃关系，认为农民并非完全被动地处于受剥削

①　杜润生：《杜润生自述：中国农村体制变革重大决策纪实》，人民出版社2005年版，第18—22页。

②　中央档案馆编：《中共中央关于公布中国土地法大纲的决议》，载中央档案馆编《解放战争时期土地改革文件选集》，中共中央党校出版社1981年版，第84页。

③　郭德宏：《中国近现代农民土地问题研究》，青岛出版社1993年版，第42页。

的地位。① 胡英泽认为地权分散与集中现象并存。② 唐致卿通过对山东农村经济的大量实证性研究，指出："实际上，农村中并没有固定的社会阶层，各阶层处于不停的分化与流动中。"③ 杨奎松提出"小地主的中国"的观点，他在研究大量档案资料的基础上指出中国近代以来的地主阶层是以小地主为主。④ 黄道炫在《1920—1940 年代江南地区的土地占有——兼谈地主、农民与土地革命》一文中，对江南地区的土地占有状况及其与中国共产党土地革命的关系进行了深入的实证性再研究，指出江南地区的"土地集中程度并不像许多论著认为的那样严重，最具影响的中央苏区所在地闽、赣两省在江南更属于土地分散区域"，因此，"土地集中看作土地革命主要成因的观念并不具有充足的说服力"，并得出了"土地集中程度与土地革命没有必然联系"的结论。⑤ 以上这些研究让我们对当年的土地革命运动及其方法展开深刻的反思。

　　2. 土地革命的政治意义和经济意义

　　研究者对土地革命的政治意义给予了充分肯定。毕仰高在《剑桥中国史》第 13 卷中分析了中国农村社会和农民运动，认为中国共产党领导的农民运动是成功的，因为控制农民的行动是非常困难的，而共产党却成功地把农民的"骚动"引向一个完全不同的目标——"国家的独立和强大有力"。⑥ 美国学者哈特福与 S. 戈德斯坦合编的《星星之火：中国农村革命》是研究中国农村革命运动的论文集。该论文集共收录论文 5 篇，分别论及江西根据地的反"围剿"斗争、长征开始后东南地区的根据地、东北的农村革命斗争等。⑦ 韩丁以亲身

---

　　① 高王凌：《租佃关系新论——地主、农民和地租》，上海书店出版社 2005 年版，第 9 页。

　　② 胡英泽：《流动的土地与固化的地权——清代至民国关中东部地册研究》，《近代史研究》2008 年第 3 期。

　　③ 唐致卿：《近代山东农村社会经济研究》，人民出版社 2004 年版，第 348 页。

　　④ 杨奎松：《新中国土改背景下的地主问题》，《史林》2008 年第 6 期。

　　⑤ 黄道炫：《1920—1940 年代江南地区的土地占有——兼谈地主、农民与土地革命》，《历史研究》2005 年第 1 期。

　　⑥ 梁怡、李向前：《国外中共党史研究述评》，中共党史出版社 2005 年版，第 387 页。

　　⑦ 梁怡、李向前：《国外中共党史研究述评》，中共党史出版社 2005 年版，第 402 页。

见闻记述了土地革命中中国共产党争取农民参加革命并赢得革命胜利的过程，对土地革命给予了高度评价。在《翻身——中国一个村庄的革命纪实》的前言部分，即《关于"翻身"一词的说明》中，韩丁认为，对于中国几亿无地和少地的农民来说，土地革命的政治意义在于"站起来"了，在于"它意味着进入一个新世界"。① 黄冬娅则从农会（贫农团）的变迁着手，对当时苏维埃区域中的国家——基层组织——农民之间的利益结构进行了剖析，指出："中国共产党以它非凡的战略勇气和魄力打破了中国近代以来国家在基层社会的无可作为，……从而真正较为有效地将中国共产党政权深入到了基层社会，打通了上下勾联。"② 黄道炫尽管否定了土地集中与土地革命之间的必然联系，但是仍然认为"农民对土地的渴望"对于厘清 20 世纪上半叶中国农村土地革命的动力"仍具重要意义"。③ 这些著作都充分肯定了"土地革命"对于中国革命具有积极的政治意义。

从政治学的角度来说，近代中国政治舞台上任何力图有所作为的政治力量都不得不面临动员农民、组织农民，使其参加革命的问题。何高潮在《地主、农民与共产党——社会博弈论分析》一书中指出：阶级划分是中国共产党改造农村的出发点，他们成功地摧毁了原先精英的社会和经济基础。④ 还有学者将中国共产党在农村中的成功与国民党在农村丧失权威相比较，指出中国共产党进行土地革命成功的原因在于：其对抗了土豪劣绅等顽固势力，在农村确立起了自己的权威。中国共产党以工农武装为后盾，注重在县一级建立自己的政权，一开始就将土豪劣绅势力打倒，同时将贫农、雇农

---

① ［美］韩丁：《翻身——中国一个村庄的革命纪实》，韩倞等译，邱应觉校，北京出版社 1980 年版，前言（无页码）。

② 黄冬娅：《解放前苏维埃区域的社会控制——以农会为个案的分析》，2012 年 3 月 29 日（http：//www.cuhk.edu.hk/ics/21c/）。

③ 黄道炫：《1920—1940 年代江南地区的土地占有——兼谈地主、农民与土地革命》，《历史研究》2005 年第 1 期。

④ 何高潮：《地主、农民与共产党——社会博弈论分析》，转引自胡艳萍《中国革命：对农民的动员——读〈地主、农民与共产党——社会博弈论分析〉》，《河北农业科学》2010 年第 4 期。

及中农纳入阶级组织中。因为有了新政府的权威和底层百姓的发动，使得土豪劣绅无力对抗土地改革。① 李康在其博士学位论文中则说道："实际土改过程虽然寥寥数年，但在村民的记忆中，在生活的空间里，土改都早已越出历史书上的那个事件概念所占据的固定时空，在线形时间的坐标轴上向前向后冰冷地伸展，在改变触角所及的同时，也改变了自身。"②

研究者对土地革命的经济意义则产生了争议。马克思主义认为，废除了封建剥削制度，会促进农业生产力的发展，这是土地改革的经济意义。杰克·贝尔登在《中国震撼世界》一书中则并不这样认为，他指出："分配土地本身并不能在中国产生健全的农业经济。它既不能创造出工业化所需的资金，也无法消除过剩的农村人口对土地的压力。"③ 珀金斯以"现代化"的分析模式对土地革命的积极作用提出疑问，并通过对传统观点中租佃制度的弊端的研究，提出"租佃的普遍存在并不构成增加土地产量的主要障碍"，"土地的再分配不一定会提高生产力"，④ 进而考察了土地分配对于中国农业经济发展之意义。

国内的学者则认为土地革命废除了封建剥削制度，促进了农业生产力的发展。曹幸穗提出："旧中国农民在社会最底层忍饥受寒的同时，他们的劳动价值的百分之四十左右通过种种渠道被榨取了"，⑤ 由此认为土地革命对解决土地问题具有重要作用。

3. 中国共产党的土地政策的演变

中国共产党土地革命政策的制定与变动深刻影响着中国革命的历史进程，因此反思和总结不同时期的政策成为土地革命研究中最具成

---

① 许纪霖、陈达凯：《中国现代化史》，上海三联书店1995年版，第451—456页。

② 李康：《西村十五年》，博士学位论文，北京大学，1999年，第119页。

③ ［美］杰克·贝尔登：《中国震撼世界》，邱应觉等译，北京出版社1980年版，第614页。

④ ［美］珀金斯：《中国农业的发展1368—1968》，宋海文等译，上海译文出版社1984年版，第132—140页。

⑤ 曹幸穗：《论旧中国苏南土地占有关系的演变及其推动力》，《中国社会经济史研究》1990年第4期。

果的领域。

苏联学者杰留辛在专著《中共政策中的农民土地问题（1921—1928）》中研究了中国共产党 19 世纪 20 年代的土地政策和中国共产党人争取农民的斗争，认为中共 20 年代的土地政策经历了三个演变时期：第一个时期是国共第一次合作以前；第二个时期是国共合作时期；第三个时期是从 1927 年夏到中共六大。作者对中共六大制定的解决土地、农民问题的纲领作了很高的评价，认为"这个纲领是中共后来几十年土地政策的基础"①。

对特定土地政策的评价也是学者争论较多的领域。在"平分土地"的问题上，对平分土地会不会侵犯中农利益，和农民平均主义思想有无关系，一直是学术界争论的焦点。一些学者认为，对平分土地政策应当充分肯定或基本肯定。平分土地并不是主张绝对拉平，因而并不必然会侵犯中农利益。实行平分土地的结果正是土地还家。② 也有学者对此持否定观点，认为平分土地侵犯了中农利益。③ 还有学者就以人口为标准分配土地的政策提出异议，认为"把人口作为分配土地权利的依据，无论如何得不到稳定的产权边界"④。

富农问题始终是中国农村革命中一个特殊而复杂的问题，在中国共产党的土地政策中，对富农的政策变化最多、最大，而且长期未能解决好这个问题，因此，对富农政策的认识历来见仁见智。区延佳探讨了第二次国内革命战争时期党的富农政策，认为这一时期党的富农政策是两头较宽，中间偏严。而在这两者之间相当长的时间，党的富农政策存在着过左的错误倾向。⑤ 何秉孟则对土地革命斗争中党的富

---

① ［苏］杰留辛：《中共政策中的农民土地问题（1921—1928）》，转引自梁怡、李向前《国外中共党史研究述评》，中共党史出版社 2005 年版，第 87—88 页。

② 金德群：《如何正确看待我们党的"平分土地"的主张》，《教学与研究》1982 年第 1 期。

③ 杜敬：《土地改革中没收和分配土地问题》，《中国社会科学》1982 年第 1 期。

④ 周其仁：《中国农村改革：国家和所有权关系的变化——一个经济制度变迁史的回顾》，《管理世界》1995 年第 4 期。

⑤ 区延佳：《略论第二次国内革命战争时期党对富农的政策》，《近代史研究》1982 年第 2 期。

农政策进行了考察。他认为在土地革命的最初阶段，中国共产党的富农政策并不稳定，在抗日战争和解放战争中，中国共产党不断修正富农政策，最终取得了土地革命的胜利。① 江红英以新民主主义理论为叙述框架，分析了富农与富农经济的命运，认为在实践中，党对富农和富农经济的政策没有把握好科学社会主义理论与新民主主义理论的区别界限。② 黄琨不仅考察了中国共产党的土地革命政策，还将政策与土地革命的实践加以比照，认为土地革命实践中的情形异常复杂，不能完全按照政策文本的分析来推断当时的情况，从而向读者呈现了土地革命的复杂图景。③

　　4. 大革命时期土地革命的可能性问题

　　"土地革命"虽然在第二次国内革命战争时期才确立为党的总方针，但是这一思想的酝酿自大革命时期就开始了。大革命后期极少数地区也发生了没收分配土地的自发行动。大革命之前发生的中国共产党、国民党和共产国际三种政治力量和意见的交锋，其焦点之一就是土地革命问题。传统观点认为以陈独秀为首的中共中央不支持两湖农民开展土地革命，才导致了大革命的惨痛失败。有学者指出这一观点是不公正的，没有考虑到共产国际的因素，是因为共产国际不允许统一战线破裂，才致使土地革命无法开展。④ 王志刚通过梳理大革命时期共产国际关于中国土地问题指导思想的变化过程，认为在1926年年底至1927年5月，共产国际要求通过国民政府自上而下地开展土地革命，这是"可行的，关键在于要有强有力的组织保证"，而1927年5月以后共产国际"自上而下"的土地革命指示是难以贯彻执行

　　① 何秉孟：《论土地斗争中党对富农的政策》，《近代史研究》1986年第1期。
　　② 江红英：《新民主主义理论框架内外的富农与富农经济》，《中共党史研究》2005年第5期。
　　③ 黄琨：《中国共产党土地革命的政策与实践（1927—1929）》，《长白学刊》2006年第4期。
　　④ 姚金果：《共产国际、苏联与中国革命关系第九次学术讨论会概述》，《中共党史研究》2003年第4期。

的。① 也有学者认为大革命的中心任务是打倒北洋军阀的统治，当时最适合的土地政策是减租减息，共产国际要求开展土地革命既超越了当时的中国实际，也是年幼的中国共产党难以胜任的，所以导致了大革命的失败。因此共产国际在土地革命问题上明显犯了"左"倾错误。② 学者们以档案资料为依托，对传统观点大胆质疑、细心求证，提出了很多新颖独特的观点，给土地革命研究带来启发。

5. 人物与"土地革命"研究

毛泽东是解决中国农民土地问题的集大成者。对毛泽东的农民观、土地革命思想以及革命道路的探索是研究者最为关注的领域。史华慈在《中国的共产主义运动与毛泽东的崛起》一书中首次提出"毛主义"的术语，他强调"毛主义"在革命理念上与斯大林主义有着明显的差异，"毛主义"是"由农民所进行的革命"，而不仅仅是"为了农民而进行的革命"，前者强调农民自身就是革命的主体、性质和动力，而后者只把农民利益作为革命的重要目标之一。③ 史华慈的论点对西方毛泽东研究领域影响极大，并引起广泛争论。布兰特利·沃马克着重对毛泽东在乡村中的动员进行了研究，认为毛泽东是通过一些对乡村群众有明显利益的目标来进行动员，比如：区分农村阶级对革命的态度，通过必要的调查，调动群众政治参与，再通过对农村政策的适时调整与整合，密切联系群众。④

对于毛泽东与土地革命的关系，国内学者基本形成了这样的共识，即毛泽东直接领导了井冈山、赣南闽西和中央革命根据地的土地革命，而且做了很多农村调查和比较系统的论述。毛泽东的土地

① 姚金果：《共产国际、苏联与中国革命关系第九次学术讨论会概述》，《中共党史研究》2003 年第 4 期。

② 李兴祥、张建：《论大革命期间共产国际对中国土地革命的认识》，《黔南民族师范学院学报》2005 年第 5 期。

③ ［美］本杰明·史华慈：《中国的共产主义运动与毛泽东的崛起》，转引自王文涛《"毛主义"话语的起源、性质与内涵——简评史华慈〈中国的共产主义运动与毛泽东的崛起〉》，《湖南科技大学学报》（社会科学版）2005 年第 3 期。

④ ［美］布兰特利·沃马克：《毛泽东政治思想的基础》，霍伟岸、刘晨译，中国人民大学出版社 2006 年版，第 129 页。

革命政策有很多都是正确的，对一些问题解决得比较好，提出得也比较早，但是由于缺乏经验，在一些问题上也有错误。① 研究者还将毛泽东的土地革命实践与调查研究相联系，提出毛泽东通过大量的调查研究，掌握了关于中国农村经济和阶级关系的第一手资料，正确分析了中国富农的特点和阶级性质，突破了共产国际指导中国革命的教条主义框框的限制，进而在"左"倾路线的斗争中提出了限制富农的策略思想，当然毛泽东的土地革命思想也存在缺憾和失误。②

学界对其他人物与土地革命关系也全面展开了研究，内容既涉及中共党内的领导人的土地革命思想，也有国民党的左派领袖如孙中山、邓演达等的土地革命思想，还有对共产国际的驻华代表鲍罗廷和罗易的土地革命思想的研究。

6. 由"城市中心"向"农村中心"的转变

对于中国共产党将工作重心从城市转入农村，探索出"农村包围城市"的中国革命道路，传统的观点认为是毛泽东的独创，而共产国际、联共（布）在主导思想上始终坚持城市中心论，认为农村包围城市的中国革命道路是抵制斯大林和共产国际城市中心论的结果。周文琪认为"尽管共产国际的'城市中心'道路，几乎使中国革命陷于绝境"，"国际在指导中国革命问题上，'城市中心'思想，一直到一九四三年共产国际解散，始终没有解决"。③ 杜文焕、刘德喜的《共产国际和中国革命关系研究》和申长友的《毛泽东与共产国际》等著作也持类似观点。孙其明认为"农村包围城市的正确道路是以毛泽东为代表的共产党人独自创立的，共产国际在中国走什么道路的问题上，起过某种积极的作用，但总的来说，它的作用是消极的"④。

① 郭德宏：《毛泽东的土地政策思想》，《党史教学与研究》1990 年第 2 期。
② 胡子祥：《土地革命时期毛泽东关于富农问题的调查研究述评》，《西南交通大学学报》（社会科学版）2000 年第 4 期。
③ 周文琪：《斯大林、毛泽东与蒋介石》，湖南人民出版社 2005 年版，第 282 页。
④ 孙其明：《共产国际和农村包围城市的中国革命道路（论文摘要）》，《同济大学学报》（人文社会科学版）1997 年第 1 期。

苏联史学界和美国学者桑顿、肖良等国外学者则认为共产国际、联共（布）没有坚持城市中心论，农村包围城市的道路是斯大林和共产国际提出的。苏联解体后，联共（布）和共产国际的相关档案资料陆续公布，围绕共产国际是否也提出了"以农村为中心"的思想，研究者展开了学术探讨。张喜德依据新披露的资料提出："共产国际在指导中国革命过程的土地革命时期，曾发生策略指导的转变，即由'城市中心'向'农村中心'的策略转变。"① 他同时指出共产国际的转变是对朱德、毛泽东井冈山道路成功经验借鉴的结果。曹建坤指出共产国际在绝大多数的时间内坚持的都是"以城市为中心"的思想，在一定限度内也建立过"农村中心"的思想，这个限度是1930 年下半年至 1931 年这段时间里，共产国际在实际工作中确实建立起了"以农村为中心"的思想，但这种思想是不彻底的。② 学者们在共产国际策略的转变时间和标志上存在两种观点，一种认为 1930 年共产国际"十月来信"就实现了这个转变，另一种观点认为是在1931 年 3 月共产国际召开第十一次执委会实现的转变。这些研究立足于原始材料特别是档案资料的利用，研究观点显然更有新意和说服力，更立体地展现了事件的错综复杂性。

二 研究评价

在研究方法上，以往研究多局限于"政策—效应"的"革命史"叙述模式。近年来研究者越来越重视对原始材料特别是档案的利用，也更加注重利用来自社区层面的文献和口述资料，试图通过文献档案资料来再现革命场景。同时，开始尝试以经济学、社会学、人类学等研究方法对土地革命进程的微观机制及其对社会生活的影响展开讨论，并注意到了土地革命在国家权力扩张过程中所发挥的重要作用，比如张鸣的文章《动员结构与运动模式——华北地区土地改革运动的

---

① 张喜德：《论共产国际关于中国革命由"城市中心"向"农村中心"的策略转变》，转引自黄修荣《共产国际、联共（布）秘档与中国革命史新论》（第 1 卷），中共党史出版社 2004 年版，第 381—398 页。

② 曹建坤：《共产国际对于中国革命道路的探索》，《重庆社会科学》2006 年第 2 期。

政治运作（1946—1949）》分析了党在土改中的动员问题，① 北京大学李康的博士学位论文《西村十五年：从革命走向革命——1938—1952 冀东村庄基层组织机制变迁》从区域社会史的视角研究了民众动员的问题。②

　　有些学者已经注意到阶级、社会心理与意识形态的联系，强调土地革命对乡村政治结构和文化结构的意义，例如，李金铮对土地革命前后农村各阶层心态展开了研究。③ 李里峰认为，共产党的乡村社会变革以土地改革为开端，通过群众运动动员社会成员，达到了国家权力有效地控制乡村社会，实现实质上的乡村社会治理的目的。他认为这是土地改革的根本历史意义。④ 这些尝试，进一步将土地革命史的研究从宏观的革命史研究推向了微观的运作机制的研究。

　　在研究内容方面，由于中国共产党土地革命政策的制定与变动深刻影响着中国革命的历史进程，因此反思和总结不同时期的政策成为土地革命研究中最具成果的领域。学者们分析了中国共产党在不同时期的政策的形成与实施，在有关土地革命研究的专著中厘清了 20 世纪前期中共土地革命政策的内容与变化，并注重对政策内容加以复述，对政策制定中的失误予以评判，但是缺少对政策制定过程的深入研究。

　　史料是历史研究的出发点和依据。历史研究的推陈出新，不仅在于理论与方法的创新以及研究视角的转换，亦在于史料的创新——新史料的发现、整合和利用。近年来，随着对苏联大量文档的解密，学界对共产国际与中国革命关系的研究越来越多，且逐步客观，研究的深度和广度均比过去大为提高。对于共产国际与中国土地革命的关

　　① 张鸣：《动员结构与运动模式——华北地区土地改革运动的政治运作（1946—1949）》，2007 年 4 月 16 日（http://www.aisixiang.com/data/13973.html）。
　　② 李康：《西村十五年：从革命走向革命——1938—1952 冀东村庄基层组织机制变迁》，博士学位论文，北京大学，1999 年，第 119 页。
　　③ 李金铮：《土地改革中的农民心态：以 1937—1949 年的华北乡村为中心》，《近代史研究》2006 年第 4 期。
　　④ 李里峰：《经济的“土改”与政治的“土改”——关于土地改革历史意义的再思考》，《安徽史学》2008 年第 2 期。

系，学者们已经做了相当的探索，但尚缺乏系统研究。因此，尚需对苏联解体后解密的大量档案资料作深入挖掘、整合和利用。而且，研究"土地革命"，不能割断其同共产国际的联系，孤立、封闭起来研究，中国共产党的农民土地理论与共产国际的主张认识是互相联系、互相渗透、互相借鉴的，因此，有些问题尚有深入研究的空间。

第三节   本书的研究内容

一   本书主旨

本书在充分吸收借鉴众多研究成果的基础上，利用俄罗斯解密的《共产国际、联共（布）与中国革命档案资料丛书》及相关资料，把中国的"土地革命"放到共产国际指导中国革命的历史背景中，以马克思主义中国化的视角重新审视"土地革命"问题。从共产国际提出"土地革命"的战略设想，到中国共产党接纳其为战略方针并予以实施，分析中国共产党在实施"土地革命"战略的过程中是如何根据本国国情作出调整并实现中国化的，从而提炼出在"土地革命"的实施中，"中国革命不同于俄国革命""中国共产党的实践不同于共产国际的构想"的具体内涵，此为本书主旨之一。

战略是方向性的把握，一个战略理论只有通过切实可行的政策，通过实践的路径，才能成为现实。否则，战略永远只是空想。共产国际正确地提出了以没收分配土地的方式来发动农民的"土地革命"战略构想，却错误地寄希望于国民党来完成任务。共产国际脱离中国革命实际的实施方案根本无以应对错综复杂的局面。这个事实上行不通的方案，则把全盘的战略构想推向了渺茫的未来。中国共产党将马克思主义的基本原理与中国的革命实际相结合，不唯书不唯上，独立自主地探索思考革命过程中的实际问题，这就是贯穿共产党人革命活动的主题。以"土地革命"战略的实施为视角，管窥中国共产党确立马克思主义中国化的理念，注重"道路"和"方法"的探索的过程，此为本书主旨之二。

二　研究内容

第一章　绪论，主要介绍本书的背景、研究意义、国内外研究状况、研究主旨和内容。

第二章　讨论马克思主义理论中的关于"农民土地问题"的论述。主要分析马克思、恩格斯、列宁对下述三个问题的见解：对农民在革命中的地位与作用的认识；对农民阶级阶层的划分及共产党应该采取的阶级政策；解决土地问题的主张。

第三章　围绕共产国际提出中国的"土地革命"战略构想与实施方案进行阐述：其一，共产国际与"土地革命"战略设想提出的四个阶段：酝酿准备、初步提出、战略形成和重申丰富。其二，共产国际对"土地革命"设想的三个实施方案分别是：造就新的"雅各宾"国民党、改造一个"工农大众"的国民党和倚重"左派"国民党来实行"土地革命"。其三，共产国际、联共（布）内部以及其驻华代表之间的分歧和争议，涉及解决土地问题的原则、方式、必要性和革命政策的中心等方面。

第四章　从中国共产党对"土地革命"战略的早期认识展开论述。中国共产党对共产国际所提出的战略起初不以为然，后来在"土地革命"的战略方向上逐步形成共识，但党内对"土地革命"具体的实践路径仍存有争议。如何结合中国国情来解决农民土地问题还有待于进一步的探索。

第五章　分析中国共产党与"土地革命"战略的实施。大革命时期的极个别地区，农民自发地开始分配地主土地，同时指望得到国民政府的赞成。这个寄希望于国民政府的"土地革命"路径与共产国际指示精神相一致，但很快为反动军阀所镇压。八七会议将"土地革命"确立为党的总方针，这个与"武装斗争"相联系的"土地革命"新战略，为实践路径提供了广阔的探索空间。此外，从某种意义上说，这个战略也是共产国际战略的延伸，因为这次会议还在相当程度上受到共产国际的影响。八七会议前后，依据这个新战略的精神，中国共产党发动了大小上百起武装暴动，结果却是屡战屡败，损失惨重。这个通过"城市暴动"来实现"土地革命"的路径也是完全行不通的。毛泽东在秋收暴动失败后落脚井冈山,将"土地革命"依托于农村革命根据地,为土地革命长久、持续地进行下去找到了支撑面,开辟了一条中国式的"土地革命"道路。此后,以毛泽东为代表的共产党人在"土地革命"的实施中,进一步联系中国革命实际,不断完善土地革命政策,形成了一条正确的土地革命路线。中国共产党的"土地革命"的实施路径有的与共产国际的思路雷同,而最终却相去甚远。

余论　以马克思主义中国化为视角,将共产国际关于"土地革命"的设想与中国共产党的实践进行比较。结论是共产国际在提出中国"土地革命"战略构想上有过一些精辟的论述,起到了一定的积极促进作用。中国共产党坚持土地革命要有党的坚强有力的领导,在工农武装力量的拥卫下,以农村为大本营,以农村为全党工作重心,发动农民开展没收和分配地主土地的革命斗争,最终变革封建地主土地所有制。中国共产党在不断总结经验的基础上,逐步解决了关于没收土地的对象、土地分配的原则和方法、土地分配后的所有权,以及土地革命中的阶级路线等基本问题,形成了一套比较切实可行的土地革命的路线、政策和方法。这样的实施路径迥异于共产国际的最初设想的方案,开辟了一个中国式的"土地革命"实践路径。毫无疑问,这个路径的形成过程正是以毛泽东为代表的中国共产党人立足于中国革命实际,运用马克思主义基本原理分析中国革命,独立自主、坚持不懈地探索中国革命的正确路线、方针、政策的历程,是马克思主义中国化的光辉典范。

在上述内容的展开论述中,本书拟解决这样两个关键问题。

第一,在"土地革命"口号的提出和实施过程中,共产国际与中国共产党的"思路历程"及在此"历程"中,俄国革命经验对中国革命实际的影响的具体体现在何处?共产国际的思路从重视西方资本主义国家的工人运动到关注东方落后国家的农民土地问题和农民在革命中的重要地位和作用,从对中国农村社会生产关系性质没有明晰的认识,到明确提出中国"土地革命"战略、着手发动农民参加革命,这样的转变是如何实现的？中共党内又是如何从争议纷纷到逐步认同、达成共识的？

第二，中共领导的"土地革命"之内涵与共产国际所设想之"土地革命"的内涵的异同在何处？共产国际对解决中国的农民土地问题进行了哪些探索？共产国际的认识对中国共产党的具体实施产生了什么样的影响？共产国际所设想的"土地革命"的实施方案是什么？其遭遇如何？原因何在？中国共产党吸收借鉴了共产国际的哪些思想资源？在实施土地革命战略的过程中是如何根据中国国情作出调整并实现中国化的？换句话说就是中国式的"土地革命"路径是怎样开辟的？

第二章　马克思主义理论中的"农民土地问题"概述

　　马克思、恩格斯的无产阶级革命理论，实际上是建构一个资本主义生产方式一统天下的社会模型。按照这样的理论模型，随着资本主义经济的进一步发展，资本主义的商品经济和市场经济将逐渐取代农村自给自足的自然经济，大土地所有制和资本主义大农业将逐步排挤农民自力更生的小生产的方式。在此意义上，马克思主义创始人断言农民的小生产方式将最终完全消亡。这是马克思主义"农民土地问题"的理论出发点。

第一节　农民在革命中的地位与作用

一　从"一口袋马铃薯"谈起

　　关于马克思对于农民的评价，最广为人知的莫过于"一口袋马铃薯"的比喻。在《路易·波拿巴的雾月十八日》中，马克思通过分析小农阶层的生产方式和生活方式，将农民形象地比作"一口袋马铃薯"。马克思以法国前资本主义的小农社会中交通不便和农民的贫困为例，分析了农业人口，特别是小农阶级的局限性。马克思指出，小农人数众多，他们的生活条件相同，他们生产方式和生活方式不是使他们互相交往，而是使他们互相隔离，彼此间并没有发生过多种多样的关系。因此小农阶级是分散的、闭塞的、隔绝的和缺乏主动性、组织性的。农业人口因其落后的生产方式更加强了这种隔离状态，因而容易成为现代社会中最稳定、最保守的因素。马克思如此描述小农阶级的小生产方式：农村中广泛存在的是一小块土地、一个农民和一个家庭，旁边是另一小块土地、另一个农民和另一个家庭，他们"彼此间只有地域的联系"，他们进行生产的地盘，就在于这一小块土地。小农阶级在耕作时没有进行任何分工，没有应用任何科学，因而，小农阶级也就没有多种多样的发展，没有任何不同的才能，没有任何丰富的社会关系。小农经济是自给自足的自然经济，每一个农户都是直接生产自己的部分消费品，他们多半是靠与自然交换而不是与社会交往取得生活资料。由此可见，他们没有形成任何共同关系，也没有形成任何全国性的联系和任何政治组织。在做了上述分析之后，马克思生动而形象地比喻说：广大的小农群众，就好像是由"一个个马铃薯"堆积而成的"一口袋马铃薯"①。

马铃薯的生长离不开"雨水和阳光"，那么，对于小农阶级来说，他们的"雨水和阳光"在于何处？

马克思剖析了由于分散的小农经济造成的农民思想上保守和政治上落后的特性，加之小土地所有制经济的脆弱性，以及历史传统的影响，马克思断言：农民不能拯救自己，他们不能以自己的名义来保护自己的阶级利益。马克思说道："他们不能代表自己，一定要别人来代表他们。他们的代表一定要同时是他们的主宰，是高高站在他们上面的权威，是不受限制的政府权力，这种权力保护他们不受其他阶级侵犯。"② 在马克思看来，这种"权威"与"代表"，就好像是上天赐给农民的"雨水"和"阳光"。

恩格斯也同样认为："农民和小资产者一样，也是一个没有办法的阶级"，他以德国农民为例说明了农民在历史上"完全不能从事任何首创活动。甚至他们从农奴制的铁链下解放出来也只是在资产阶级的保护之下实现的"。③ 恩格斯在《德国的制宪问题》一文中论证了小农阶级的这一特征，他通过分析德国农民的阶级地位，认为他们完

---

① 《马克思恩格斯选集》（第1卷），人民出版社2012年版，第762页。
② 《马克思恩格斯选集》（第1卷），人民出版社2012年版，第762页。
③ 《马克思恩格斯全集》（第4卷），人们出版社1958年版，第56页。

全和小资产者一样，处于贵族和资产阶级两面夹攻的地位。农民如果要想使农业利益不致受到日益强大的工商业的侵害，就得投靠于贵族，要想使自己不致被贵族特别是资产阶级地主的竞争所压倒，那就得投靠于资产阶级。恩格斯得出的结论是，"他们到底归附哪一边，这要看他们的财产状况"①。恩格斯在《法德农民问题》文中再次表明他对农民的态度："作为政治力量的因素，农民至今在多数场合下只是表现出他们那种根源于农村生活隔绝状况的冷漠态度。"②

马克思为何如此"低估"农民的力量呢？马克思主义作为无产阶级革命的理论认为，社会主义取代资本主义是历史的必然。在资本主义时代，整个社会日益分裂为两大敌对的阵营，即资产阶级和无产阶级。所谓资产阶级，即指占有社会生产资料并使用雇佣劳动的现代资本家阶级，而无产阶级，则是指那些没有自己的生产资料、不得不靠出卖劳动力来维持生活的现代雇佣工人阶级。其中，"在当前与资产阶级对立的一切阶级中，只有无产阶级是真正革命的阶级"③，无产阶级具有大公无私、革命最彻底、目标最远大的特点，因而是资本主义的"掘墓人"。在这两大对立的阶级之外，马克思、恩格斯认为还存在着一个"中间阶级"，"即小工业家、小商人、手工业者、农民，他们不是革命的，他们同资产阶级作斗争，都是为了维护他们这种中间等级的生存，所以，他们不是革命的，而是保守的"④。不仅如此，中间阶级为了维护其落后的生产方式，还"力图使历史的车轮倒转"，因此马克思不仅指出其保守性，还同时是具有"反动性"的。

由此可见，在马克思的视野里，农民并非是革命的力量，并且因为具有反现代化倾向，马克思给出了农民是"保守的""甚至是反动"的论断。

同时，马克思还分析了农民作为中间阶级具有"摇摆于无产阶级

---

① 《马克思恩格斯全集》（第4卷），人民出版社1958年版，第56页。
② 《马克思恩格斯全集》（第22卷），人民出版社1965年版，第565页。
③ 《马克思恩格斯全集》（第19卷），人民出版社1963年版，第24页。
④ 《马克思恩格斯选集》（第1卷），人民出版社2012年版，第410—411页。

与资产阶级之间"① 的性质。前文述及马克思认为农民需要"权威与代表"来赐给他们"雨露和阳光",这个"权威与代表"既可以是资产阶级,也可以是无产阶级。农民既是劳动者同时又是私有者。作为劳动者,农民在革命中有可能跟着无产阶级走;作为私有者,农民在革命中很可能跟着资产阶级走。为此,马克思、恩格斯担心农民作为私有者、小资产阶级与商品生产者会在资产阶级与无产阶级斗争时跟着前者而反对后者,从而表现出"路易·波拿巴式的保守"。恩格斯不能忘记 1848 年的二月革命,慨叹"朦胧的社会主义激情,很快就被法国农民的反动投票一扫而光",而且,"单是农民的这一勋业就索取了法国人民多少代价","法国人民至今还深受这一勋业的后果之苦"。② 对于农民如果跟随无产阶级反对资产阶级,马克思还提出了另外一种忧虑,这是因为农民作为传统"小生产"的体现者,他们如果与资产阶级发生冲突,则可能意味着传统对现代化、"小生产"对"大生产"的抵制。

马克思、恩格斯的这一思想说明:农民具有保守性,容易成为专制制度的基础,农民需要一个领导阶级来代表其利益。

二　走进"农民的国度"

但是,由此认为,马克思、恩格斯从未重视过农民的力量必定有失偏颇。人口众多的农民在任何国家,都是一个不可忽视的阶层和力量。毋庸置疑,农民在革命中的地位和作用是马克思和恩格斯非常重视的因素。

马克思、恩格斯对农民阶级的一个基本判断就是,对一个阶级来说,农民阶级是一个"注定要灭亡的阶级"。马克思分析了 1848 年至 1850 年的法兰西阶级斗争状况:农村人口占法国人口的 2/3 以上,1789 年大革命时废除了封建的贡赋和人身依附关系,因此,农村主要是自由的土地所有制,农民在资本主义生产方式之下,由于人口增

---

① 《马克思恩格斯选集》(第 1 卷),人民出版社 2012 年版,第 425 页。
② 《马克思恩格斯选集》(第 4 卷),人民出版社 2012 年版,第 355—356 页。

加、地价升高、高利贷剥削等诸多原因而生活日益艰难。因此，马克思断言他们最终必将被抛进无产阶级的队伍，成为革命的力量。农民阶级为了保存自己的小私有者和小生产者的地位同资产阶级展开了斗争。但是，其历史命运则是必然遭遇资本主义经济的排挤和吞并，最后不可避免地走向灭亡。

前文提到马克思一方面指出农民是小私有者，既具有保守的甚至反动的倾向，这里，马克思又同时看到农民是未来的无产者，因而又具有革命的倾向。这就是马克思主义理论中关于农民的"政治二重性"理论。上文所引《共产党宣言》中有关农民是"保守的""甚至是反动的"的论断之后，马克思、恩格斯接着分析了农民在某种特定条件下，也具有"革命性"，这是因为"他们行将转入无产阶级的队伍"，在马克思和恩格斯看来，农民就是未来的无产阶级，他们必然离开自己原来的小农阶级立场，而站到无产阶级的立场上来维护无产阶级的利益，从这个角度来看，农民又是"革命"的，他们将会为维护自己将来的利益而战斗。①

随着革命形势在英、法、德等资本主义国家间的迁转，马克思、恩格斯更为关注农民在革命中的地位和作用，更为重视农民的革命性。毫无疑问，法国和德国的农民占据人口多数，法德的革命绝不可能与英国革命雷同，英国的社会主义道路也必然不同于德国的社会主义道路。马克思、恩格斯根据先进的欧洲国家的经济、政治和国内阶级构成，对这些国家无产阶级革命道路加以区别、审慎的思考。

马克思、恩格斯分析了农民阶级和工人阶级及其政党的关系，萌发了"农民同盟军"思想。马克思、恩格斯指出：在工人阶级还远未构成人口多数，农民依然是人口、生产和政治力量的非常重要因素的国家，其工人阶级及其政党必须争取到农民阶级作为同盟军。农民这个同盟军的支持是无产阶级革命取得成功的关键。在《1848年至1850年法兰西阶级斗争》一文中，马克思指出无产阶级革命事业胜利的关键在于团结广大的中间阶层，特别是占人口大多数的农民。在

---

① 《马克思恩格斯选集》（第1卷），人民出版社2012年版，第411页。

总结了 1845 年到 1850 年法国革命的经验教训之后，马克思指出，革命进程迫使农民阶级承认无产阶级是自己的先锋队并且接近工人阶级，在此之前，"法国的工人们是不能前进一步，不能丝毫触动资产阶级制度的"①。1848 年欧洲革命特别是巴黎公社陷于失败，马克思认为无产阶级革命没有得到农民的支持而失败是其经验教训。在此意义上，马克思高度评价农民在无产阶级革命中的重要地位与作用，萌发了工农联盟思想："法国农民一旦对拿破仑帝制复辟感到失望，就会把对于自己小块土地的信念抛弃，那时建立在这种小块土地上面的全部国家建筑物，都将会倒塌下来，于是无产阶级革命就会得到一种合唱，若没有这种合唱，它在一切农民国度中的独唱是不免要变成孤鸿哀鸣的。"②

　　恩格斯从相反的角度佐证了马克思的看法，农民可以成为无产阶级革命中的积极因素，同样也可以成为阻碍革命的消极因素。恩格斯看到：农民"通过他们那种根源于农村生活闭塞状况的冷漠态度而证明自己是一个政治力量的因素"，其体现在于：农民"不仅是巴黎和罗马议会贪污腐化的最强大的支柱，而且是俄国专制制度的最强大的支柱"。③ 在农民小块土地所有制占优势的地区，农民对无产阶级怀有怀疑和憎恨心理，他们把无产阶级当成夺取他们的土地、财产的人，他们敌视无产阶级革命。显然，农民的这种消极的作用在实践上为无产阶级革命带来了不利。对此，无产阶级该何去何从？听之任之？当然不是。恩格斯的看法是——积极应对，有效引导。恩格斯认为无产阶级政党"为了夺取政权"，"应当首先从城市走向农村，应当成为农村中的一股力量"，④ 无产阶级必须改变原来重视工人阶级、轻视农民阶级的思想，恩格斯明确表达了无产阶级政党应当去农村发动农民，把农民从地主和大资产阶级的控制中争取过来，成为支持无产阶级革命的力量的思想。

---

① 《马克思恩格斯选集》（第 1 卷），人民出版社 2012 年版，第 455 页。
② 转引自《路易·波拿巴的雾月十八日》1852 年初版，1869 年马克思删去了这段话。
③ 《马克思恩格斯选集》（第 4 卷），人民出版社 2012 年版，第 355 页。
④ 《马克思恩格斯选集》（第 4 卷），人民出版社 2012 年版，第 356 页。

事实证明，在各国无产阶级的实际斗争中，农民的态度对斗争能否胜利起着相当大的作用。马克思、恩格斯改变了自己原先侧重于农民"保守性"和"反动性"的评价，转而关注农民的"革命性"作用，并将农民看作革命成功的重要因素。无产阶级革命必须走进"农民的国度"，得到农民的"合唱"，这就是马克思、恩格斯对农民在无产阶级革命中重要作用的高度概括。

三　列宁对农民革命作用的认识与发展

无产阶级革命除了无产阶级之外，还有可以依靠的革命阶级吗？马克思、恩格斯强调无产阶级革命若是得不到农民合唱，无产阶级在一切农民国度中的独唱是不免要变成孤鸿哀鸣的。那么，在农奴制残余的封建专制制度的俄国，工人阶级要不要争取农民的"合唱"呢？俄国农民能不能为推翻专制制度和消灭农奴制残余的民主革命发挥作用呢？

列宁领导的俄国革命是处于 19 世纪后半期到 20 世纪初期这个阶段，这个时期的俄国资本主义在农村开始发展，资本主义经济排挤和吞并着农民的小私有制和小生产体制，农民从资产阶级那里得到的则是背叛和出卖，资本主义经济在俄国的发展则不可避免会导致农民阶级的分化。同时，俄国还存在着封建残余，还存在封建土地占有制，农民还要受到地主阶级的剥削和压迫，农民在专制制度中除了遭受压迫和暴力外，得不到其他任何东西。俄国农民阶级遭受沙皇和资产阶级的双重压迫，这使得农民在受尽了地主和资本家的剥削、压迫后，他们的革命性、反抗性在日益增强。他们在争取土地和摆脱农奴制剥削的斗争中同俄国最革命的阶级——无产阶级联合起来，以实现自己的利益诉求。因此，农民急切地想立刻打倒旧政权，创立新制度。

基于此，列宁认为俄国农民与无产阶级一样，已经成为具有坚决性和彻底性的革命阶级，他说："一方面，在贫苦农民空前贫困和破产的情况下，存在着徭役经济的大量残余和农奴制的各种残余，这充分说明了农民革命运动的泉源之深，农民群众革命性的根基之深。"①
俄国农民不仅反对沙皇，而且反对资产阶级，可以成为而且应当成为
无产阶级坚定而可靠的力量支持。农民的这种革命性，凸显了俄国农
民阶级在民主革命中的重要作用，这种革命性使"工农联盟"成为
可能的、必要的。在分析俄国农民具有革命的坚决性和彻底性之后，
列宁提出了无产阶级对待农民的政策和策略，那就是把农民领导起
来，进行彻底的民主革命，无产阶级要做的就是，"领导全体人民，
把农民吸引到自己方面来"②。列宁指出：俄国无产阶级：一联合农
民，在与资产阶级斗争中壮大自己的力量；二建立强有力的工农联
盟，把农民群众争取到自己阵营中来，加强工人阶级对革命的领导。
俄国革命中无产阶级和农民阶级的联合，这种力量成为俄国革命中反
对资产阶级的坚强的阶级后盾。列宁的"工农联盟"的革命思想成
为俄国无产阶级领导民主革命胜利的基本条件，使俄国成为最早取得
无产阶级革命成功的国家。

　　当然，作为马克思主义者，列宁并未忽视农民阶级的政治"二重
性"，即农民一方面是劳动者，一方面又是私有者。列宁在坚持工农
联盟的同时，也同时强调要注意农民作为小生产者具有动摇性和不稳
定的特点。为此，列宁认为要通过加强对农民的教育使他们在反对地
主占有制和农奴制国家的自发斗争中具有政治自觉性。列宁还指出，
农民运动在任何时候都有反动成分，当农民运动是革命运动时应支持
它，当它是反动运动时应该坚决斗争。

第二节　对农民阶级阶层的划分

一　马克思恩格斯对农民阶级阶层的划分

　　对农民的阶级划分包括两个层面的内容：一是农民作为一个阶级
在整个社会中区别于其他阶级的划分；二是农民阶级内部不同阶层的

---

① 《列宁全集》（第3卷），人民出版社2013年版，第11页。
② 《列宁全集》（第10卷），人民出版社2017年版，第294页。

政治态度和倾向的划分。

如前文所述,在《共产党宣言中》马克思、恩格斯运用阶级分析的方法对整个资本主义社会划分为三大阶级,两大敌对的阵营即资产阶级和无产阶级,"农民"是介于资产阶级与无产阶级之间的"中间阶级",但是,这篇文献尚未对农民群体内部进行阶级阶层的划分。

恩格斯最早分析了农民阶级中不同的阶层,以及不同阶层具有不同的政治态度和倾向。他认为在不同时期,不同类型农民拥有不同的经济地位和政治态度,鉴于此,工人阶级必须对之进行阶层分析,以具体确定自己的同盟者和争取同盟者的支持。在《〈德国农民战争〉第二版序言》一文中,恩格斯分析了农村中的"大农"和"小农"的生活状况和经济地位,提出了无产阶级应当区分对待的阶级政策。恩格斯认为,"大农"属于资产阶级,当然不是无产阶级的同盟者。对于"小农"区分为三种类型:第一,为自己的主人服劳役封建的农民,他们可以成为无产阶级的同盟者,因为他们只有依靠工人阶级才能求得解放;第二,佃农,他们也是无产阶级的同盟者,因为他们深受高额地租之苦,需要工人阶级来拯救;第三,拥有小块土地的小农,他们经过争取完全能够成为无产阶级的同盟者。他们具有政治二重性,一方面,这些小农会牢牢抱住自己的财产不放,拥护私有制,另一方面,他们又饱受资产者特别是高利贷资本剥削,他们对土地的所有权将变得有名无实。因此,无产阶级应当争取说服他们,并努力把他们从高利贷的压迫下解放出来。

在《法德农民问题》一文中,恩格斯分析了当时德国的情况,发展了上述对于农村中的三个阶层的划分,详细讨论了西欧农民各阶层的政治态度和倾向,并阐述了无产阶级政党对待他们的正确态度。依据经营规模的大小,恩格斯将农村居民划分为五个层次,包括大土地占有者(即封建地主)、大农、中农、小农、农村无产者(或曰农业工人,即雇农)。

在上述五个阶层的农村居民中,哪些阶层是无产阶级反对的对象,哪些阶层又是无产阶级可以争取的革命力量呢?无产阶级对待各个阶层应该持什么样的态度呢?

首先，恩格斯分析了"小农"阶层的经济地位和政治倾向，他指出小农是小私有者，同时又是劳动者，他不剥削别人，反而受封建制度和资本主义制度的双重压迫。对待"小农"阶层的态度"是对农村居民其他组成部分的态度的一切立足点"①，"小农"在所有的农民当中"一般说来对于西欧是最重要的农民"②。鉴于此，无产阶级对待"小农"阶层的阶级政策尤为复杂。恩格斯对待"小农"的策略思想主要包含下述几个层次：第一，"小农"有反抗剥削制度的革命性，能够成为无产阶级革命的同盟军，所以无产阶级政党必须去争取他们。第二，无产阶级可以预见到小农必然灭亡，但是不要去干预它和加速其灭亡。由于小农有"根深蒂固的私有观念"，他们"顽固地拼命抓住这一小块土地不放"，甚至"把那些谈论将土地所有权转交整个社会掌握的社会民主党人看作如同高利贷者和律师一样危险的敌人"③，因此，把小农争取到无产阶级一边来是一项很困难的任务，无产阶级政党做争取小农的工作，必须对症下药、采取正确的策略。第三，无产阶级争取"小农"阶层不能牺牲原则，比如，无产阶级在争取小农时不能承诺保护他们的小块土地，因为个人占有生产资料不能使劳动者获得真正的自由。在此，恩格斯的基本立场仍然是，在资本主义条件下小农经济不可避免会灭亡，因此工人阶级政党不能违背社会主义原则，为了讨好农民而保护私有制。第四，恩格斯主张在今后夺取国家政权的时候，不要用暴力剥夺小农，应进行说服教育，通过示范和社会帮助的方式，将私人生产和私人占有转变为合作社的生产和占有，④ 对待"小农"阶级不要期望"今天就把农民争取过来"⑤。

其次，对于农村无产者，无产阶级的政策要立足于争取这部分力量。恩格斯认为争取农村无产阶级还是比较容易的，因为农村无产者

---

① 《马克思恩格斯选集》（第4卷），人民出版社2012年版，第358页。
② 《马克思恩格斯选集》（第4卷），人民出版社2012年版，第358页。
③ 《马克思恩格斯选集》（第4卷），人民出版社2012年版，第359页。
④ 《马克思恩格斯选集》（第4卷），人民出版社2012年版，第370页。
⑤ 《马克思恩格斯选集》（第4卷），人民出版社2012年版，第369页。

和产业工人在政治经济地位、利益诉求以及发展前途上具有更大的一致性。所以恩格斯乐观地估计把普鲁士易北河以东地区的农业工人争取到无产阶级方面来，"仅仅是时间问题，而且甚至是一个很短时间的问题"，"而当易北河以东地区的农业工人跟我们站在一起的时候，整个德国立刻就会改变风向"，当"把社会民主主义的种子撒到这些工人当中去，鼓舞他们和团结他们去坚持自己的权利"，把农村无产者争取到工人阶级一边时，"容克的统治也就会完结。……普鲁士军队的'劲旅'就会变成社会民主主义的劲旅，那时在力量对比上便会发生那孕育着彻底变革的变动"。① 显然，在恩格斯看来，当工业无产阶级和农业无产阶级并肩战斗时，无产阶级革命胜利就指日可待。

最后，"大土地占有者"即"大地产租佃者、资本主义牧主以及其他按资本主义方式经营国内土地的人"。对于这个阶层，恩格斯认为，"我们在某些问题上可以和他们一道走，可以在一定时期为达到一定的目的而与他们一起奋斗"②。"大农"和"中农"就是使用雇佣工人，即长工和短工，对待他们可以通过联合为合作社的方式逐渐消除对雇佣劳动的剥削，从而过渡到新的生产方式。恩格斯认为，虽然"大农"和"中农"都是无可避免地要走向灭亡，但是，无产阶级也应尽力争取，并在一定条件下与之结盟。这也就是说，无产阶级也可以和"大土地占有者""大农"和"中农"结成暂时的联盟。

恩格斯对农民给予了更多的关注，进行了阶级阶层的划分，初步论述了对待各个阶级的阶级政策。不过，恩格斯仍然没有将农民作为革命的主要力量。

二　列宁对农民的阶层划分

马克思、恩格斯根据他们生活的那个时代，西欧，尤其是英国社会发展所提供的经验判断小农经济是落后的生产方式，不可避免要走

---

① 《马克思恩格斯选集》（第4卷），人民出版社2012年版，第375—376页。
② 《马克思恩格斯选集》（第4卷），人民出版社2012年版，第365页。

向衰亡。他们预言农村自给自足的自然经济最终会被资本主义的商品经济、市场经济所取代,农民自力更生的小生产被大土地所有制和资本主义大农业排挤,并将最终消亡。但是,马克思、恩格斯所预言的小农大量破产、社会向两极分化的局面并没有很快呈现。相反,小农经济还在不断地发展,法德等国政府还采取扶持和帮助小农的措施,以使小农免于破产。于是,马克思主义的观点开始受到质疑,法德两国的社会民主党甚至开始宣扬小农经济具有优越性。欧洲的现实引起了恩格斯对农民的关注,在去世前一年写的《法德农民问题》一文再次重申资本主义生产形式的发展"割断了农业小生产的命脉","小生产正在不可挽救地灭亡和衰落"[1],从而鲜明地表达了马克思主义对待小农经济的态度。

对于无产阶级政党内部出现的争议,考茨基则赞成恩格斯的意见,即立足于农民作为一个落后的阶级而最终将被抛进无产阶级的队伍,小农经济在资本主义制度下是不能长久生存的马克思主义立场,考茨基分析了农民的阶层分化,并提出了无产阶级政党的阶级政策。[2]

考茨基分析,随着现代农业资本主义发展,农民不断被卷入市场经济,不得不把自己的产品变成商品,因此,农村中出现了农民分化的现象。农民这种分化存在两种趋势:一方面是农民的贫困化和无产阶级化;另一方面是少数农民富裕起来,变成农村的资产者。农村出现了有产者和无产者、剥削者与被剥削者的对立。在考茨基看来,无产阶级和农民存在一定的共同利益,因此在政治上可以进行合作;然而,无产阶级和农民之间是"商品的出卖者和购买者之间的矛盾"[3],二者之间的根本利益则是对立的,这种对立几乎等同于无产阶级与资产阶级的对立。考茨基认为不应将农民笼统地作为一个整体,而应当将其区分为不同的阶层。在讨论大农和小农的经营方式时,考茨基提

---

[1] 《马克思恩格斯选集》(第4卷),人民出版社2012年版,第356页。

[2] 汪澎、朱静:《略论考茨基有关"农民土地问题"的思想》,《社科纵横》2011年第11期。

[3] [德]考茨基:《土地问题》,梁琳译,生活·读书·新知三联书店1955年版,第366页。

出了中农和富农的概念，指出无产者和富农之间的对立要胜于无产者
与中农之间的对立。同样，考茨基也没有将农民看作无产阶级的同盟
军，仅仅提出无产阶级可以和农民有"不稳固的合作"关系，将占
人口多数的无产阶级化的农业工人看作无产阶级，是团结的对象。

列宁非常重视考茨基的农民土地问题的思想，他曾经高度评价考
茨基的《土地问题》是《资本论》第 3 卷出版以后"最出色的一本
经济学著作"，是"农业问题上的马克思主义思想大全"。列宁吸收
和借鉴了考茨基农民土地问题思想的某些合理内核，结合俄国的实际
情况，进一步分析了俄国农民的分化过程，并提出了无产阶级对农民
各个阶层的具体政策。

1893 年春，列宁在《农民生活中新的经济变动》一文中分析了
俄国农民经济的现实状况，揭示了俄国农业资本主义发展的形势和过
程。列宁认为，资本主义在俄国的发展引起农民的分化，农村居民可
以分为上、中、下三等。首先，占人口多数的农村居民中的下等户即
贫苦户陷入贫困化，他们由于没有农具，只好抛弃土地，把份地出
租，到外面去挣外水，从而沦为雇工；其次，中等户占人口的 40%，
他们面临破产，只能勉强糊口；最后，上等户是少数富裕的农民，他
们不但租进和购买大量土地、独享贷款，他们靠压迫贫苦农民和中等
农民，靠榨取雇农和日工的劳动变得越来越富。列宁认为，资本主义
的发展不仅使农民破产，而且使农民分化为资产阶级和无产阶级。在
分析了农民阶级分化的趋势后，列宁还指出了农民分化后各阶层的阶
级特点。列宁指出：有一部分农民转化为半无产阶级，即那些部分需
要依靠出卖劳动力来获得生活资料的人，如雇农、雇佣工人和贫苦农
民等，[①] 广大的贫苦农民在遭受地主剥削的同时，又遭到资本的压迫，
大部分陷于饥荒和破产境地。另一部分农民，则转化为资产阶级和小
资产阶级，如富裕的农民和中等农民。他们一般是不剥削别人的劳动
果实、靠自己劳动生活的人。这部分农民往往具有散漫、动摇、不能

---

① 《列宁全集》（第 39 卷），人民出版社 2017 年版，第 171 页。

坚持、不能团结、不能步调一致的习性。①

列宁指出农村中存在"地主""富农""中农""贫农"和"雇农"等阶层，还根据俄国的实际情况，提出了划分这些阶层的方法和依据。在《给农村贫民》一文中，列宁提出了以土地的多少来确定"地主"，以马匹的多寡来确定"富农""中农"和"贫农"的阶级划分方法。这是因为农村中存在资本主义生产方式的原因，富农不仅拥有份地，还购买和租入大量土地，富农最主要的一个特点是雇佣雇农和短工；至于"中农"，就是"很少有积蓄，家业不牢靠，差不多总是要借债，容易破产"的一部分农民，他们在富人和无产者之间生活是中等的，年成好时可以勉强过得去，可贫困总跟在他们后面。因此，列宁提出："最正确的方法就是按马的多少来分富农、中农和贫农"，每户两匹以上马匹的是富农，没有马的是贫农，中农每户有两头耕畜。② 在分析了农村农民的阶层分化之后，列宁提出了对农民中的各阶层应该采取的阶级政策，即依靠贫苦农民，中立中农，反对富农，无条件地剥夺大土地占有者。这是列宁运用马克思主义的阶级分析方法，找到了革命的依靠力量和盟友，成功地在落后的资本主义俄国实践了无产阶级革命。

第三节　有关土地问题的基本思想

一　"土地国有化"

除了散见于一些书信和札记中的论述之外，马克思对土地问题进行的专门探讨主要集中在《资本论》第3卷"地租篇"之中。"地租篇"中，马克思全面研究了级差地租、绝对地租及资本主义地租的产生，分析了地租形成的本质原因及变动的一般规律。马克思认为，在封建的土地所有制和资本主义所有制下都存在地租，不同的是封建地租是农奴或租地农民二者之间的阶级关系，而资本主义地租则源于超

---

① 《列宁全集》（第39卷），人民出版社2017年版，第3页。
② 《李宁选集》（第1卷），人民出版社1972年版，第406页。

过平均利润之上的超额利润，最终源于农业工人创造的剩余价值，反映的是资本主义下的土地所有者、资产阶级同无产阶级三者之间的关系。概言之，马克思的地租理论有以下两个要点：

第一，土地所有权与经营权的分离是地租产生的前提。

第二，地租是土地所有权实现的经济形式，地租源于超过平均利润的超额利润，是剩余价值的转化形式。

根据地租理论，马克思提出了他在土地问题上的基本观点：在资本主义生产方式下，农业和工业一样由资本家经营，资本主义的农业以农民的无产阶级化为代价，农村自给自足的自然经济越来越被卷入资本主义的商品经济和市场经济之中，农民的小生产受到大土地所有制和资本主义大农业的排挤，最终将完全消亡。

早在《共产党宣言》中，马克思、恩格斯就提出了消灭私有制、剥夺地产的纲领，尽管这不是一个明确的土地国有化的口号，但已是土地国有化思想的萌芽了。之后，马克思在《论土地国有化》等著作中，详细阐述了土地国有化的思想。

首先，小土地所有制存在如下弊端：第一，小块土地所有制"按其性质来说排斥社会劳动生产力的发展、劳动的社会形式、资本的社会积聚、大规模的畜牧和科学的不断扩大的应用"；第二，"高利贷和税收制度必然会到处使这种所有制陷入贫困境地"；第三，"资本在土地价格上的支出，势必夺去用于耕种的资本"；第四，"生产资料无止境地分散，生产者本身无止境地互相分离"，因此，"人力发生巨大的浪费"；第五，生产条件日趋恶化；第六，"生产资料日益昂贵"。如此等等，是小块土地所有制的必然规律。由此，马克思断言："对这种生产方式来说，好年成也是一种不幸。"[1] 恩格斯也反复强调："资本主义生产形式的发展，隔断了农业小生产的命脉，这种小生产正在无法挽救地灭亡和衰落"，"资本主义的发展必然导致小农土地所有制的消灭"[2]。由此而言，马克思、恩格斯认为小土地私

---

[1] 《马克思恩格斯全集》（第46卷），人民出版社2003年版，第912页。

[2] 《马克思恩格斯选集》（第4卷），人民出版社2012年版，第356页。

有制作为一种旧的生产方式，在现代化大生产中必然要趋于灭亡。

以法国农民土地所有制为例，马克思认为它比英国的大土地所有制离土地国有化要远得多。这个所有制形式"由资金很少、而且主要依靠自己劳动和自己家属劳动的人来耕作"，使土地分成许多小块，这种耕作方式"排斥了采用现代农业改良措施的任何可能性，同时还把耕作者本身变成任何社会进步尤其是土地国有化的最坚决的反对者"，因为耕种者"被束缚在土地上，为了获得相当少的一点收入，他必须把他的全部精力投在土地上，他不得不把大部分产品以赋税的形式交给国家"，"他对于自己小天地之外的社会运动一无所知"。于是，"法国农民就陷入了同产业工人阶级相对立的极其不幸的境地"①。

其次，现代化大生产具有明显优势，能最大限度地促进生产力的发展。大规模耕种土地优越于小块的和分散的土地经营，能够更大地推动生产力的发展，而且，大规模耕作可以有效利用资本主义发展所取得的科学知识和耕作技术。农业的现代化大生产只有以"土地国有化"的实现为前提。马克思认为："社会运动将作出决定：土地只能是国家的财产。"如果"把土地交给联合起来的农业劳动者，就等于使社会仅仅听从一个生产者阶级的支配"，"生产资料的全国性的集中将成为自由平等的生产者联合体所构成的社会的全国性基础，这些生产者将按照共同的合理的计划自觉地从事社会劳动"，这样，"一切生产部门都将逐渐地用最合理的方式组织起来"。②

在此立场上，马克思、恩格斯提出，马克思认为"土地国有化"是现代化大生产发展的必然要求和必然趋势："迫使资本主义农场主在农业中采用集体的和有组织的劳动以及利用机器和其他发明的种种情况，将使土地国有化越来越成为一种'社会必然'。"③ 而且，"抗拒这种必然性是任何拥护所有权的言论都无能为力的，社会的迫切需

---

① 《马克思恩格斯全集》（第18卷），人民出版社1964年版，第66页。
② 《马克思恩格斯全集》（第18卷），人民出版社1964年版，第67页。
③ 《马克思恩格斯选集》（第3卷），人民出版社2012年版，第175页。

要必须而且一定会得到满足，社会必然性所要求的变化一定会给自己开辟道路，并且迟早总会使立法适应这些变化"①。

既然"土地国有化"是现代化大生产发展的必然要求和必然趋势，那么，在发达的资本主义国家，如何实现"土地国有化"呢？马克思、恩格斯认为只有无产阶级夺取政权，才可能而且必须实行"土地国有化"。这是因为：第一，不少资本家本人就是土地所有者，资本主义私有制度下，他们是不会赞成消灭土地私有制的。第二，在土地私有制度下，一些人对土地所有权的垄断逐渐成为资本主义发展道路上的障碍。第三，"在资产阶级掌握政权的情况下，实现土地国有化，并把土地分成小块出租给个人或工人协作社，只会造成他们之间的残酷竞争"②，从而为剥削农民提供新的方便。所以，只有无产阶级的国有化，才能最大限度地促进生产力的发展。这样的土地国有化"将使劳动和资本之间的关系彻底改变，归根到底将完全消灭工业和农业中的资本主义生产方式"，"生产资料的全国性集中将成为自由平等的生产者的联合体所构成的社会的全国性基础"。③

二　列宁有关土地问题思想

如前所述，19 世纪晚期，土地问题成为一个极其迫切的现实问题。德国和法国的社会民主党纷纷召开代表大会对土地问题展开讨论，制定土地纲领，认为应该保护小农的土地私有制。这一立场遭到了恩格斯的反对，针对德法制定的土地纲领，他专门在《新时代》杂志上发表了《法德农民问题》，批判社会民主党土地纲领中的机会主义观点。恩格斯断言在资本主义条件下小农经济不可避免会灭亡，因此社会民主党不能违背社会主义原则，为了讨好农民而保护私有制。

考茨基也同样反对保护小农土地私有制的思想，他首先论证了大

① 《马克思恩格斯全集》（第 18 卷），人民出版社 1964 年版，第 65 页。
② 《马克思恩格斯全集》（第 18 卷），人民出版社 1964 年版，第 66 页。
③ 《马克思恩格斯全集》（第 18 卷），人民出版社 1964 年版，第 67 页。

生产的优越性，比如，耕种面积上较少的损失、对耕畜和农具的节省和充分利用、适合用机器耕作、便于科学指导和管理及容易得到贷款等，同时还考察了小农经营的过度劳动和消费不足等缺点。因此，考茨基提出，前资本主义和非资本主义的生产方式总是要被破坏的。进而，考茨基批评德国社会民主党试图维护小块土地所有制的土地纲领不仅是空想的，也是反动的。考茨基根据农村发展的现实指出，农业和工业不同，大生产不是绝对优良的生产，小生产也有其灵活和便于经营的特点。区分大小生产的，不应是土地面积的大小，而是它的集约化程度，资本有机构成的程度。考茨基认为马克思主义提供的是研究问题的一般方法，而不能将其一切结论都教条化。

马克思的《资本论》是以英国为典型，阐述的是以"土地租佃制"为形式的资本主义农业发展模式。考茨基着重指出要研究农业在资本主义生产方式下所发生的一切变化，这是因为：现代农村经济具有资本主义生产方式的一切特征，它是资本主义经济，但又具有特殊的表现形式，这实际上是提出了一条不同于英国资本主义农业发展的模式。在考茨基这一思想的启示下，后来列宁在《社会民主党在1905—1907年俄国第一次革命中的土地纲领》中，进一步确定了资本主义农业演进的两种不同道路："普鲁士道路"和"美国式道路"。

在俄国革命过程中，列宁的土地纲领思想经历了两个阶段。

第一阶段，1905年革命以前，列宁主张"反对村社"和"收回割地"。19世纪中期的沙皇俄国是一个军事封建帝国主义国家，面临复杂的反封建的任务。在斯托雷平改革之前，俄国农村存在的是中世纪残余的村社制度，农民被束缚在狭隘、封闭的小天地里。普列汉诺夫就将俄国的"农村公社"看作一种"亚细亚式"的奴役制度，是"莫斯科专制制度的基础"。[①] 因此，当时马克思主义者的土地思想是以反对村社束缚为核心，列宁所提出的土地纲领就主张"彻底改变我国的土地关系，即改变赎买土地和把土地分给农民村社的条件。农民

---

① ［苏］普列汉诺夫：《我们的意见分歧》，刘若水译，人民出版社1955年版，第166页。

有权自由放弃份地和退出村社"①。随后，在农奴制改革时，沙皇政府为了补偿沙俄贵族"免费"解放农奴的"损失"，允许贵族割占部分公社土地作为私有土地。对于这种凭借强权割占的土地，列宁明确提出"收回割地"的口号。1903 年，列宁起草了俄国社会民主党二大党纲中的土地纲领，指出："废除赎金与代役租，废除限制农民支配自己土地的一切法律，把以赎金和代役租形式从农民手里勒索去的钱归还给农民，把 1861 年改革后从农民手里割去的并成为盘剥农民的手段的那部分土地归还给农民。"② 列宁主张："必须为自由的业主经营自由的土地铲除一切土地方面的特权。必须尽最大的可能的保证自由交换土地、自由迁居、自由扩大地块。"③

由于当时"割地"一般都仍租给原来的农奴（村社农民）种，地主很少自营，这是一种落后的经营方式，列宁正是基于这种落后方式而提出"收回割地"主张。列宁认为不应该把土地分给"贫农"，因为他们"无法成为农场主的"，列宁甚至将他们称为"懒惰农民""懒汉"和"废物"。在他看来，土地只应该交给可以成为"农场主"的"富裕农民和中农"。④ 如果把土地交给"贫民"，而他们又不可能成为"农场主"，不可能以资本主义的生产方式来经营农业，这在客观效果上则等同于保存了旧的或中世纪的土地制度。正是在这个意义上，列宁认为绝不能支持农民反对资本主义，哪怕这种资本主义是建立在掠夺农民基础之上，并批评当时民粹主义者主张的"共耕制"是"企图用独轮车战胜火车"的骗人儿戏⑤。由此可见，列宁当时主张反对村社束缚、收回割地的思想正是与马克思、恩格斯的"资本主义大生产终将取代小生产"的观点一脉相承的。

第二阶段，1905 年革命后，列宁主张消灭地主土地所有制，实行

---

① 《列宁全集》（第 16 卷），人民出版社 2017 年版，第 221 页。
② ［苏］波斯别洛夫主编：《苏联共产党历史》（第 1 卷），上海人民出版社 1983 年版，第 588 页。
③ 《列宁全集》（第 16 卷），人民出版社 2017 年版，第 391 页。
④ 《列宁全集》（第 13 卷），人民出版社 1959 年版，第 256—257、266 页。
⑤ 《列宁全集》（第 19 卷），人民出版社 1959 年版，第 378 页。

土地国有化。1905 年革命后，俄国农村出现了平均地权的农民自发要求，农村村社逐渐瓦解，资本主义经济有了迅速的发展。社会民主党的土地纲领已经落后于形势，列宁指出：在工业中高度发达并在农业中也相当发达的资本主义与仍旧是中世纪的、农奴制的土地占有制之间的矛盾，是导致俄国落后的总根源。① 要改变这种落后面貌，最根本的就是彻底废除农奴制的土地占有制。为此，列宁指出："土地问题是俄国资产阶级革命的根本问题，它决定了这场革命的民族特点"，"这个问题的实质，是农民为了消灭地主土地占有制，为了消灭俄国农业制度中以至俄国整个社会政治制度中的农奴制残余而进行斗争"。②

　　1917 年二月革命的胜利，给俄国的资产阶级革命画上了一个句号，但是"俄国的土地问题已经比 1905—1907 年间要广泛、深刻、尖锐得多了"③。1917 年春夏，俄国各地农民不顾临时政府的阻挠，自发夺取耕种地主的土地。孟什维克和自称代表农民利益的社会革命党人竟指责农民"擅自夺取土地"是无政府主义的越轨行动。与此相反，列宁发表了一系列文章，坚决支持农民的土地要求，驳斥了小资产阶级政党对农民运动的诬蔑，在《无产阶级在我国革命中的任务》一文中，列宁提出了"实行土地国有化、把一切银行和资本家的辛迪加收归国有或至少由工人代表苏维埃立刻加以监督等等措施"的主张。④ 此时，"土地国有化"不仅意味着废除土地私有制，而且要给整个生产资料私有制以有力的打击，成为走向社会主义的一个重要的突破口。正如列宁所指出的："土地国有化不仅是资产阶级革命的'最高成就'，而且是走向社会主义的一个步骤。"⑤

　　为了解决好农民的土地问题，争取农民阶级对社会主义的认同，列宁在不同历史时期制定和实施了不同的土地政策，列宁从本国国情出发，运用马克思主义的基本原理，在实践中丰富了马克思、恩格斯的理论。

---

① 《列宁全集》（第 21 卷），人民出版社 2017 年版，第 314 页。
② 《列宁全集》（第 16 卷），人民出版社 2017 年版，第 387—388 页。
③ 《列宁全集》（第 16 卷），人民出版社 2017 年版，第 396 页。
④ 《列宁全集》（第 29 卷），人民出版社 2017 年版，第 167 页。
⑤ 《列宁全集》（第 16 卷），人民出版社 2017 年版，第 396 页。

第三章　共产国际与中国"土地革命"战略的缘起

第一节　共产国际与中国"土地革命"战略构想的提出

一　酝酿准备

共产国际是以马克思主义无产阶级革命理论为指导思想而成立的国际共产主义组织，其目标在于实现世界无产阶级革命的理想。1919年3月，共产国际第一次代表大会在莫斯科举行，宣告成立了共产党的国际组织——共产国际。此时资本主义世界的现状和欧洲革命运动蓬勃发展，成立之初的共产国际显然将其主要注意力集中在西方，集中在西方资本主义国家的产业无产阶级革命。在召开代表大会的邀请书上，共产国际明确提出其作为马克思主义政党的目标——无产阶级专政，并将其看作"剥夺资本和废除生产资料私有制"的杠杆。共产国际认为："没收地主土地和资本主义农业生产的公有化"是"当前的重大任务"。① 显然，这里提出的"没收地主土地"是从马克思主义的资本主义工业化的必然选择的角度来对待"土地"的，属于无产阶级社会主义革命范畴，而这里的"地主"也仅限于欧洲资本主义世界的"地主"。共产国际"一大"通过的《共产国际纲领》宣布："新的时代已经开始！这是资本主义土崩瓦解的时代，是资本主

---

① 中国社会科学院近代史研究所翻译室：《共产国际有关中国革命的文献资料（1919—1928）》，中国社会科学出版社1981年版，第5页。

义内部分崩离析的时代，这是无产阶级共产主义革命的时代。"① 共产国际将东方殖民地的解放运动看作西方无产阶级革命的配角，认为"殖民地的解放只有和宗主国工人阶级的解放结合起来，才可能实现"②。从这里可以看出，共产国际革命视野中的"世界"主要指的是西方资本主义国家，而不是东方殖民地半殖民地国家，共产国际所强调的"革命"主要指的是西方资本主义国家的无产阶级社会主义革命，而非殖民地半殖民地国家的民族民主革命。

但是，十月革命影响之下所发生的中东欧革命并没有如人们所期望的那样取得进一步的胜利，欧洲的革命浪潮反而逐渐趋于停滞和平息。列宁和共产国际发现亚洲的革命浪潮正在蓬勃兴起，他们开始转变革命的视野，并关注东方民族民主革命运动。列宁希望通过推动东方殖民地和落后国家的民族解放运动来加速西方资本主义世界无产阶级革命爆发。1920 年 7 月，共产国际成立一年多之后，召开了第二次代表大会。这次会议邀请了东方国家革命组织的代表并将会议的中心议题由关注世界革命转向了东方殖民地、半殖民地国家的民族民主解放运动。为了筹备共产国际的第二次代表大会，列宁起草了《民族和殖民地问题提纲初稿》，罗易起草了《民族和殖民地问题的补充提纲》，综合这两个提纲，略加修改后由大会通过形成了《关于民族和殖民问题的决议》。列宁明确指出提纲"最重要最基本的思想"就是"被压迫民族和压迫民族之间的区别"，从这一指导思想出发，列宁初步分析了包括中国在内的东方落后国家的社会性质和革命任务，提出了这些国家革命的理论和政策。

列宁论述了当时中国的社会性质，将中国、波斯、土耳其等国列入"半殖民地"国家，③ 因为中国的"督军"正是外国资本主义在中

---

① 中共中央党史研究室第一研究部编：《联共（布）、共产国际与中国国民革命运动（1920—1925）》（下）第 2 卷，北京图书馆出版社 1997 年版，第 57 页。

② 中共中央党史研究室第一研究部编：《联共（布）、共产国际与中国国民革命运动（1920—1925）》（下）第 2 卷，北京图书馆出版社 1997 年版，第 69 页。

③ 中共中央党史研究室第一研究部编：《联共（布）、共产国际与中国国民革命运动（1920—1925）》（下）第 2 卷，北京图书馆出版社 1997 年版，第 123 页。

国的统治的代理人。① 列宁还曾经指出"革命的第一步应当是推翻外国的压迫"②，根据这样的观点，那么，中国革命毫无疑问是反对帝国主义压迫的民族解放运动。列宁针对东方落后国家封建关系或宗法关系、宗法农民关系占优势的特点，又辩证地论述了东方各国人民所进行的斗争不是无产阶级革命，而是一场以农民为主的民主革命。他提醒与会者认识到东方落后国家和西方发达资本主义国家无产阶级革命的条件的差异，指出落后国家"最重要的特点是资本主义前的关系还占统治地位，还谈不到纯粹的无产阶级运动。在这些国家里几乎没有工业无产阶级"。由于"落后国家的主要居民群众是农民，而农民是资产阶级资本主义关系的代表"，因此，列宁指出"任何民族运动都只能是资产阶级民主性质的"，并提醒这些国家的无产阶级政党"不同农民运动发生一定的关系，不在实际上支持农民运动，就能在这些落后国家里实行共产主义的策略和共产主义的政策，那就是空想"。③ 根据这一指导思想，列宁认为"必须坚决反对把落后国家内的资产阶级民主解放思潮涂上共产主义的色彩"④。这样，无产阶级政党应该采取的政策就应该是"特别援助落后国家中反对地主、反对大土地占有制、反对各种封建主义现象或封建主义残余的农民运动，竭力使农民运动具有最大的革命性"⑤。列宁所起草的《土地问题提纲》中还写道："农村劳动群众只有同共产主义无产阶级结成联盟，奋勇地援助无产阶级为推翻地主（大土地占有者）和资产阶级而进

---

① 中国社会科学院近代史研究所翻译室：《共产国际有关中国革命的文献资料（1919—1928）》，中国社会科学出版社 1981 年版，第 67—68 页。

② 中共中央党史研究室第一研究部编：《联共（布）、共产国际与中国国民革命运动（1920—1925）》（下）第 2 卷，北京图书馆出版社 1997 年版，第 146 页。

③ 中共中央党史研究室第一研究部编：《共产国际、联共（布）与中国革命文献资料选辑（1917—1925）》（上）第 1 卷，北京图书馆出版社 1997 年版，第 19—21 页。

④ 中共中央党史研究室第一研究部编：《联共（布）、共产国际与中国国民革命运动（1920—1925）》（下）第 2 卷，北京图书馆出版社 1997 年版，第 124 页。

⑤ 中共中央党史研究室第一研究部编：《联共（布）、共产国际与中国国民革命运动（1920—1925）》（下）第 2 卷，北京图书馆出版社 1997 年版，第 142 页。

行的革命斗争，此外别无出路"，要把"阶级斗争开展到土地问题上去"。① 相比较第一次代表大会邀请书上提出的"当前重大的任务"是"没收地主土地"，列宁这里所提的"反对地主""反对大土地占有制"具有明显不同的内涵："没收地主土地"的目的是东方国家的资产阶级民主革命，与此相关，也不能用社会主义革命的原则来反对地主、解决土地问题。罗易起草的《关于民族和殖民地问题的补充提纲》则更加明确地解释了解决土地问题的原则问题，他写道："在东方国家里，依据纯粹共产主义原则来解决土地问题是完全错误的"，他认为："在殖民地革命初期，应推行有小资产阶级改良项目的纲领，如分配土地"②，即没收地主的土地分配给小农和中农。

为此，共产国际通过决议，明确界定了东方落后国家革命的性质是资产阶级的民族民主主义革命而不是共产主义的社会革命，东方国家革命的任务不是反对资本而是反对各种封建主义现象和封建主义残余，包括反对地主，反对大土地占有制。共产国际的任务正是援助落后国家反帝反封建的民族民主革命。

中国革命的战略策略正是在这样的国际背景下酝酿的。"反对各种封建主义现象和封建主义残余，反对地主，反对大土地占有制"，这正是本书将要讨论的主题——"土地革命"。此时，列宁和共产国际虽然没有明确提出"土地革命"的概念，但是为东方殖民地国家民族革命运动制定了一个总的理论模式——通过没收分配土地发动农民的"土地革命"的模式，并初步勾画了"土地革命"的轮廓，酝酿和准备了"土地革命"的口号。这个理论模式包括以下几点主要思想。

首先，共产国际将革命的注意力从西方无产阶级革命转向了东方殖民地国家民族民主革命运动，将视线转向了农民和农村。从发动革命的角度，共产国际认为在东方殖民地半殖民地国家中农民将占有重

① 中共中央党史研究室第一研究部编：《联共（布）、共产国际与中国国民革命运动（1920—1925）》（下）第 2 卷，北京图书馆出版社 1997 年版，第 152—153 页。
② 中共中央党史研究室第一研究部编：《联共（布）、共产国际与中国国民革命运动（1920—1925）》（下）第 2 卷，北京图书馆出版社 1997 年版，第 119 页。

要的地位、发挥重要作用。因此，共产国际将东方国家中农民起义或农民运动看作民族民主革命的广泛动力。

其次，分析了在殖民地、半殖民地国家开展农民运动的可能性。共产国际认为，在殖民地半殖民地的落后国家里，外国资本主义利用诸如中国的"督军"这样的当地社会上封建的（有时是半封建的、半资产阶级的）上层人物作为其统治的代理人，"对落后国家的大多数农民进行剥削，使他们破产，使他们丧失了基本的生活手段"[①]。因此，农民不断地沦为农奴，他们仇恨帝国主义势力，从而有可能参加到反对帝国主义的民族解放斗争中来。

再次，设想了用分配土地的办法来争取农民拥护革命。共产国际认为，帝国主义通过大土地占有制来榨取地租，"反对苛捐杂税和封建的束缚，要求解放土地的斗争，就是反对帝国主义和反对封建大土地占有制的民族解放斗争"。因而，从这一意义上说，"在大多数东方国家中，土地问题对于反对列强专制压迫的斗争，具有首要的意义"。那么，如何解决东方国家的土地问题呢？共产国际提出在大规模农业只占相对极小比重的国家和地区内，将大业主的土地分配给小农，认为这是"争取农民拥护革命的最可靠的办法"。而解决土地问题的原则被明确地限定于"小资产阶级改良"的，而不是"纯粹的共产主义"的，明确批评了将剥夺来的土地交给合作社的观点。

最后，列宁通过对资本主义各国农村居民的阶级构成的分析，对农民进行了阶层划分和界定，并指出共产党应该采取严加区别的政策。[②] 按照是否占有土地将农民分为六个阶层，他指出，城市无产阶级首先应当极力把农业工人，其次是半无产者或极小农，最后是小农吸引到自己这方面来。这三种农村居民的综合，构成农村人口的绝大多数；拥有少量剩余土地的中农，在经济意义上应理解成小农，共产党对他们的政策是在最近的将来和在无产阶级专政初期，不能设想把

---

① 中国社会科学院近代史研究所翻译室：《共产国际有关中国革命的文献资料（1919—1928）》，中国社会科学出版社1981年版，第67—68页。

② 中共中央党史研究室第一研究部编：《联共（布）、共产国际与中国国民革命运动（1920—1925）》（下）第2卷，北京图书馆出版社1997年版，第153—157页。

这个阶层吸引过来，应该使之中立，尽量使它不致倒向资产阶级一边，为此，列宁建议要尽量保留中农原有的土地，并且通过分配地主的土地来扩大他们土地的面积；大农是农业中的资本主义企业主，共产党一般应该保留其土地，只是在他们反抗苏维埃政权时才予以没收，个别情况下，可以把大农的一部分土地分给附近的小农。大土地占有者，共产党应该消灭之，即立即绝对地、不附有任何赎买条件的没收大土地占有者及农场主的土地。

　　另外，初步涉及了革命中的农村政权问题。共产国际提出"在可能的地方把农民和一切被剥削者联合到农会里"①，第一次提出了组建"农会"组织的设想，后来由共产国际历次会议逐步丰富了"农会"组织的内涵，并将其作为大革命时期中国革命的农村基层政权，提出"一切权力归农会"的农村自治口号，设想由"农会"来分配没收的土地。

　　列宁从"东方"的特殊性出发，将马克思主义无产阶级革命理论和殖民地半殖民地国家的实际国情结合起来，提出了民族与殖民地问题理论。列宁为各国共产党人将马克思主义基本原理与本国实际相结合作出了光辉典范，特别值得指出的是，列宁还鼓励东方各国共产党人依据一般共产主义的理论和实践，并把这种理论和实践应用于主要群众是农民，需要解决的斗争任务不是反对资本而是反对封建主义现象和封建主义残余这样条件的革命斗争。这是列宁和共产国际帮助中国共产党人把马克思主义中国化的重要启蒙。

　　但是，这一时期共产国际的领导人对于农民的重视，是基于理论的逻辑演绎和俄国革命的经验。共产国际领导人思维中的"具有最大革命性"的"农民运动"还只是一个笼统的概念，"农民运动"的策略也不具体，更来不及深入地探讨东方国家具体的土地革命问题。共产国际初步提出的"土地革命"口号涉及下述因素：东方落后国家是封建关系或宗法关系，宗法农民关系占优势；农民在革命中将占有

<hr />

　　① 中共中央党史研究室第一研究部编：《联共（布）、共产国际与中国国民革命运动（1920—1925）》（下）第 2 卷，北京图书馆出版社 1997 年版，第 142 页。

重要地位和作用；对农村阶级或阶层的划分以及共产党对他们的阶级政策；农民对土地的要求应不应该被满足；没收大土地占有者的土地并通过分配土地争取农民拥护革命。

二　初步提出

依据共产国际二大的相关决议，1921 年 7 月召开的青年共产国际第二代表大会专门作了《农村青年工作的提纲》，指出："没有农民中的无产阶级和半无产阶级参加，就不可能顺利地实现无产阶级专政"，认为这样的认识是共产国际支部最重要的任务之一。[①] 1922 年1 月至 2 月召开了远东人民代表大会（后改名为远东各国共产党和民族革命团体第一次代表大会，会议期间，列宁抱病接见了中国代表），共产国际东方部主任萨法罗夫在报告中分析了外国资本主义——帝国主义侵入中国、朝鲜等国后，这些国家阶级关系发生的重大变化，并明确指出，"远东劳动阶级当前第一位的任务，就是谋各被压迫国家的解放"。萨法洛夫在报告中特别提出中国劳动群众和中国共产党的首要任务，"是把中国从外国的羁轭下解放出来，把督军推倒，土地收归国有，创立一个简单联邦式的民主主义共和国"[②]。远东人民代表大会使列宁民族和殖民地理论得到广泛的传播，并且向中国共产党人宣传了通过"土地国有"来发动和唤起农民参加革命的思想。

1922 年 11 月至 12 月召开了共产国际第四次代表大会，通过了《东方问题总提纲》，再次强调在东方各国发动农民运动的必要性。"提纲"指出："东方落后国家的革命运动，如果不依靠广大农民群众，就不可能取得胜利"，"提纲"还将农民运动和土地问题联系起来号召："只有以消灭大土地占有制为己任的土地革命，才能把反帝斗争有决定作用的广大农民群众动员起来。"在这一思想指导下，共产国际指示东方各国的革命党必须明确制定自己的土地纲领，这个纲

---

① 中共中央党史研究室第一研究部编：《联共（布）、共产国际与中国国民革命运动（1920—1925）》（下）第 2 卷，北京图书馆出版社 1997 年版，第 201 页。

② 中共中央党史研究室第一研究部编：《联共（布）、共产国际与中国国民革命运动（1920—1925）》（下）第 2 卷，北京图书馆出版社 1997 年版，第 283 页。

领"应该彻底消灭封建主义及其残余的要求"。共产国际同时指出，"为了使农民群众积极参与民族解放斗争，必须宣布坚决改变土地所有制的基础，同时必须强迫民族资产阶级政党尽可能接受这一革命的土地纲领"，认为"只有苏维埃这种政体，才能保证彻底实现农民的土地革命"。[①]

相比较共产国际的"二大"，第四次代表大会在农民运动和土地问题上有以下进展。

第一，面向东方各国初步地提出了"土地革命"的口号，规定其任务是"消灭大土地占有制"，或曰"消灭封建主义及其残余"。那么消灭大土地占有制之后，土地为谁所有呢？"国有"还是"农有"？会议没有论及，联系不久前召开的远东人民代表大会上提出的"土地国有"，我们不难看出共产国际提出的土地革命的目标同样是"土地国有"。

第二，向东方各国共产党明确提出了制定自己的土地纲领的要求，并强迫民族资产阶级政党接受之。

第三，"土地革命"口号与"苏维埃"政权紧密联系。"苏维埃"是俄国革命本身产物，在俄语中是"会议"的意义。1905 年俄国革命高潮中出现的工人代表会议的一种简称，最初是作为罢工委员会组织起来的，但很快就变成具有工人起义机关和工人自治政府性质的一种权力机构。到 1917 年，这种劳动群众自治政府性质的政治机构再度出现，并且日渐成为与上层立宪会议相抗衡乃至与政府相并立的一种事实上的政府。布尔什维克由于成功地在苏维埃中逐渐取得了优势地位，因而很快把苏维埃变成了反政府的革命起义机关，并在革命胜利后直接把苏维埃当作了苏联权力机构的形式和名称。这里的"苏维埃"是指一种特殊权力机构，显然，与"苏维埃"紧密联系的"土地革命"不可避免地要打上俄国革命模式的烙印。

第四，重申了共产国际二大制定的对农民进行的阶层划分和界

[①]　中共中央党史研究室第一研究部编：《联共（布）、共产国际与中国国民革命运动（1920—1925）》（下）第 2 卷，北京图书馆出版社 1997 年版，第 361 页。

定,增加了"富农"概念,"摆脱跟大地主互相勾结的富农的影响和控制"。"富农"一词来自俄语 кулак(富农)。这里提出的共产党的阶级政策,实际是将"富农"与地主相提并论。这是因为,根据俄国革命的经验,富农被认为是农村中的资产阶级,地主通过出租土地换取农民的劳动成果,是剥削行为,富农通过放贷或雇工获取利息或收益,同样也是剥削。将地主和"富农"相提并论的思路对中共后来在根据地所实行的土地政策产生了深远的影响。

三　形成战略

共产国际面向东方各国革命党,初步提出了"土地革命"的战略口号。中国显然属于东方落后的殖民地国家之一。随着中国革命的艰难拓展,共产国际对于中国社会的政治经济状况日益了解,对农民在革命中的地位和作用的估计也逐步清晰。共产国际初步分析中国农村的实际,指出:"中国是个小农国家",认为中国"存在着比较大的土地占有制,在某些地方甚至有大地主",共产国际还分析了农民的生活状态、所受的压迫,认为"一部分小农受到极其沉重的租赁形式的奴役,一部分小农受到少地的摧残",并明确认为"农民群众的贫穷与破产",认为是中国的地主和中国政府"一起利用外国垄断组织的沉重赋税制度等方式使农民贫困到极点",[①] 共产国际不仅得出了中国农民深受压迫、生活极端痛苦的结论,而且还进一步分析中国农民的痛苦来源:缺少土地、外国帝国主义和本国资本主义以及大地主的压迫、沉重赋税等。从而,共产国际意识到中国农民中蕴藏的巨大的革命潜力。

共产国际的驻华代表在中国早期的革命实践中同样也认识到中国农民的重要地位和作用。马林作为共产国际第二次代表大会民族和殖民地问题委员会秘书,他充分了解共产国际对东方落后国家的策略,共产国际二大之后,共产国际选派他作为正式代表赴华工作。但是奇

---

① 中共中央党史研究室第一研究部编:《共产国际、联共(布)与中国革命文献资料选辑(1917—1925)》(上)第 1 卷,北京图书馆出版社 1997 年版,第 256—257 页。

怪的是，马林来华后，并没有向陈独秀等人传达共产国际二大所通过的民族和殖民地问题决议精神。马林到达后一个月召开了中国共产党第一次全国代表大会，中共一大的党纲宣布，为"推翻资本家阶级的政权""承认无产阶级专政"而斗争，"彻底断绝"与"其他党派的任何联系"①，中共一大所通过的决议和文件中，丝毫都没有反映共产国际二大的政策精神。这正是因为马林是以一般无产阶级革命的原则来考察中国的革命，因此，他认为中国铁路不发达，无产阶级涣散不成熟。马林在中国进行考察，对中国的政党、阶级、人物等形成了初步的看法。1922 年 7 月，他报告共产国际执行委员会，马林描述下的农民形象极为消极，"中国人口的大部分是农民，他们虽然穷，但几乎都是小有产者""对于中国农民来说，没有像俄国农民和印度农民那样的阶级斗争；也不像印度和朝鲜农民那样必须缴纳重税"。由此，马林得出结论：中国农民"对革命完全漠不关心，并且尚未表现出政治上的重要性"②。显然，来华之初，马林对中国农村社会状况不甚了解，从而对农民的革命性持怀疑态度。切实的革命活动体验促使马林改变了自己的成见。次年 5 月，他在广州致信布哈林，转变了此前对农民的消极印象，转而认为"中国同志首先需要的是一个农业纲领，即使是国民运动，如果它不面向农民，它也就几乎不可能成为一支主宰力量"③。

京汉铁路大罢工惨遭镇压，进一步促使共产国际认识到帝国主义与封建军阀是中国革命的强大敌人，无产阶级势单力薄，从而将中国革命的关注重点转向中国农民。吴佩孚在工人罢工中对工人的镇压，无异于给共产国际当头一棒，敲醒了共产国际中部分成员的幻想。显然，中国的工人阶级的力量尚不强大，如果不在革命中找到坚定的同

---

① 中国人民解放军政治学院党史教研室编：《中共党史参考资料》（第 2 册）（内部资料），第 197 页。

② 中共中央党史研究室第一研究部编：《联共（布）、共产国际与中国国民革命运动（1920—1925）》（下）第 2 卷，北京图书馆出版社 1997 年版，第 226 页。

③ 中共中央党史研究室第一研究部编：《联共（布）、共产国际与中国国民革命运动（1920—1925）》（下）第 2 卷，北京图书馆出版社 1997 年版，第 460 页。

盟军，势必要归于失败，共产国际必须总结中国工人运动的经验。1923 年 1 月 12 日，布哈林起草共产国际执委会的决议指出"国内独立的工人运动还很薄弱"，中国工人阶级"尚未充分分化成完全独立的社会力量"①。5 月 20 日，当维经斯基在《真理报》上发表文章《中国的国民革命运动和工人阶级》继续坚持他一贯的立场时，《真理报》主编、共产国际执委会副主席布哈林毫不客气地批评其"对农民和孙逸仙党的作用估计不足"②。1923 年 5 月青年共产国际给中国社会主义青年团发来的指示信总结 1922 年时期的中国革命，认为这个时期存在的缺点就是"未能使农民完全参加到国民革命中来"，并且断言："由于农民在国内占大多数，所以在中国，任何一个旨在反对外国帝国主义争取建立民主制度的革命，如果没有农民的参加都是不可思议的。"③

由维经斯基起草共产国际执委会给中国共产党第三次代表大会的指示。指示信草案中没有关于土地政策和农民问题的条款，布哈林在征得季诺维也夫的同意后，大幅度地修改了草案。布哈林的修正案将农民问题条款置于首位，并将草案中前三条有关组织工人运动的指示减至一个条款，放在有关农民问题的四条指示之后。布哈林还特别警告维经斯基在此问题上不要搞鬼。④ 毫无疑问，布哈林已经意识到：在中国，由工人阶级用总同盟罢工的方式来夺取政权的十月革命模式，此时多半还不现实；在中国革命中，必须充分考虑农民的地位和作用。

为吸引农民参加革命，共产国际初步提出了土地问题。1923 年 5 月 24 日，共产国际正式给中共第三次代表大会发出指示信，对土地

---

① 中共中央党史研究室第一研究部编：《联共（布）、共产国际与中国国民革命运动（1920—1925）》（下）第 2 卷，北京图书馆出版社 1997 年版，第 436 页。

② 中共中央党史研究室第一研究部编：《共产国际、联共（布）与中国革命文献资料选辑（1917—1925）》（上）第 1 卷，北京图书馆出版社 1997 年版，第 176 页。

③ 中共中央党史研究室第一研究部编：《联共（布）、共产国际与中国国民革命运动（1920—1925）》（下）第 2 卷，北京图书馆出版社 1997 年版，第 256—257 页。

④ 中共中央党史研究室第一研究部编：《联共（布）、共产国际与中国国民革命运动（1920—1925）》（下）第 2 卷，北京图书馆出版社 1997 年版，第 254—255 页。

革命和农民问题赋予了特殊的地位。共产国际强调"全部政策的**中心问题**乃是农民问题"（笔者注：着重部分为原文所有），并且明确认为："在中国进行民族革命和建立反帝战线之际，必须同时进行反对封建残余的农民土地革命。只有把中国人民的基本群众，即占有小块土地的农民吸引到运动中来，中国革命才能取得胜利。"与此同时，共产国际还提出"土地革命"的具体政策包括："没收地主土地，没收寺庙土地并将其无偿分给农民；欠收年不收地租；废除现行征税制度；取消各省间的包税和税卡；铲除旧官僚统治。"共产国际还设想了建立"农民自治机构"，并"由此机构负责分配没收的土地"。① 这是笔者所见针对中国革命的最早的、明确地提出"土地革命"口号的文献，它由共产国际执委会副主席布哈林首先提出，并经过共产国际执委会主席季诺维也夫的同意，作为给中共第三次代表大会的指示而发出。这是共产国际最早提出的中国革命的"土地革命"战略构想，它包含诸多方面的思想内涵。

首先，共产国际初步分析了中国国情和中国社会性质。共产国际将中国的社会性质界定为"东方落后国家"，是"落后的、半封建的农业国家"，是"亚洲最落后的农民国家"。② 同时将中国和波斯、土耳其等国一起，归属于"半殖民地国家"。③ 在分析中国社会性质的基础上，共产国际指出了中国的性质是：中国"革命的第一步应当是推翻外国的压迫"④，同时，"任何民族革命必然是资产阶级民主革命性质的"⑤，因此中国革命是一场反帝反封建的民族民主革命。中国革命斗争的矛头既指向帝国主义，又指向封建主义。

----

① 中共中央党史研究室第一研究部编：《共产国际、联共（布）与中国革命文献资料选辑（1917—1925）》（上）第 1 卷，北京图书馆出版社 1997 年版，第 254—255 页。

② 《列宁选集》（第 2 卷），人民出版社 1972 年版，第 426、428 页。

③ 中国社会科学院近代史研究所翻译室：《共产国际有关中国革命的文献资料（1919—1928）》，中国社会科学出版社 1981 年版，第 67—68 页。

④ 中共中央党史研究室第一研究部编：《联共（布）、共产国际与中国国民革命运动（1920—1925）》（下）第 2 卷，北京图书馆出版社 1997 年版，第 146 页。

⑤ 中共中央党史研究室第一研究部编：《共产国际、联共（布）与中国革命文献资料选辑（1917—1925）》（上）第 1 卷，北京图书馆出版社 1997 年版，第 19—21 页。

其次，共产国际从中西方革命发生的特殊社会历史条件和国情的差异对比中说明中国革命的实质是农民革命，农民问题是中国革命的中心问题。共产国际从中国革命的战略高度来认识中国农民的重要的地位与作用，将农民问题作为中国革命政策的中心问题。

最后，共产国际将封建的大土地占有制度作为帝国主义以及中国封建主义残余的统治根基，要反对帝国主义和封建主义，就必须变革其在中国统治的根基，那就是封建的地主土地所有制。

在上述几个方面中，从战略上看，共产国际明确指出中国革命是反帝反封建的民族民主革命，认识到民族民主革命具有农民革命的实质，从而将民族民主革命与农民土地革命紧密相连。共产国际所构想的中国"土地革命"战略，与列宁的思想精神相一致，涉及了中国革命的性质、任务、对象等一系列重大理论问题，在相当程度上符合像中国这一类东方国家的革命实际，为中国这类落后国家的民族民主革命指明了战略方向。在政策层面上，共产国际的论述涉及农村阶级阶层的划分、没收和分配土地的对象、没收分配土地的机构、农村中的政权以及进行土地革命的依靠力量等重要的因素。共产国际所构想的"土地革命"战略的核心思想就是以没收分配土地来发动农民参加反帝反封建主义残余的革命斗争，为实现这样的战略目标，在不同的革命环境下，共产国际的政策也在不断调整和变化，即共产国际对如何进行"土地革命"也设想了不同的实施方案。

四　重申丰富

共产国际在随后的一系列重要会议和文件中不断重申中国必须进行"土地革命"的方针。

1923年11月28日共产国际执行委员会主席团就中国民族解放运动和国民党问题作出决议，向国民党方面指示："必须向缺乏土地的广大农民群众说明，应当把土地直接分给在这块土地上耕种的劳动者，消灭不从事其他耕作的土地占有者和许多中小土地占有者的制度。"1924年2月25日，共产国际执委会主席团东方委员会关于中国问题再次作出决定，指出："随着国民革命运动的扩大，国民党面临的具体任务是：通过开展较激进的土地改革，武装农民，在靠近前线地带建立自卫队等途径，把农民吸引到解放运动中来。详细讨论在农民中进行广泛宣传的办法。"《决定》再次提到国民党面临的具体任务是"开展较激进的土地改革"，此外，还增加了"武装农民，宣传农民"的指示。

1925 年 3 月共产国际第五次执委会扩大全会又一次突出强调了农民问题的重要意义，会议第一次专门通过了由布哈林起草的《关于农民问题的提纲》，全面肯定了由列宁提出的共产党对农民的总纲领，分析了农村各阶级的状况及其与无产阶级的关系。1926 年 3 月，共产国际召开了共产国际执委会第六次扩大全会提出：中国革命的任务是"反对帝国主义者和整个封建军阀制度、争取国家独立和建立民主革命统一政权的斗争"，而"中国民族解放运动的基本问题是农民问题"，从而再次确认"中国民族革命运动的发展，重点是土地革命"，会议通过的《关于中国问题的决议》重申了中国农民问题的重要性，认为要吸引农民群众积极参加斗争，革命政策必须"能把农民所理解的切身的政治要求和经济要求同反对军阀和帝国主义者的一般政治任务结合起来"。① 同年年底召开了共产国际执行委员会第七次扩大全会，会议充分认识了解决土地革命问题的重要性，重点讨论了在中国怎样开展土地革命。会议重申：土地问题是"目前形势的中心问题，对于这个基本问题持坚决态度并给予彻底回答的那个阶段，将成为革命的领导者"。共产国际执委会要求中国共产党"应把土地国有化的要求提为无产阶级土地纲领的基本要求"②。布哈林还明确提出了以"土地实行国有化"方针来实现"非资本主义发展道路"。会议通过的决议案指出："彻底的土地政策之实行乃是反帝国主义胜利及革命往前发展的先决条件"，要求中国共产党把"土地国有化"作为无产阶级土地纲领的"基本要求"。

---

① 中国社会科学院近代史研究所翻译室：《共产国际有关中国革命的文献资料（1919—1928）》，中国社会科学出版社 1981 年版，第 139—140 页。

② 中国社会科学院近代史研究所翻译室：《共产国际有关中国革命的文献资料（1919—1928）》，中国社会科学出版社 1981 年版，第 270 页。

　　共产国际的驻华代表们更加深入地认识中国社会的政治经济结构。在 1924 年 10 月中国共产党广东地区委员会会议上，鲍罗廷提议共产党人致力于把大地主的土地分给无地少地的农民。1925 年 9 月，维经斯基在提交共产国际执委会的书面报告中提出："如果我们不提出甚至没收土地的更激进的要求，就不能把他们（农民）吸引到革命方面来"，维经斯基甚至开始考虑要"规定出没收土地的范围"。1926 年 6 月，维经斯基以共产国际远东局主席身份再次来华，在中国北方的实地考察后，提出"无论如何要同农民运动建立联系"。到达广州后，维经斯基向联共（布）报告中认为"工作的重点口号不是进行北伐，而应当是提高工农群众的经济福利，巩固革命政府的基地"①。设想在广东用选举的方式改组地方政权机构，并且到了"可以实行土地改革"的程度。1926 年 2 月，鲍罗廷在向联共（布）中央政治局使团汇报工作时指出，在广州旧制度的势力依然是强大的，它的主要力量表现在土地关系上面，土地改革是绝对必要的，"否则将什么也得不到"，并且明确提出其个人观点："如果不进行土地革命，那么国民革命运动就不能取得胜利"，鲍罗廷反复强调"不改变土地关系，我们就一事无成"，"（土地革命）实质上是工作中的中心问题"②。1926 年 5 月对中国革命进行考察的布勃诺夫使团向联共（布）中央提交了考察报告，也是认为"中国的土地革命只有在基本的农民群众团结在土地革命口号周围，才能取得发展和赢得最后胜利"③。

　　斯大林坚持并深化了列宁的相关思想和论述，对中国革命的性质、任务、动力和前途等问题进行了精辟的剖析。1925 年斯大林在共产国际执行委员会南斯拉夫委员会会议上指出，"民族问题实质上就是农民

　　① 中共中央党史研究室第一研究部译：《联共（布）、共产国际与中国国民革命运动（1926—1927）》（上）第 3 卷，北京图书馆出版社 1998 年版，第 322 页。

　　② 中共中央党史研究室第一研究部译：《联共（布）、共产国际与中国国民革命运动（1926—1927）》（上）第 3 卷，北京图书馆出版社 1998 年版，第 120—133 页。

　　③ 中共中央党史研究室第一研究部译：《联共（布）、共产国际与中国国民革命运动（1926—1927）》（上）第 3 卷，北京图书馆出版社 1998 年版，第 163 页。

问题，而农民问题归根到底是同土地问题联系在一起的，要引导农民真正走上革命道路而不提出土地问题是不可能的"①。1926 年 4 月 1 日，联共（布）中央政治局在莫斯科通过《我们对中国和日本的政策问题》的决议，认为中国革命"首先要吸引农民参加革命并保证无产阶级组织的领导权"，"广大工农群众的运动将会得到发展和加强"，我们"应尽一切努力使这场运动具有最大的规模"。② 1926 年 10 月 26 日，联共（布）中央签发了致中国的电报，指出"土地问题应具体列入议事日程"，并建议国民党和鲍罗廷提出农村行动纲领。11 月 30 日，斯大林在随后召开的共产国际执行委员会中国委员会会议上发表了关于中国革命前途的演说，指出"把中国农民卷入革命愈迅速愈彻底，中国反帝国主义的战线就愈有力愈强大"，认为"不论中国共产党或国民党都应当立即从言论转到行动，提出立刻就满足农民最切身要求的问题"。③ 斯大林还提出农民运动可以依靠的三个主体是农民委员会、人民革命政权的机关（如广东政权）和革命军队。

　　蒋介石发动"四一二"反革命政变后，4 月 21 日，斯大林对中国局势作了新的评价，并且断言：蒋介石的政变，标志着民族资产阶级脱离革命，并意味着中国由全民族统一战线革命开始转入土地革命。④ 斯大林宣布：蒋介石的政变不是使革命高潮低落，而是"使国民党洗去了污点，把国民党的核心向左推移"，从而使革命"进入其发展的更高阶段即土地革命阶段"。斯大林强调"把中国农民卷入革命愈迅速愈彻底，中国反帝国主义的战线就愈有力愈强大"⑤，指出

---

　　① 中国社会科学院近代史研究所翻译室编译：《共产国际有关中国革命的文献资料（1919—1928）》，中国社会科学出版社 1981 年版，第 101 页。
　　② 中共中央党史研究室第一研究部译：《联共（布）、共产国际与中国国民革命运动（1926—1927）》（上）第 3 卷，北京图书馆出版社 1998 年版，第 193—194 页。
　　③ 中国社会科学院近代史研究所翻译室编译：《共产国际有关中国革命的文献资料（1919—1928）》，中国社会科学出版社 1981 年版，第 270 页。
　　④ 《斯大林全集》（第 9 卷），人民出版社 1954 年版，第 225—226 页。
　　⑤ 中国社会科学院近代史研究所翻译室编译：《共产国际有关中国革命的文献资料（1919—1928）》，中国社会科学出版社 1981 年版，第 270 页。

中国革命的任务就是"以全力燃起土地革命的火焰"①。5 月 13 日，莫斯科召开秘密会议，向汉口发出指示：现在国民党的国内政策中最主要的就是"在各省特别是广东省有步骤地开展土地革命"②。时隔几日，斯大林在共产国际执委会会议上作了《中国革命与共产国际任务》的报告，指出"中国现在的革命是两条革命运动（反封建残余运动和反帝国主义运动）巨流的汇合"，是"中国的资产阶级民主革命是反封建残余的斗争和反帝国主义的斗争的结合"③。据此，共产国际执委会强调中国革命要在农村进行土地革命，要吸收群众参加斗争，并且给中国共产党发出电报，要求中国共产党"更紧密地同革命的国民党，同没有蒋介石的国民党团结起来"④，要"站在土地革命运动的前头，领导土地革命运动"⑤，要"把一批又一批工农阶层引上革命斗争轨道，加强工农联盟，确立无产阶级在民族解放革命中的领导权"⑥，要求中国共产党"千方百计开展土地革命"⑦。联共（布）5 月 30 日给鲍罗廷和罗易发出紧急指示："不进行土地革命，就不可能取得胜利，不进行土地革命，国民党中央就会变成可靠将领手中的玩物"，联共（布）中央明确指示："我们坚决主张从下面实际占领土地""一定消除对不可靠的将领的依赖性""要动员两万共产党员"并且"组建几个新军""要组建自己可靠的军队"。⑧

---

① 《斯大林全集》（第 9 卷），人民出版社 1954 年版，第 225—226 页。

② 中共中央党史研究室第一研究部编：《联共（布）、共产国际与中国国民革命运动（1926—1927）》（下）第 4 卷，北京图书馆出版社 1998 年版，第 252 页。

③ 中国社会科学院近代史研究所翻译室：《共产国际有关中国革命的文献资料（1919—1928）》，中国社会科学出版社 1981 年版，第 301—302 页。

④ 安徽大学苏联问题研究所、四川省中共党史研究会编译：《苏联〈真理报〉有关中国革命的文献资料选编》（第 1 辑），四川省社会科学院出版社 1986 年版，第 341 页。

⑤ 中国社会科学院近代史研究所翻译室：《共产国际有关中国革命的文献资料（1919—1928）》，中国社会科学出版社 1981 年版，第 325 页。

⑥ 中共中央党史研究室第一研究部编：《联共（布）、共产国际与中国国民革命运动（1926—1927）》（下）第 4 卷，北京图书馆出版社 1998 年版，第 259 页。

⑦ 中共中央党史研究室第一研究部编：《联共（布）、共产国际与中国国民革命运动（1926—1927）》（下）第 4 卷，北京图书馆出版社 1998 年版，第 259 页。

⑧ 中共中央党史研究室第一研究部编：《联共（布）、共产国际与中国国民革命运动（1926—1927）》（下）第 4 卷，北京图书馆出版社 1998 年版，第 298—299 页。

　　斯大林、共产国际在论述中国"土地革命"战略时，出现了"土地革命""土地改革""民族民主革命"等名称，但通过分析可以发现这些名称所体现的战略思路是连贯和一致的。

第二节　共产国际对中国"土地革命"实施方案的设想

　　共产国际从中国民族民主革命的战略高度提出了变革封建土地所有制的问题，提出"土地革命"战略构想。共产国际的论述无疑是十分精辟的，但是一个战略理论只有通过切实可行的政策，通过实践的路径，才能成为现实。战略构想需要实现它的切实可行的方案，如果没有正确可行的实施方案，那么理论再高明也无济于事。因此，制定什么样的政策，依靠谁去执行这个方案解决问题，就成为战略构想能否实现的关键所在。共产国际要贯彻中国"土地革命"战略，首先必须在中国找到认同其战略理念，并且具有一定实力的革命政党和革命政府来制定相应的方针政策，从而实现其战略意图。

　　中国共产党在第二次全国代表大会上决定加入共产国际。在共产国际看来，中国共产党作为其下属机构，同样以马克思主义为指导思想，因此无论从组织关系上还是意识形态上，中国共产党都必然会执行共产国际的战略指示。1923 年 5 月 24 日，共产国际执委会向中共第三次代表大会指示，要求中国共产党提出"土地革命"口号。共产国际设想的总体思路就是由中国共产党来发动和领导，并且不断影响国民党、取得国民党支持的"反对封建残余的农民土地革命"①。共产国际的这封指示信几经辗转，送达中共中央时，中共三大已经结束。此后，中共中央也没有制定相应的政策来开展"土地革命"战略。随着国共合作的切实推展，国民党实行"联俄、联共、扶助农工"政策，体现出一定的革命性，且当时国民党的实力远在中共之

---

　　①　中共中央党史研究室第一研究部编：《共产国际、联共（布）与中国革命文献资料选辑（1917—1925）》（上）第 1 卷，北京图书馆出版社 1997 年版，第 254—255 页。

上。共产国际转而向国民党提出建议和决议，并对国民党寄予厚望，将国民党由"支持"地位上升为"土地革命"战略的"主角"，由国民党来主导"土地革命"的思路贯穿了整个大革命时期。

一　造就"革命的雅各宾"的国民党领导"土地革命"

一个政党政策的制定与实施必须以党纲、宣言等为依据，相应的纲领必定会导致政党制定相应的政策。从党纲上着手，如果能改变国民党的性质，造就出一个以"消灭封建地主土地所有制"为纲领的国民党来发动"土地革命"，这不失为贯彻"土地革命"战略最简便易行的办法。众所周知，国民党以"三民主义"为纲领，共产国际就设想从"三民主义"中的"民生主义"着手来影响国民党的政党性质。

1923 年下半年孙中山决心改组国民党，实行亲苏政策。共产国际以此为契机，起草了改组后国民党纲领的基本内容，试图通过重新解释"三民主义"来造就一个"革命的雅各宾"的国民党。1923 年下半年国民党派出以蒋介石为团长的"孙逸仙博士代表团"访问莫斯科。共产国际利用"孙逸仙博士代表团"出访莫斯科的机会，重点和代表团交谈了修改《党纲》的问题，修改的重点之一就是"民生主义"。1923 年 11 月 26 日，国民党代表团参加了共产国际执行委员会会议，共产国际执委会主席季诺维也夫在会议上就提出了重新解释三民主义的问题，按照他的话来说就是："应当使三民主义变得更具体、更明确。"① 这其实意味着对国民党的一系列基本方针，包括在民族问题上，在对待工人阶级和农民的态度问题上的基本方针的重大的修改。国民党的行动纲领问题成为共产国际执委会会议讨论的中心问题。时隔一天，"世界革命司令部的最高层"为表明"对孙逸仙代表团和国民党的重视"②，由苏联革命军事委员会主席托洛茨基会

---

① 中共中央党史研究室第一研究部编：《共产国际、联共（布）与中国革命文献资料选辑（1917—1925）》（上）第 1 卷，北京图书馆出版社 1997 年版，第 336 页。
② 中共中央党史研究室第一研究部编：《共产国际、联共（布）与中国革命文献资料选辑（1917—1925）》（上）第 1 卷，北京图书馆出版社 1997 年版，第 278 页。

晤了代表团并再次提出修改国民党党纲的建议。1923 年 11 月 28 日共产国际执行委员会主席团正式就中国民族解放运动和国民党问题作出决议，试图通过对"三民主义"的重新解释来改变国民党组织的政党性质，这个决议也就是改组后国民党纲领的基本内容的草案，其中"民生主义"就是要求改组后的国民党以"消灭封建地主土地所有制"为纲领。决议指出："必须向缺乏土地的广大农民群众说明，应当把土地直接分给在这块土地上耕种的劳动者，消灭不从事其他耕作的土地占有者和许多中小土地占有者的制度"，要求国民党政府"应当减轻农民的赋税负担"，应当"大力帮助农民解决灌溉、由人口稠密地区向人口稀少地区移民、开发荒地"等。在共产国际看来，国民党所进行的正是"反对外国帝国主义和本国封建主义的斗争"，"它将在使用土地和管理国家方面，把农民从封建专制的条件下解放出来"，为此，共产国际同时强调"中国共产党、工人阶级和劳动农民，必须全力支持国民党"[1]。

显然，共产国际对"民生主义"的解释正是涉及中国的土地所有制问题。共产国际正是要求改组后的国民党要以"消灭封建地主土地所有制"为纲领，这些建议和决议表明，共产国际实际上是想造就一个"革命的雅各宾"的国民党来贯彻其"土地革命"战略。从共产国际执委会总书记克拉罗夫使用的"共产国际主席团满意地指出""同时相信"[2] 这样乐观的表述中可以发现，共产国际相当自信于这个设想方案。

与此同时，共产国际也试图从改组后国民党的《宣言》上来体现"土地革命"战略意图，这需要通过苏俄的驻华代表影响孙中山和国民党人，在国民党一大宣言起草中有所作为来实现。

苏俄和共产国际派出的多位驻华使者都接触过孙中山和国民党人。1923 年，俄共（布）中央政治局任命鲍罗廷为孙逸仙的政治顾

---

[1]　中共中央党史研究室第一研究部编：《共产国际、联共（布）与中国革命文献资料选辑（1917—1925）》（上）第 1 卷，北京图书馆出版社 1997 年版，第 334 页。

[2]　中共中央党史研究室第一研究部编：《共产国际、联共（布）与中国革命文献资料选辑（1917—1925）》（上）第 1 卷，北京图书馆出版社 1997 年版，第 297 页。

问。鲍罗廷带着斯大林的"不要迷恋在中国培植共产主义"① 的委任状来到中国，很快地推动了国民党的改组工作，并成功地取得孙中山的信任。1923 年 11 月，来华之初鲍罗廷就遭遇了陈炯明妄图恢复广州地盘的军事斗争，孙中山国民党陷入军事危机。鲍罗廷抓住这个机会直接向孙中山提出了"给农民分配土地"的建议。1923 年 11 月 12 日，鲍罗廷和国民党人一起分析前线失败的原因，鲍罗廷的意见就是国民党在农民中间工作薄弱，致使农民在战斗中态度消极，甚至去帮助敌人。为此，鲍罗廷建议国民政府"立即颁布在广东农民中分配土地的法令"，"在法令中应当明确指出，地主的土地将予没收，以利于实际耕种这些土地的农民"。② 然而，这个建议由于孙中山的反对而搁浅。③

国民党改组期间，鲍罗廷参加了国民党第一次全国代表大会宣言的起草，并再次尝试推行共产国际的"土地革命"战略。鲍罗廷先是在宣言草案中建议"将大地主所有者的土地收归国有"，并反复解释要在国民党的宣言里写上"没收土地"的条款。鲍罗廷与国民党人苦口婆心讨论农民和土地问题，据鲍罗廷回忆"委员会奉命为党的代表大会制定在所有问题上的行动纲领，在农民问题上花的时间比在任何别的问题上都多"④。遗憾的是"将大地主所有者的土地收归国有"的建议被孙中山从宣言草案中删除，因为国民党人"完全不接受共产国际关于剥夺问题的提纲"⑤，"没收地主土地"的字样最终没能写进国民党一大的宣言。

---

① 中共中央党史研究室第一研究部编：《共产国际、联共（布）与中国革命文献资料选辑（1917—1925）》（上）第 1 卷，北京图书馆出版社 1997 年版，第 266 页。

② ［苏］切列潘诺夫：《中国国民革命军的北伐——一个驻华军事顾问的札记》，中国社会科学出版社 1981 年版，第 46 页。

③ 汪澎：《共产国际试图影响孙中山接纳土地革命战略的努力与失败》，《湖北行政学院学报》2012 年第 1 期。

④ 中共中央党史研究室第一研究部编：《共产国际、联共（布）与中国革命文献资料选辑（1926—1927）》（上）第 3 卷，北京图书馆出版社 1998 年版，第 127 页。

⑤ 中共中央党史研究室第一研究部编：《联共（布）、共产国际与中国国民革命运动（1920—1925）》（下）第 2 卷，北京图书馆出版社 1997 年版，第 146 页。

1924 年 1 月,国民党召开的第一次代表大会,最终通过的《国民党一大宣言》对农民土地问题的主张是"为农民之缺乏田地沦为佃户者,国家当给以土地,资其耕作,并为之整顿水利、移殖荒缴,以均地力",以及"严定田赋地税之法定额,禁止一切额外征收,改良农村组织,增进农人生活"①。宣言只字未提国家如何获得土地再分给缺地农民,关于"民生主义"的条文是强调平均地权、节制资本,使私有资本制度不得操纵国计民生,并没有表现出共产国际决议所要求的消灭封建地主土地所有制的内容。为了保证国民党一大的主要文件——大会《宣言》的通过,出于策略的考虑,鲍罗廷作出暂时的妥协,不再坚持国民党人明显不能接受的关于土地问题的建议,对此,鲍罗廷在稍后的共产党党团会议上还作出了说明。

这是共产国际希望以造就一个以"消灭地主土地所有制"为纲领的国民党,来贯彻"土地革命"战略的最初尝试,然而,这个尝试并没有成功。事实上,国民党对于解决中国的农民土地问题,自始至终都是主张用"和平改良"方案,而非共产国际主张的"土地革命"方案。

国民党的创始人和领导人孙中山早年自认为是"生而贫"② "农家子也,早知稼穑之艰难"③。他深切地同情农民的悲惨境遇,认为"农民所耕的田,大多数都是租来的,租钱又贵",终年辛苦"都是为商人和田主空劳动"。为此,孙中山多次提到要为农民"争利益"④,比如通过设立农民银行给农民提供资金,农民就可以免于向富农借债,并逐步向地主赎回自己的土地,还可以由政府在政治法律上制出种种规定,来保护农民,使农民增加粮食生产,多得收成;⑤农民自己结成团体训练农团军,由政府提供帮忙,用极低的价格卖枪

---

① 孙中山:《孙中山全集》(第 9 卷),中华书局 1981 年版,第 124 页。
② 孙中山:《孙中山全集》(第 1 卷),中华书局 1981 年版,第 1 页。
③ 孙中山:《孙中山全集》(第 1 卷),中华书局 1981 年版,第 25 页。
④ 孙中山:《孙中山全集》(第 10 卷),中华书局 1986 年版,第 466 页。
⑤ 孙中山:《孙中山全集》(第 9 卷),中华书局 1981 年版,第 399 页。

给农民团军，"要从今日起结成团体，挑选各家的壮丁来练农团军"①，"农民如果利用政府的帮助去实行结团体，就可以恢复自己的地位，谋自己的幸福"②。这些"让农民得利益"的办法，孙中山认为是"可以说是和平解决"③。

孙中山视土地问题为"经济问题中的大要素"④，他主张以"平均地权"来解决中国土地问题。这个思想是来源于美国亨利·乔治的"单一税"思想，其途径是"税收"和"赎买"，具体方法是："由国家规定土地法，土地使用法，土地征收法及地价税法，私人所有土地，由地主估价呈报政府，国家就价征税，并于必要时依报价收买之，此则平均地权之要旨也。"⑤ 即用核定地价，照价征税，照价收买，涨价归公的办法实现土地利益全民共享。商团事件发生后，孙中山又提出了"耕者有其田"的口号，但又同时强调不会在没有预备的情况下"就仿效俄国的激进办法，把所有的田地马上拿来充公，分给农民"⑥，他在演讲中还明确表示是"用政治和法律来解决"⑦。他在思考讨论解决中国农民土地问题时，一再公开申明并不是要夺富人之田为己有，而是反复强调要首先结束国家四分五裂的局面，要在国家统一之后再发达资本、振兴实业。显然，这是一个"和平改良"的方案。

孙中山及其领导下的国民党对共产国际关于中国是一个东方落后国家，封建主义的生产关系占主导地位的分析并不认同。孙中山认为中国自秦以后就已经打破了封建制度，他还认为当时的中国没有大地主，只有小地主。且"大多数地方还是相安无事，没有人和地主为难"⑧。出访莫斯科的国民党代表团提交的关于中国革命运动

---

① 孙中山：《孙中山全集》（第10卷），中华书局1986年版，第465页。
② 孙中山：《孙中山全集》（第10卷），中华书局1986年版，第463页。
③ 孙中山：《孙中山全集》（第10卷），中华书局1986年版，第554—558页。
④ 孙中山：《孙中山全集》（第6卷），中华书局1985年版，第7页。
⑤ 孙中山：《孙中山全集》（第7卷），中华书局1985年版，第120页。
⑥ 孙中山：《孙中山全集》（第10卷），中华书局1986年版，第556页。
⑦ 孙中山：《孙中山全集》（第9卷），中华书局1981年版，第400页。
⑧ 孙中山：《孙中山全集》（第9卷），中华书局1981年版，第382页。

的报告，也是认为中国农民既不感觉到自己痛苦，也不存在土地要求："中国不存在大土地占有制""中国很少发生大土地占有者和农民之间的冲突""农民满意遭受国家苛捐重税之苦"。所以国民党代表团认为"要找到有助于我们处理农民阶级问题的相应政治口号是相当困难的"①。

　　基于上述认识，国民党人认为分配土地在策略上有欠妥当，难以取得成功。孙中山向鲍罗廷指出："在当前组织农民协会的形势下，进行任何反对地主的宣传都是策略性的错误，因为那样做会使地主在农民之前先组织起来。"② 孙中山认为"我们的农民没有文化没有组织起来，在我们和农民之间有豪绅，如果我们颁布法令，那么这个法令会首先落到豪绅手里（如果法令能传到农村的话），豪绅就会利用法令反对我们，并且他们不仅把军阀也把农民发动起来反对我们"，因此，孙中山的观点就是："土地改革是必要的，但我们不能贯彻执行。"③ 孙中山认为建立真正的统一的、基础巩固的民主政权是实行土地革命之前提，比如 1922 年 4 月少共国际代表达林询问孙中山，"你为什么不实行自己的土地纲领？"孙中山回答说："现在我面临的是军事任务，要把全中国从军阀手中解放出来。只有那时，才能实行土地纲领。"④ 国民党改组后，有种言论认为国民党变成了共产党，对此，孙中山有一番解释："本党之宣言政纲具在，覆按可知，本党之民生主义，早以平均地权，节制资本两方案著于党纲，自始至终，未尝增减，至若进行之有缓急，分量之有轻重，此则时势之推迁，而非根本之改变。"⑤ 这番话清楚地说明国民党与共产党作为不同类型

---

　　①　中共中央党史研究室第一研究部编：《共产国际、联共（布）与中国革命文献资料选辑（1917—1925）》（上）第 1 卷，北京图书馆出版社 1997 年版，第 297 页。
　　②　中共中央党史研究室第一研究部编：《共产国际、联共（布）与中国革命文献资料选辑（1917—1925）》（上）第 1 卷，北京图书馆出版社 1997 年版，第 516 页。
　　③　中共中央党史研究室第一研究部编：《共产国际、联共（布）与中国革命文献资料选辑（1926—1927）》（上）第 3 卷，北京图书馆出版社 1998 年版，第 128 页。
　　④　陈旭麓、郝盛潮、王耿雄：《孙中山集外集》，上海人民出版社 1990 年版，第 264、418 页。
　　⑤　孙中山：《孙中山全集》（第 9 卷），中华书局 1981 年版，第 541—542 页。

的政党，不可能取得一致的纲领，宣扬阶级和睦的孙中山不会赞同阶级斗争，不可能用地主与农民阶级对立的观点来动员农民。对平均地权的坚持，也是孙中山从侧面对苏俄革命中分配土地的经验的否定。

由此可见，孙中山即使决心改组国民党，也不会改变其在重大方针上的认识与决策，而共产国际对国民党性质的认识则存在着质的偏差。在中国共产党还没有成立前，国民党就成为苏俄革命者关注的一个政治团体，列宁高度评价道："以孙中山为代表的资产阶级革命民主派，正在尽量启发农民群众在政治改革和土地改革方面的主动性和勇敢果断精神，从中正确地寻找'复兴'中国的道路。"① 1922 年，来华的苏俄代表马林考察了中国的各种政治力量，在提交共产国际的报告中认为中国国民党"具有明显的共产主义倾向"，国民党是由一个"起领导作用的知识分子"、侨民、南方军队中的士兵以及工人组成的"各阶级的联盟"。② 列宁的评价和马林的考察深刻地影响了共产国际对国民党的态度。1923 年 1 月，共产国际明确对国民党定位："中国唯一重大的民族革命集团是国民党，它既依靠自由资产阶级民主派和小资产阶级，又依靠知识分子和工人。"③ 从而，共产国际确立了国民党是四个阶级联盟的观念。这种认识导致共产国际过于乐观地估计了自己支配国民党的能力，甚至自信能够改变国民党的纲领。越飞 1923 年 1 月给俄共（布）、苏联政府和共产国际领导人的信中表示："孙逸仙的党，即国民党以及孙逸仙本人，在我们的思想影响下，近几个月来在很大程度上改变了自己的本质：国民党确实正在成为中国群众性的政党。"④ 信件中的满意之情溢于言表。

显然，共产国际的这些论述是以主观愿望代替了客观实际，对国民党的认识多是流于纸面的分析，而不符合政党的实质。事实上，国

① 列宁：《列宁选集》（第 2 卷），人民出版社 1972 年版，第 428 页。
② 中国现代革命史资料丛刊：《马林在中国的有关资料》，人民出版社 1980 年版，第 15—17 页。
③ 中共中央党史研究室第一研究部编：《联共（布）、共产国际与中国国民革命运动（1920—1925）》第 2 卷，北京图书馆出版社 1997 年版，第 436 页。
④ 中共中央党史研究室第一研究部编：《联共（布）、共产国际与中国国民革命运动（1917—1925）》第 1 卷，北京图书馆出版社 1997 年版，第 197 页。

民党是一个资产阶级占主导地位的、成分复杂的政党，改组后因为有工农无产阶级的加入而壮大了其左派队伍，但是其资产阶级政党的性质并不因人员构成的变化而变化，其根本目标仍在于建立一个资产阶级国家。国民党宣扬"三民主义"，反对帝国主义的压迫，实现民族独立，反对军阀割据，实现全国统一，要解除民众的痛苦，改善民众生活，这些革命目标和任务在一定程度上和共产国际所提出的民族民主革命相契合和重叠。然而，共产国际片面地强调了国民党的这种革命性，而忽略了国民党革命性以外的其他特性，忽略了国民党与"雅各宾"党之间的本质冲突。

二　改造国民党为"工农政党"来实行"土地革命"

共产国际试图造就一个以"改变封建土地所有制"为纲领的"新"党的构想落空，那么，能否对改组后的国民党加以改造呢？共产国际相信国共合作可以为苏俄代表和共产党人提供平台，可以对国民党施加影响，从而能够按照自己的意愿来改造国民党，使国民党成为代表人民大众的利益的党。共产国际的思路就是通过苏俄代表和共产党人在国民党内活动，从而改造国民党，推动国民党"向左转"成为"工农"的、"人民大众"的政党，再由革命的国民政府实行"土地革命"。

国民党第一次代表大会之后，苏俄驻华大使加拉罕致信鲍罗廷，高度评价了国民党改组的成绩，他认为美中不足的就是孙逸仙"对自己党内'地主'派所做的让步"。因此，加拉罕指示鲍罗廷："还是应该像以前那样给以谴责，以便使孙以最激进的方式贯彻执行土地法令。"[①] 1924 年 2 月 25 日，共产国际执委会主席团东方委员会关于中国问题作出决定，再次严正指出："国民党面临的具体任务是：通过开展较激进的土地改革，武装农民，在靠近前线地带建立自卫队等途径，把农民吸引到解放运动中来。详细讨论在农民中进行广泛宣传的

---

① 中共中央党史研究室第一研究部编：《共产国际、联共（布）与中国革命文献资料选辑（1917—1925）》第 1 卷，北京图书馆出版社 1997 年版，第 418 页。

办法。"① 根据加拉罕和共产国际的指示，鲍罗廷没有从以后的日程上撤销关于土地问题的议案，并反复地宣传把土地分配给农民，他向国民党人说明："让必胜的国民党把土地分给这些农民"，即使会遇到阻力，但这个举措会"成为我们在群众中广泛开展宣传鼓动工作的基础"。② 1924 年 10 月鲍罗廷在中共广东地区委员会会议上也提出土地问题，他认为要巩固广东革命根据地，关键是在于消灭现存的土地关系，把农民从地主的压迫下解放出来，使他们投身于革命。③ 后来，鲍罗廷在向联共（布）中央政治局使团汇报工作时指出，在广州旧制度的势力依然是强大的，它的主要力量表现在土地关系上面，土地改革是绝对必要的，"否则将什么也得不到"，并且明确提出其个人观点："如果不进行土地革命，那么国民革命运动就不能取得胜利"④，鲍罗廷反复强调"不改变土地关系，我们就一事无成"，"（土地革命）实质上是工作中的中心问题"⑤。在国民革命中摸爬滚打了两年多的鲍罗廷意识到国民革命的成功与改变土地关系的必然关系，换句话说，国民革命的成功必须以土地革命为突破口。而推动土地改革时一再遭遇的挫折让鲍罗廷不得不另辟蹊径，对此，鲍罗廷设想：革命不能停留在广州一地，北伐是唯一的出路，"当革命力量自广州呈扇面展开时，它可以把政治和经济计划带到各地。解放力量将会唤醒农民和工人。由于革命之风来势迅猛，资产阶级再也不可能像在广州那样扼杀变革。这样就能导致土地改革的进行，保证

① 中共中央党史研究室第一研究部编：《共产国际、联共（布）与中国革命文献资料选辑（1917—1925）》第 1 卷，北京图书馆出版社 1997 年版，第 491 页。

② 中共中央党史研究室第一研究部编：《共产国际、联共（布）与中国革命文献资料选辑（1917—1925）》第 1 卷，北京图书馆出版社 1997 年版，第 450 页。

③ 《中共广东地区委员会会议记录》，转引自杨奎松《中间地带的革命》，山西出版集团、山西人民出版社 2010 年版，第 86 页。

④ 中共中央党史研究室第一研究部编：《联共（布）、共产国际与中国国民革命运动（1926—1927）》（上）第 3 卷，北京图书馆出版社 1998 年版，第 132 页。

⑤ 中共中央党史研究室第一研究部编：《联共（布）、共产国际与中国国民革命运动（1926—1927）》（上）第 3 卷，北京图书馆出版社 1998 年版，第 129—133 页。

革命的成功"①。

1925 年 3 月共产国际第五次执委会扩大全会又一次突出强调了农民问题的重要意义,在共产国际执行委员会南斯拉夫委员会会议上,斯大林提出,民族问题实质上就是农民问题,而农民问题归根结底是同土地问题联系在一起的,要引导农民真正走上革命道路而不提出土地问题是不可能的。会议第一次专门通过了由布哈林起草的《关于农民问题的提纲》,全面肯定了由列宁提出的共产党对农民的总纲领,分析了农村各阶级的状况及其与无产阶级的关系。② 共产国际的驻华代表维经斯基也对土地问题提出了更为明确的看法。1925 年 9 月,维经斯基在提交共产国际执委会的书面报告中提出:"如果我们不提出甚至没收土地的更激进的要求,就不能把他们(农民)吸引到革命方面来",维经斯基甚至开始考虑要"规定出没收土地的范围"。③ 1926 年 3 月 2 日,共产国际执委会召开第六次扩大全会再次指出,中国革命的任务是"反对帝国主义者和整个封建军阀制度、争取国家独立和建立民主革命统一政权的斗争",而"中国民族解放运动的基本问题是农民问题",因此,"中国民族革命运动的发展,重点是土地革命"④。1926 年 10 月 26 日,联共(布)中央签发了致中国的电报,建议国民党和鲍罗廷提出农村行动纲领,这标志着苏俄方面认为中国革命要将土地问题列入具体议事日程。随后召开的共产国际执行委员会第七次扩大全会充分认识了解决土地革命问题的重要性,重点讨论了在中国怎样开展土地革命,会议指出:土地问题是"目前形势的中心问题,对于这个基本问题持坚决态度并给予彻底回答的那个阶段,

---

① [美] 丹尼尔·雅各布斯:《鲍罗廷——斯大林派到中国的人》,殷罡译,世界知识出版社 1989 年版,第 185—186 页。

② 中国社会科学院近代史研究所翻译室:《共产国际有关中国革命的文献资料》(1),中国社会科学出版社 1981 年版,第 101 页。

③ 中国社会科学院近代史研究所翻译室:《共产国际有关中国革命的文献资料》(1),中国社会科学出版社 1981 年版,第 741 页。

④ 中国社会科学院近代史研究所翻译室:《共产国际有关中国革命的文献资料》(1),中国社会科学出版社 1981 年版,第 139—140 页。

将成为革命的领导者"①，11 月 30 日，斯大林在共产国际执行委员会中国委员会会议上发表了关于中国革命前途的演说，强调"把中国农民卷入革命愈迅速愈彻底，中国反帝国主义的战线就愈有力愈强大"，认为"不论中国共产党或国民党都应当立即从言论转到行动，提出立刻就满足农民最切身要求的问题"②。

　　共产国际应该已经意识到国民党是拒绝"把土地直接分给在这块土地上耕种的劳动者"，拒绝实行"消灭不从事其他耕作的土地占有者和许多中小土地占有者的制度"③，何以还一再指示中共和国民党一起，通过国民政府实行"土地革命"呢？原因在于共产国际相信国共合作为苏俄代表和共产党人提供了平台，可以对国民党施加影响，从而能够按照自己的意愿来改造国民党。共产国际的驻华代表马林在国共合作实现之前就认为："我们的人应该利用左翼（廖仲恺）去改变国民党的策略。"④ 1923 年 1 月，共产国际在《关于中国共产党与国民党的关系问题的决议》中提出："中国共产党应当对国民党施加影响，以期将它和苏维埃俄国的力量联合起来，共同进行反对欧洲、美国和日本帝国主义的斗争。"⑤ 维经斯基则说得更加直白，他认为加入国民党的共产党人的历史任务"就是把工农和年轻知识分子组织起来"，"通过这些组织开展宣传和演讲，逐步迫使国民党改变政策，转到中国劳动群众方面来，反对大商人和封建地主"。⑥

　　形势的发展似乎也符合共产国际的意愿。孙中山的逝世一时让国

---

　　① 中国社会科学院近代史研究所翻译室：《共产国际有关中国革命的文献资料》（1），中国社会科学出版社 1981 年版，第 270 页。

　　② 中国社会科学院近代史研究所翻译室：《共产国际有关中国革命的文献资料》（1），中国社会科学出版社 1981 年版，第 270 页。

　　③ 中共中央党史研究室第一研究部编：《联共（布）、共产国际与中国国民革命运动（1920—1925）》第 1 卷，北京图书馆出版 1997 年版，第 344 页。

　　④ 中国现代革命史资料丛刊：《马林在中国的有关资料》，人民出版社 1980 年版，第 26 页。

　　⑤ 中共中央党史研究室第一研究部编：《联共（布）、共产国际与中国国民革命运动（1920—1925）》（下）第 2 卷，北京图书馆出版 1997 年版，第 437 页。

　　⑥ 中国社会科学院现代史研究室组织编译：《维经斯基在中国的有关资料》，中国社会科学出版社 1982 年版，第 94 页。

民党陷入群龙无首的状态中，国民党内由来已久的左右派斗争也愈演愈烈。鲍罗廷乐观地估计国民党自身的组织分裂已经不可避免，并且可以"从这种分裂中得到好处"①。此后鲍罗廷扶助汪精卫和蒋介石逐步取得政治和军事领导人地位，如愿改造了国民党的上层结构。同时，中国共产党的组织力量也有长足发展，在国民党内占据了较多的领导职位，成功地成为国民党内一支重要的组织力量，共产党还掌握着一定力量的工人纠察队和农民自卫军。这种状况不免让共产国际和俄共（布）期待着把国民党变为"人民革命政党"。维经斯基也在共产国际的机关刊物上宣传，中国资产阶级正在脱离革命，正在建立自己的有国民党右派参加的党，国民党正在变成"人民大众的党"②。负责指导中国事务的联共（布）中央总书记斯大林也情绪激昂，他在向东方劳动者共产主义大学的学生发表讲话时，主张争取把"由两部分组成"的国民党改造成"工农"的党，③ 在斯大林看来，把国民党改造成"工农政党形式"④ 似乎指日可待。直至共产国际执委会第七次扩大会议，布哈林更是明确提出要把国民党改造为"真正的人民政党"的任务。

共产国际的论述涉及了土地革命中的很多重要因素。

首先，培育农民协会。鲍罗廷在向联共（布）中央政治局使团汇报工作时高度评价了农民协会的作用："从一大时起，在农民中展开了相当有力的工作。"这项工作就是依据国民党一大时制定的成立农民协会的政策。⑤ 鲍罗廷说，"我们看到，依据纯粹自卫的纲领建立

---

① 中共中央党史研究室第一研究部编：《联共（布）、共产国际与中国国民革命运动（1920—1925）》第 1 卷，北京图书馆出版社 1997 年版，第 575—576 页。

② ［俄］B. H. 格卢宁：《共产国际与中国共产主义运动的形成（1920—1927）》，转引自《马克思主义研究参考资料》，马克思恩格斯列宁斯大林著作研究会编辑出版部 1981 年版，第 21 页。

③ 斯大林：《斯大林全集》（第 7 卷），人民出版社 1958 年版，第 147 页。

④ 《列宁斯大林论中国》，张仲实译，解放社 1950 年版，第 120 页。

⑤ 广东农民运动讲习所旧址纪念馆编：《广东农民运动资料选编》，人民出版社 1986 年版，第 145—147 页。

起来的这些协会如何变成了农民同地主豪绅积极作斗争的组织"①。依据共产国际第五次执委会扩大全会精神,1925年7月6日,共产国际执委会致信中共中央,敦促"党应该对农民工作给予专门注意",信中要求中国共产党运用其在国民党的影响,通过国民党农民部尽快着手培养农民协会的可靠组织者和领导者。共产国际还认为中国共产党应当最大限度地利用自己的组织条件,输送一批党员,或者哪怕是无党派人士或国民党员(从最忠诚于革命事业的人中,首先是从工人和最贫穷的农民中选拔)去担任农民组织的领导职务。1926年11月30日,斯大林在共产国际执行委员会第七次扩大会议中国委员会会议上发表的关于中国革命前途的演说中,根据俄国革命的经验,进一步提出成立"农民委员会"的设想,斯大林要求:"中国革命者加入这种委员会来影响农民,农民委员会要么是聚合原来的农民协会而成,要么直接把农民协会改变成农民委员会,并赋予它实现农民的要求所必须的权力。"为贯彻共产国际执行委员会第七次扩大全会决议,1927年1月19日共产国际执行委员会政治书记处作出《关于中国共产党的组织任务》的决议,具体提出三点农村工作的任务:一、组织农会并在其中加强党的影响的工作。二、在农民组织中建立并加强共产党党团,相应的党委应有步骤地领导这些党团的工作。三、利用工会会员同未加入工会的同情党的工人的联系来加强党同农村的联系,在农村中传播党的书刊和口号,促进革命农村组织的建立。

其次,武装农民。早在1924年2月25日,共产国际执委会主席团东方委员会关于中国问题的决定中,共产国际就设想通过"在靠近前线地带建立自卫队等途径"的方式来武装农民,把农民吸引到解放运动中来。② 1925年7月,共产国际提出"由农会完全掌握武装部

①　中共中央党史研究室第一研究部编:《联共(布)、共产国际与中国国民革命运动(1926—1927)》(上)第3卷,北京图书馆出版社1998年版,第101页。

②　中共中央党史研究室第一研究部编:《联共(布)、共产国际与中国国民革命运动(1920—1925)》(下)第1卷,北京图书馆出版社1997年版,第491页。

队"①。共产国际要求中国共产党讨论如何建设革命的农会，并指出在选举农会的领导机构时应该十分谨慎。共产国际执委会第七次扩大全会通过的关于中国问题的决议案再次强调政府支持农会，武装贫农和中农。

再次，对农村的阶层划分和阶级政策。共产国际执委会召开第六次扩大全会通过的《关于中国问题的决议》指出："要考虑到农民存在着一定的阶级分化"，因此，共产国际要求中国共产党："极力接近农村中的无产阶级和半无产阶级阶层及其各种组织，同时还必须把农村中现有的一切农民联合成为共同的革命中心"②，而"这些中心应能发动全体农民进行武装斗争，反对军阀、反对那些支持目前农村中半封建制度的官吏、经纪人和乡绅"。共产国际还把农村阶层分为大农、中农、小农、雇农四个层次，并认为他们对革命所持的态度是有差别的。1926年从苏俄来到中国考察和指导中国革命的布勃诺夫使团认为：中国的整个经济极其落后，土地分成小块耕种，50%是佃农和半佃农，农业技术原始，农业人口过剩，农民在政治上落后；产业无产阶级人数少，组织性差，工人运动不够发展，因此中国工人和农民的联合还存在困难，这些都是中国土地革命中的一些障碍，工人阶级和中国共产党不能"承担直接领导国民的任务"。因此，中国共产党要实施"很复杂的策略"。使团指出中国土地革命的对象包括：外国帝国主义、中国军阀制度、大土地占有制（在中国有其残余）、小地主土地占有制、豪绅、商业高利贷资本和农民中的富农上层。同年来到中国的另一个苏俄考察团队共产国际执委会远东局提出维护工人、小资产阶级和农民的经济利益的方针，设想通过整顿税制，从而把捐税负担转移到城乡富裕阶层身上。

最后，共产国际还提出了吸引农民秘密团体的思想，共产国际要求中国共产党将现有的农民秘密团体吸引到民族革命运动和国际农民

① 中共中央党史研究室第一研究部编：《联共（布）、共产国际与中国国民革命运动（1920—1925）》（下）第2卷，北京图书馆出版社1997年版，第471—473页。
② 中国社会科学院近代史研究所翻译室译：《共产国际有关中国革命的文献资料》（3），中国社会科学出版社1981年版，第133、139—140页。

运动中来。1926 年 11 月 30 日，斯大林在共产国际执行委员会第七次扩大会议中国委员会会议上发表了关于中国革命前途的演说，斯大林除了提出成立"农民委员会"的设想之外，还提出了另外两个农民运动可以依靠的主体：其一，新的人民革命政权的机关来影响农民的道路，如广东政权；其二，革命军队，即保持军队的革命精神，使军队帮助农民，唤起农民参加革命。

共产国际正确提出了武装农民、宣传农民和组织农民的思想，共产国际考虑到了农村中存在的阶级分化，认为共产党主要是团结农村中的无产阶级和半无产阶级。这些无疑是正确的革命经验，取得了一定的效果。

然而，共产国际所构想的农民组织和农民武装的方式却存在着无法克服的缺陷。

首先，农民协会、农民自卫军的性质被规定为自卫性质，而在实际斗争中，面对正规的武装部队，农民协会和农民自卫军甚至连自卫也做不到。鲍罗廷在实际斗争中发现："农会是在很单纯的防御自卫、进行合作等行动纲领上组建的"，随着"农会渐渐被卷入同豪绅的真正的社会斗争中，这种斗争必然以流血而告终。若不是政治委员会立即派军队去援助，农会就会被消灭"。[1] "如果党的发展进程，主要是共产党的发展进程（因为国民党中的主要农民工作者还是共产党人）不与农民运动的发展进程相适应，那么这种流血的斗争就不可避免的要继续下去。"[2] 共产国际提出了一系列农村政权和武装的主张，提出要把农民和一切被剥削者联合到农会里，以"农会"作为农村政权，组织农民自卫军，以"一切权力归农会"口号来实行农村自治，由"农会"这个自治政权来主导分配没收的土地、掌握农民武装。共产国际的这些主张并不符合中国革命实际。当时中国北洋政府统治，农民不可能有自治空间，就算在国民

---

① 中共中央党史研究室第一研究部编：《联共（布）、共产国际与中国国民革命运动（1926—1927）》（上）第 3 卷，北京图书馆出版社 1998 年版，第 101 页。

② 中共中央党史研究室第一研究部编：《联共（布）、共产国际与中国国民革命运动（1926—1927）》（上）第 3 卷，北京图书馆出版社 1998 年版，第 126 页。

党统治区的南方农村存在的民团的力量、传统力量，都不允许农民有自治空间。

其次，改造国民党的方式不现实。共产国际要求共产党以选举的方式逐步向各级政府机构"渗透"，向军队"渗透"，以占据其领导岗位，从而把国民党变成"真正的人民政党"，由国民政府推进土地改革的实施，"立即"满足工农的迫切要求。共产国际远东局在考察之后提出的方针是发展工农组织和群众性组织作为中共和国民党左派"自下而上"施加影响的基础。远东局设想"通过选举代表的办法来建立国民党的民主政权机构"，再由此民主政权机构将反动官吏"清除出"地方政权机构。布哈林在共产国际执委会第七次扩大全会上还提出通过逐渐减少税收，废除地租，削减或撤销警察和宪兵，使各地的行政机关民主化，吸收农民参加行政管理等方式，和平地实现土地革命的目标。这反映出共产国际对中国的政治特点并不够了解，国民党和国民政府不可能允许共产党以"选举"方式来改变其性质。

再次，共产国际对共产党人的要求也超出了中共的能力范围。为保持国共合作的统一战线，减少"土地革命"战略的推行阻力，共产国际要求中国共产党和国民党一起完成"土地革命"的任务，多次否定中国共产党关于"退出国民党"的提议。共产国际反复强调："对农民的工作应给予足够的注意，同时还应力求把国民党组织比以前更加吸引到这项工作中来。农会不应由共产党人一手建立，也要吸收国民党的一定力量来参加这项工作"，"组建农会武装必须特别谨慎，以便不造成他们与国民军正规部队之间的冲突。这项工作必须同国民政府的政府机关进行交涉"。① 中国共产党方面对此方案深感棘手，谭平山在 1926 年 11 月召开的共产国际执行委员会第七次扩大全会上反映：国民政府只是"一个虚有其名的左翼政府"，政府的权力"实际上掌握在右翼手中"，"当大地主与贫苦农民发生冲突时，政府

---

① 中共中央党史研究室第一研究部编：《联共（布）、共产国际与中国国民革命运动（1926—1927）》（上）第 3 卷，北京图书馆出版社 1998 年版，第 216 页。

总是站在大地主一边"。① 共产国际无视中国共产党方面的提醒，继续要求共产党人参加国民党的国民革命政府，支持国民党的"革命左派"；要求中国共产党和国民党一起立即采取一系列措施，最终"革命政府应进行连续性的彻底改革，以实现土地国有化"②。共产国际用物资帮助、武器装备等不断壮大国民党，还要求共产党人在国民党内通过努力把国民党改造为人民政党、工农党，并推动这样的"工农党"实行土地革命。要中国共产党去改变一个历史比自己悠久、人数比自己更多、实力比自己更强的政党的阶级属性，而且共产党没有自己的政权和武装，以赤手空拳说服一个资产阶级政党、政府以至军队同意武装工农进行土地革命，这完全是脱离实际地高估了共产党的能力，要求共产党去做根本不可能做到的事。

最后，在土地政策上，从没收"大土地占有者"土地转变为"政治没收"。共产国际执委会第七次扩大会议"根据中国各个不同地区的经济和政治特点分别制定土地革命的策略"，为吸引农民参加革命而要求中国共产党和国民党立即实现的措施有十一条之多，这些措施包括：减租减税、保证佃农永佃权、政府支持农会、武装贫农和中农、政府资助合作社等，但直接涉及没收土地的却只有一项，那就是第四条：把属于反动军阀、属于同国民党国民政府进行内战的买办、地主和土豪的庙宇教堂的土地收归国有。蔡和森认为："这个政治没收，不仅军阀早已行之，即以前的一切朝代亦莫不行之，即犯罪之人，将其田地充公入官是也。"对于大地主大资产阶级，即使是减租减息，也必然会触碰到他们的阶级利益。

由此可见，这种政治没收的规定实际上只是一句空话。这是共产国际为迎合资产阶级在没收土地的政策上做了妥协，而没有正确认识国民党左右派分化后所代表的真正利益，特别是对蒋介石新右派的反动性缺乏认识。事实上，在蒋介石看来，中国"不存在大土地占有

---

① 中国社会科学院近代史研究所翻译室：《共产国际有关中国革命的文献资料》（1），中国社会科学出版社1981年版，第187—189页。

② 中国社会科学院近代史研究所翻译室：《共产国际有关中国革命的文献资料》（1），中国社会科学出版社1981年版，第279—284页。

制"，"中国很少发生大土地所有者与农民之间的冲突"，面对"解决土地问题为革命之基础"的建议，蒋介石心存疑虑，"惟忧无法引起全国大革命耳"。因此，北伐前，鲍罗廷建议发布土地政纲，蒋介石不赞成，鲍罗廷提议攻克武汉时发布，蒋还认为太早。北伐战争之中，农民为国民革命军运粮、抬担架、作侦探，第一军的指挥官们"异口同声地肯定农民给广州军队提供了巨大的帮助"，认为"没有农民的帮助我们就不能取得胜利"，此时蒋介石对农民运动的态度还算积极，曾经提议起草土地法，设想在国民党中央设立土地制度委员会，规定详细办法，要求根据"平均地权"所言，再加细定，"逐条登报，公诸国人参考，且可临时应用也"。蒋介石对解决土地问题的主张显然不同于共产国际的"土地革命"设想。① 此后，蒋介石虽然表面上还打着革命的旗号，实际上已逐步变成大地主大资产阶级的代表，以他为主导的国民党已经日渐背离革命。共产国际实际上是将中国的资产阶级等同于西欧的资产阶级，没有看到他们与中国农村中的封建经济关系有着千丝万缕的联系。中国资产阶级的前身就是地主，改组后的国民党内存在着不少地主、军阀和官僚政客，他们代表的是大资产阶级和地主的利益。当他们的阶级利益受损时，不可避免地将枪口调向工农群众。

三　倚重"革命的"国民党左派来支持"土地革命"

"四一二"反革命政变的事实说明国民党的政权和军队都不具有斯大林所希望的"革命性"，广东的政权不可能成为"人民革命政权的机关"。共产国际的"土地革命"战略是由依靠整个的国民党转向"革命的"国民党左派，设想由武汉国民政府主导没收分配地主土地，或者得到国民党左派的支持或默许，由中国共产党发动"平民式"的农民群众的直接斗争。

1927 年 3 月初共产国际与蒋介石的关系决裂，3 月 3 日，联共

---

① 蒋介石：《蒋介石日记》（原稿复印本）第 5 盒，美国胡佛研究所藏，转引自杨天石《找寻真实的蒋介石——蒋介石日记解读》，山西人民出版社 2008 年版，原书无页码。

（布）中央政治局作出"关于中国共产党的政策和工作制度作必要修改的问题"的决定，认为"中国革命正经历危机时期"，它只有"实行发展群众运动的坚定方针"，才能取得"进一步的胜利"。① 以此为新的起点，联共（布）和共产国际对中国的政策开始转变，在关于工农运动、武装工农的指示及关于军队、国民党和党的工作的指示在表述上都使用了绝对的语气，如"无论如何""全力""一切地方"等。共产国际建议在国民党内实行"排挤右派"的方针，"有步骤地自下而上撤销（他们担任的）领导职务"②。共产国际开始要求共产党员和国民党左派将土地措施提上国民革命政府的议事日程，3月24日联共（布）中央政治局指示鲍罗廷："立即着手根据共产国际执委会第七次全会通过的决议采取一系列实际的土地措施，向农民表明，国民革命政府中的共产党员和国民党左派是真正捍卫广大农民群众的利益的。"③ 还同时要求鲍罗廷报告谭平山关于土地问题的工作计划。

"四一二"政变之后，4月21日，《真理报》发表斯大林以联共（布）中央的名义发表的《中国革命问题》提纲，指出过去采取的"在国民党内孤立右派并为了革命的目的利用右派的"政策，已不能适应革命的中心任务了，而"应当代之以坚决地把右派逐出国民党的政策，和右派作坚决的斗争乃至在政治上把他们消灭干净"。提纲对中国局势作出了新的评价，将蒋介石的政变看作"民族资产阶级脱离革命"的标志，认为中国革命已经由全民族统一战线革命开始转入土地革命。此时，"武汉革命的国民党""将真正变成无产阶级和农民的革命民主专政机构"。斯大林在《给宣传员的提纲》中认为：蒋介石的政变不是使革命高潮低落，而是"使国民党洗去了污点，把国民党的核心向左推移"，并明确宣布中国革命"进入其发展的更高阶段

---

① 中共中央党史研究室第一研究部编：《联共（布）、共产国际与中国国民革命运动（1926—1927）》（下）第 4 卷，北京图书馆出版社 1998 年版，第 135—137 页。

② 中共中央党史研究室第一研究部编：《联共（布）、共产国际与中国国民革命运动（1926—1927）》（下）第 4 卷，北京图书馆出版社 1998 年版，第 135 页。

③ 中共中央党史研究室第一研究部编：《联共（布）、共产国际与中国国民革命运动（1926—1927）》（下）第 4 卷，北京图书馆出版社 1998 年版，第 155—156 页。

即土地革命阶段"。中国革命现在的任务就是"以全力燃起土地革命的火焰"①，同时武装工农，组成可靠的革命军团，严防后方和前线的溃败、投敌和叛变。5 月 13 日，莫斯科召开秘密会议，向汉口发出指示：现在国民党的国内政策中最主要的就是"在各省特别是广东省有步骤地开展土地革命"②。

时隔几日，共产国际执委会召开第八次扩大全会，斯大林在全会上作了《中国革命与共产国际任务》的报告，指出中国现在的革命是反封建残余运动和反帝国主义运动两条革命巨流的汇合。依据斯大林的观点，共产国际强调中国革命要在农村进行土地革命，要吸收群众参加斗争，并且给中国共产党发出电报，要求中国共产党"千方百计开展土地革命"③。"土地革命"的内容包括：坚决取消向富豪缴纳地租，重新分配土地，没收地主、官僚和寺院等的全部土地，取缔高利贷契约，取消贫农所欠高利贷资本的债务，坚决降低捐税，并把捐税负担转给最富裕的阶层。

继 1924 年国民党"一大"前后，共产国际再次明确指示"重新分配土地，没收地主、官僚和寺院等的全部土地"。所不同的是，共产国际此时所要求开展的没收分配土地的政策是只能由"武汉国民党"来主导了。按照斯大林的话来说就是"武汉革命的国民党"，"将真正变成无产阶级和农民的革命民主专政机构"。面对这样的革命形势，莫斯科的策略是仍然高举国民党的旗帜，"尽一切力量在革命的国民党的旗帜下继续动员和组织群众"④，但必须向农民宣传："国民革命政府中的共产党员和国民党左派是真正捍卫广大农民群众

---

① 斯大林：《斯大林全集》（第 9 卷），人民出版社 1954 年版，第 225—226 页。

② 中共中央党史研究室第一研究部编：《联共（布）、共产国际与中国国民革命运动（1926—1927）》（下）第 4 卷，北京图书馆出版社 1998 年版，第 252 页。

③ 中共中央党史研究室第一研究部编：《联共（布）、共产国际与中国国民革命运动（1926—1927）》（下）第 4 卷，北京图书馆出版社 1998 年版，第 259 页。

④ 安徽大学苏联问题研究所、四川省中共党史研究会编译：《苏联〈真理报〉有关中国革命的文献资料选编》（第 1 辑），四川省社会科学院出版社 1986 年版，第 392 页。

的利益的。"① 莫斯科形成了这样的思路:国民党右派叛变革命,土
地革命就要依靠左派国民党,武汉国民党就是左派国民党,因此,土
地革命就要依靠武汉国民党。斯大林诸多论战式的语言都表达了对
"武汉国民党"的倚重,他说:中国革命现在的任务就是"巩固武
汉,把武汉变成和中国革命的各种各样敌人作斗争的中心";"武汉
国民党"是"革命动动的中心","只有瞎子才会否认左派国民党有
革命斗争机关的作用,有反对封建残余和帝国主义的起义机关的作
用"②。斯大林还明确指示通过下述三种途径巩固"武汉政权":其
一,把右派分子逐出国民党;其二,由左派与共产党人在国民党内部
密切合作;其三,进一步开展工农革命运动、巩固工农群众组织。③
共产国际则要求中国共产党"更紧密地同革命的国民党,同没有蒋介
石的国民党团结起来"④,要"站在土地革命运动的前头,领导土地
革命运动"⑤,要"把一批又一批工农阶层引上革命斗争轨道,加强
工农联盟,确立无产阶级在民族解放革命中的领导权"⑥。共产国际
相信,中国共产党有办法能在武汉政府中推波助澜,从而让武汉政府
"本身发动土地革命"。

　　在倚重左派国民党无果之际,共产国际随即考虑用发动"平民
式"的农民群众的直接斗争的方式来进行土地革命,同时,寄希望于
左派国民党和武汉国民政府予以支持,至少是默认或不反对。用"平
民式手段"系马克思语,1848 年马克思在《新莱茵报》上写道:"全
部法兰西的恐怖主义无非是用以打垮资产阶级敌人即打垮专制制度、

---

①　中共中央党史研究室第一研究部编:《联共(布)、共产国际与中国国民革命运动
(1926—1927)》(下)第 4 卷,北京图书馆出版社 1998 年版,第 155—156 页。
②　斯大林:《斯大林全集》(第 9 卷),人民出版社 1954 年版,第 225—226 页。
③　斯大林:《斯大林全集》(第 9 卷),人民出版社 1954 年版,第 225—226 页。
④　安徽大学苏联问题研究所、四川省中共党史研究会译编:《苏联〈真理报〉有关中
国革命的文献资料选编》(第 1 辑),四川省社会科学院出版社 1986 年版,第 341 页。
⑤　中国社会科学院近代史研究所翻译室译:《共产国际有关中国革命的文献资料》
(1),中国社会科学出版社 1981 年版,第 325 页。
⑥　中共中央党史研究室第一研究部编:《联共(布)、共产国际与中国国民革命运动
(1926—1927)》(下)第 4 卷,北京图书馆出版社 1998 年版,第 259 页。

封建主义和市侩主义是一种平民手段而已。"① 共产国际指示共产党
人发动千百万农民群众本身从下面以"平民"革命方式来解决土地
问题，并以这种自下而上的方式作为基础，影响武汉政府，建立和改
造军队。

　　1927年5月13日联共（布）中央政治局召开秘密会议上就指
示："在共产党积极参与下由农民实际没收土地，关于保护指挥人员
财产和分给士兵土地的法令是必要的。"② 时隔不久，共产国际执行
委员会召开第八次全会，并向中国共产党发来电报："把一批又一批
工农阶层引上革命斗争轨道，加强工农联盟，确立无产阶级在民族解
放革命中的领导权。"③ 上述共产国际要求中国共产党实行的"能由
政府本身发动土地革命的政策"事实上也含有发动农民群众、从下面
以"平民"革命方式来解决土地问题的意味。这种自下而上的直接
斗争也可以反过来影响武汉政府。联共（布）5月30日给鲍罗廷和
罗易发出的紧急指示就表达了这样的构想，认为："不进行土地革命，
就不可能取得胜利，不行土地革命，国民党中央就会变成不可靠将领
手中的玩物。"因此，"我们坚决主张从下面实际占领土地"。在这封
电报里，紧接着就列举了"从下面实际占领土地"的具体内涵：
（1）只应没收大、中地主的土地。（2）按照形势需要暂时可以不没
收中地主的土地。（3）从下面多吸收一些新的工农领导人加入国民
党中央。　（4）以土地革命中脱颖而出的人物更新国民党上层。
（5）依靠工农组织扩大地方机关。④

　　需要指出的是，这种共产国际所指示的"自下而上"的"平民
式"的农民群众的直接斗争，并非是大革命后期两湖地区所发生的

　　① 中国社会科学院近代史研究所翻译室译：《共产国际有关中国革命的文献资料》
（1），中国社会科学出版社1981年版，第304页。
　　② 中共中央党史研究室第一研究部编：《联共（布）、共产国际与中国国民革命运动
（1926—1927）》（下）第4卷，北京图书馆出版社1998年版，第252页。
　　③ 中共中央党史研究室第一研究部编：《联共（布）、共产国际与中国国民革命运动
（1926—1927）》（下）第4卷，北京图书馆出版社1998年版，第259页。
　　④ 中共中央党史研究室第一研究部编：《联共（布）、共产国际与中国国民革命运动
（1926—1927）》（下）第4卷，北京图书馆出版社1998年版，第298—299页。

"过火"式的农民运动。这种"平民式"的直接斗争仍然是有组织的、合法的斗争，那就是通过共产党人及国民党左派在当地国民党组织、工会和农会中的活动，来发动农民运动，其斗争形式是开展群众运动。"自下而上"意味着农民群众直接的、自动的没收和分配土地，其目的是以这种方式反过来影响武汉政府，建立和改造军队。这个设想的思路显然来自1917—1918年俄国爆发农民夺取土地的自发斗争的经验，并设想在此基础上建立庞大的农民军，以作为共产党人和国民党左派的影响和权力的基础。但是共产国际完全没有意料到的是，在中国农村的特殊条件下，根本不可能按照"俄国榜样"自发地开展夺取土地的斗争——"通过国民党左派"或"从下面"开始进行土地革命。

5月30日的紧急指示在莫斯科的驻华代表之间产生了巨大争议，并成为武汉国民党全面反共的借口。在国民革命的危急时刻，莫斯科似乎并未放弃"挽救革命"的幻想，直至6月23日，莫斯科还致电汪精卫，"国民党必须支持土地革命和农民"，建议"从下面农民运动首领中找人来帮助工作"，决定"再给武汉政府拨款200万卢布"。[1] 7月8日，联共（布）中央政治局紧急会议决议对中国局势作出新的评价并给中国共产党新的指示，要求中国共产党在土地革命、工农运动完全自由的口号下成为"真正的工农革命运动的中心"[2]。7月13日，共产国际执委会通过了《关于中国革命当前形势的决议》，分析了中国革命当前形势："国民党上层实际上非但不支持土地革命，反而放纵了土地革命的敌对分子"，共产国际痛苦宣布："武汉政府的革命作用已经终结，它现在已成为反革命力量"，"武汉政府已成为反革命势力"。为此，中国共产党应实行政策和策略上的转变，立即采取以下措施：（1）毫不迟疑地退出武汉政府以示抗议；（2）发表政治申明，申述退出的理由并揭发武汉政府的路线政策；（3）不

① 中共中央党史研究室第一研究部编：《联共（布）、共产国际与中国国民革命运动（1926—1927）》（下）第4卷，北京图书馆出版社1998年版，第345—349页。
② 中共中央党史研究室第一研究部编：《联共（布）、共产国际与中国国民革命运动（1926—1927）》（下）第4卷，北京图书馆出版社1998年版，第397—398页。

退出国民党，更密切地联系国民党基层；（4）全力加强无产阶级群众工作，建立和巩固群众性的工人组织；（5）开展土地革命，有步骤地武装工农；（6）建立党的秘密战斗机关；（7）采取措施纠正中共中央委员会的机会主义错误，从政治上纯洁党的领导。①

至此，共产国际倚重左派国民党支持"土地革命"的方案彻底破产。但是共产国际依然不愿完全放弃国民党的旗帜，这份决议在历数中国共产党的种种错误之后，要求中国共产党人退出武汉政府，并发表原则性的政治声明，不退出国民党并且密切联系国民党基层，争取从"下面"来改组国民党："在国民党的一切组织中和在拥护它的群众中，为改变国民党的政策和改组其领导机关人员进行坚决的斗争"，建议中国共产党"教育工人群众作好采取决定性行动的准备""开展土地革命"。② 这些实际上终止了和武汉国民党有关的一切策略方案，从更广泛的意义上来说也结束了共产国际以苏联、共产国际和中共同国民党和其他中国国民革命运动势力进行合作为形式的民族统一战线政策时期。

共产国际执委会第八次全会提出了革命军队问题，有其重要的意义："目前我们应该刻不容缓地考虑下列问题：改编军队，建立完全可靠的革命部队，建立军队同工人组织及农民组织之间的联系，为部队配备干部，把雇佣部队转变为革命的正规部队等等。应特别注意组织完全可靠的革命农工部队，使共产党员和坚定的国民党左派渗入部队中，肃清反革命分子，建立工人赤卫队。"③ 但是这一建立革命军队的要求，是在承认武汉政权是"革命中心"，承认武汉政权是走向"无产阶级和农民专政的政权"的前提下提出来的。因此，苏俄、共产国际只许通过武汉政权来建立"可靠的"军队，而不是由中国共

---

① 中国社会科学院近代史研究所翻译室译：《共产国际有关中国革命的文献资料》（1），中国社会科学出版社1981年版，第337—339页。

② 中共中央党史研究室第一研究部编：《联共（布）、共产国际与中国国民革命运动（1926—1927）》（下）第4卷，北京图书馆出版社1998年版，第397—398页。

③ 中国社会科学院近代史研究所翻译室译：《共产国际有关中国革命的文献资料》（1），中国社会科学出版社1981年版，第331页。

产党来领导建立。斯大林根据苏联红军的政治委员制度的经验，要求中国共产党人"应该尽力加强军队中的政治工作"①，以保证军队忠于革命。斯大林以为向国民党的军队里派上几名共产党的政治宣传人员之后，就可以把他们变成一支革命军队了，就可以"通过军队实行正确的农民政策"②。斯大林没有意识到这种建立军队的方式不可行，却将失败的责任推给中国共产党，认为"中共中央不善于利用这个与国民党合作的宝贵时期，去大力开展工作，公开地组织革命、组织无产阶级、组织农民和革命军队，实现军队革命化，促使士兵与将军相对立"③。斯大林完全不明白国民革命军与苏联红军的差异：后者由工人、农民和士兵组成的革命军队会服从革命，而前者是军阀的私人部队，政治委员没有权力而只为军阀所利用和摆布，对军官的影响是十分有限的，好似军官的"姨太太"而已。④ 联共（布）指示："一定消除对不可靠的将领的依赖性"，"要动员两万共产党员"并且"组建几个新军"，"要组建自己可靠的军队"。⑤ 但是这样的指示根本不具备可行性，"武装工农"需要有指挥骨干、资金、武器和时间，而这些却是中国共产党在被封锁和控制的武汉所没有的。在短期内建立由"革命的工人和农民"组成的武装力量的设想，也没有考虑到在中国革命不同于俄国革命的实际和"土地革命"道路上存在的许多的障碍。比如，中国农民不能"自发地"开展夺取土地的斗争，军队上层和军官的不满情绪具有危险性，中国共产党缺乏军事领导干部，缺少武器，没有建立自己军队的时间。当时，枪弹和军官是控制在国民党人手里的，湖南工农组织武器最多，也不过千余支枪。由于长期以来中国的军队都是雇佣军性质的，采取的是募兵制，一般有生

————————

　　① 斯大林：《斯大林全集》（第 8 卷），人民出版社 1954 年版，第 326 页。

　　② 中国社会科学院近代史研究所翻译室译：《共产国际有关中国革命的文献资料》（1），中国社会科学出版社 1981 年版，第 271 页。

　　③ 中共中央党史研究室第一研究部编：《联共（布）、共产国际与中国国民革命运动（1926—1927）》（下）第 4 卷，北京图书馆出版社 1998 年版，第 407 页。

　　④ 瞿秋白：《瞿秋白文集》（第 5 卷），人民出版社 1995 年版，第 393 页。

　　⑤ 中共中央党史研究室第一研究部编：《联共（布）、共产国际与中国国民革命运动（1926—1927）》（下）第 4 卷，北京图书馆出版社 1998 年版，第 299 页。

活来源者绝不当兵，动员工农参军十分困难。加上组织军队，即需训练，否则根本没有战斗力。

在大革命的危急时刻，通过"武装工农"和组建由中共领导的"可靠的军队"无论如何已经为时过晚，无法执行。共产国际驻华代表维经斯基在中共五大结束后不久就离开了中国，离开中国后在总结经验时也谈到以武装力量来拱卫土地革命的问题。6 月 22 日，他在共产国际执委会主席团的报告中指出了中国共产党在军队中的地位的薄弱，建立农村武装的困难，还强调了开展土地革命的主要困难是没有自己的军队，"还没有自己的革命军队。这正是农民运动转为土地革命阶段最主要的特征和最主要的困难"。"无论如何都不能通过谈判，通过同他们（国民党中央）确定某种框架、某种纲领来强迫国民党中央站到这种立场上来。"① 事实上，维经斯基在对共产国际的政策提出质疑。

在共产国际和斯大林反复强调依靠"革命的"国民党左派来支持"土地革命"的大量演讲、决议中可以发现，共产国际是将"土地革命"的认识解读为反对"封建残余"的革命活动，这种认识也导致共产国际的革命政策的不可执行。

从共产国际二大讨论民族和殖民地问题肇始，共产国际的一系列文件中就不断地有中国社会是"封建残余"的表述。1927 年 5 月 24 日，斯大林就中国革命和共产国际的任务发表讲话，从批判托洛茨基反对派的角度指出："封建残余是现时在中国推动土地革命的压迫的主要因素。"斯大林所谓的"封建残余"到底是指什么呢？在共产国际第八次全会上，斯大林接着讲道："共产国际的出发点是：中国农村中的封建残余和这种残余上面的全部军阀官僚上层建筑及其督军、省长、将军、张作霖之流等等，是现在土地革命借以发生和日益展开的基础。"② 那么这种"封建残余"的表现是什么呢？"很多省份里农

---

① 中共中央党史研究室第一研究部编：《联共（布）、共产国际与中国国民革命运动（1926—1927）》（下）第 4 卷，北京图书馆出版社 1998 年版，第 324 页。

② 中国社会科学院近代史研究所翻译室译：《共产国际有关中国革命的文献资料》（1），中国社会科学出版社 1981 年版，第 301 页。

民收入的百分之七十归地主豪绅所有，既然武装是和非武装的地主不仅握有经济权利，而且握有行政和司法权力，一些省份里还有中世纪的买卖妇女和儿童的实践。"① 鉴于这种表现，斯大林有理由认为"封建残余"是中国各省的压迫的主要形式。

把当时中国的社会性质定位为"封建残余"当然是不符合中国的实际情况的。此时中国封建地主阶级还是中国社会政治经济生活中最强大的势力，国民党的几乎所有的军官和政客都同地主阶级有着千丝万缕的联系。这表明斯大林和共产国际不是从中国革命的实际出发，而是将中国革命与俄国"十月革命"做着简单的类比。中国社会显然不是俄国"十月革命"前那种濒临崩溃的封建领主制度，共产国际提出了"土地革命"的口号，从俄国革命经验的角度来说，自然而然地认为中国下一步将会像 1917—1918 年在俄国那样，很快地爆发农民夺取土地的自发斗争。殊不知，在中国，对农民的宣传、动员和组织工作尤为重要，要克服农民的分散性和落后性而将其组织起来，参加革命，这绝非易事。对于这些，共产国际的估计是严重不足的，导致了共产国际对中国土地革命任务的艰巨性和极端重要性认识不够。斯大林和共产国际没有充分地认识中国的社会政治经济状况，也就不可能正确地制定土地革命的目标和任务。将中国社会定位于"封建残余"，并据此提出开展土地革命的口号，明显的是把俄国革命的经验搬到了中国来。这注定了共产国际所设想的土地革命方案的破产。

共产国际对于国民党左派的认识是不切实际、一厢情愿的。国民党左派是不可能同意或默许农民实际没收土地的。中国共产党也没有足够的组织力量来控制农村中将会出现的无政府状态。莫斯科指望能使武汉领导人相信，"除了革命的雅各宾派"的道路以外，他们没有拯救被敌人包围的武汉的其他办法。"如果国民党人不学会做革命的

---

① 中国社会科学院近代史研究所翻译室译：《共产国际有关中国革命的文献资料》(1)，中国社会科学出版社 1981 年版，第 303 页。

雅各宾派，他们就要为人民、为革命去捐躯。"① 共产国际将武汉国民党和武汉政府作为资产阶级民主革命运动中的中心，其理论上来源于斯大林的"三阶段论"。按照斯大林的理论，把蒋介石看成民族资产阶级代表，把蒋介石的分裂看成民主资产阶级背叛革命，这样，新的更高的革命阶段到来了，在资产阶级退出革命阵营后，由工人、农民和小资产阶级组成的更加革命的武汉国民党政权将成为土地革命运动的领导力量，从而在武汉政府支持下自上而下地合法地进行土地革命。共产国际没有考虑到的是，提出没收分配土地的政策，这一触动封建统治根基的政策必定会遭遇巨大阻力，没有强有力的政权和武装做后盾，根本就不可能实行。因此，提出没收土地的政策时机尚不成熟。事实正是如此，共产国际所认为的国民党左派人物孙中山不同意没收土地，认为要用赎买税收等方式解决土地问题；连国民党内主张最激进的邓演达也表示先进行政治没收，第二步再经济解决。国民党政权控制过广东地区、两湖地区，连这些统治区都尚未实行分配土地，遑论中国广大农村。在农民运动最发达的湖南，所达到的程度也不过于打击地主威风长农民斗志。一旦涉及分配土地，开始触动封建统治的根基的时候，就遭到了地主阶级、军阀力量的联合反抗，轰轰烈烈的农民运动本身也要迅速跌入低谷。

在大革命瞬息万变的紧急时刻，共产国际不是从中国的革命实际来考虑问题，而是时时处处与俄国革命做类比。共产国际认为中国左派国民党对中国资产阶级民主革命所起的作用，类似于"苏维埃在1905 年对俄国资产阶级民主革命的那种作用"。共产国际远离中国革命实际，他们制定具体政策的主要依据是共产国际驻华代表和中国共产党的报告，这些政策无以应对错综复杂的局面，战略计划难以实现。战略是方向性的把握，它需要各种策略政策的支持，否则，战略永远只是空想。共产国际对土地革命问题虽有明确认识，却制定了行不通的方案。一个事实上行不通的方案，则把迫在眉睫的土地革命推

---

① 中共中央党史研究室第一研究部编：《联共（布）、共产国际与中国国民革命运动（1926—1927）》（下）第 4 卷，北京图书馆出版社 1998 年版，第 299 页。

向了渺茫的未来。

如前文所述，共产国际试图在国民党改组时造就一个"革命的雅各宾"的政党，这个希望并未完全实现。在国民党一大的宣言中最终并没有写上"没收地主土地"的条款，但是，使国民党按照共产国际的方式重新解释三民主义，并作为改组后的国民党的政治宗旨，这样初步的成果是让共产国际、苏共中央相当满意的。苏联驻华大使加拉罕给苏联外交人民委员会契切林的信中表示，非常满意国民党"如此驯服地接受我们的指导和共产国际的决议"。[1]

其实，苏俄和共产国际的推动、渗透力量越大，在国民党内的反作用力就显得越强。反观国民党内部，在国民党改组期间始终存在怀疑和反对意见。蒋介石在担任"孙逸仙博士代表团"访问苏俄回国后，给孙中山写了一份《游俄报告书》，据蒋经国回忆，蒋介石回国后，秘密向孙中山报告："苏俄的共产主义实行起来，一定为害人类；第二，今日的'朋友'苏俄，正是我们未来最大的'敌人'。当时为着避免和俄国分裂，所以这个报告，没有公布"[2]。后来蒋介石在给廖仲恺的信中写道："以弟观察，俄党殊无诚意可言""所谓俄与英法美日者，以弟视之，其利于本国而损害他国之心，则五十步与百步之分耳"[3]。对于众多长期受到英、美或日本影响的国民党精英来说，对共产党人加入国民党和苏俄影响、渗透国民党的改组，抱有强烈不满，对苏俄政治意图强烈怀疑。1923年年底，国民党改组事宜刚刚进行，国民党内就有人强烈不满，许多人甚至从一开始就向共产党人发难，欲把共产党人赶出去。比如，直接受命参与改组事宜的国民党临时中央委员邓文仪等11人，上书孙中山，认为陈独秀等共产党人"欲借国民党之躯壳，注入共产党之灵魂"，极度担心国民党会大权旁落。[4]如果站在国民党的角度，邓文仪倒是抓住了共产国际要求造就

　　① 中共中央党史研究室第一研究部编：《联共（布）、共产国际与中国国民革命运动（1920—1925）》（下）第1卷，北京图书馆出版社1997年版，第414页。
　　② 蒋经国：《我的父亲》，（台北）正中书局1976年版，第62页。
　　③ 转引自杨奎松《中间地带的革命》，山西人民出版社2010年版，第73页。
　　④ 邓泽如：《中国国民党二十年史迹》，上海正中书局1948年版，第301页。

"革命的雅各宾"的国民党之设想的要害,好在孙中山直截了当地拒绝了共产国际及其代表在"民生主义"的重新解释,拒不接受"没收地主土地"政策。

回望共产国际的思路,改造国民党为"工农政党"来实行土地革命,这几乎是一个不可能完成的任务。苏俄、共产国际与中共、国民党的错综复杂的结盟形式,以及相互之间不完全一致的利害关系下,共产党作为共产国际下属支部成员,又是国民党党员,同时还要保持自身独立性,显然无法兼顾各方面利益和愿望,国共两党陷入巨大的纠纷之中。

国民党改组之后,国民党与共产党在许多问题上存在意见分歧。根据国民党章程和一大《纪律决议案》中"民主集权制度组织纪律"的规定,作为国民党员的共产党人不得批评国民党中央的任何决定。因此,共产党人不得不经常违反国民党的章程和纪律,进一步造成国民党人的不满和指控。对于这样的内部矛盾,维经斯基归结为"内部的左右派斗争"。为了缓和国民党人的反感,中共中央甚至通过决议,劝告不要使革命势力内部发生不必要的分歧,包括国民党内"左右之分歧",使一切工作用国民党的名义,以免国民党误会。谭平山、林伯渠甚至辞去中执委常委和农民部部长等职,让与国民党人,以示诚意。然而,这样的态度并未奏效,国共两党之间的分歧越来越多,当了解到共产党党团活动情况后,出现弹劾共产党案,并进一步刺激了各地国民党人对共产党的敌视情绪。自 1924 年初至 8 月,国民党内发生的指控共产党人的案件就有 20 多件,联署党员达 2000 人之众,其中,不仅有大批国民党老党员,而且也有许多国民党一般党员,不仅有各地干部,也有包括孙中山之子孙科及中央监察委员会的主要成员在内的国民党众多要员。

如果说孙中山以个人威望把控着整个国共关系和与苏俄关系的大方向,坚持"容共"政策,那么,孙中山逝世之后,国共合作的革命政纲和联俄、联共、扶助农工三大政策则接连遭遇严重的挑战和冲击:先是冯自由在北京独树一帜,擅自组织"中国国民党同志俱乐部",否认中央权威;接着是廖仲恺遭到刺杀,主要领导人胡汉民、许崇智被迫离开国民党中央，深得鲍罗廷信任的汪精卫成为国民党的政治领袖，时任黄埔军校校长的蒋介石取得了最高军事权力，成为国民党的军事领袖。不久，一批国民党元老在北京西山集会，公开另立中央，国民党自身组织发生严重分化。

作为苏俄顾问眼中红人的蒋介石，一度被认为是最可靠的左派将领，却迅速地变成了共产党的敌人。蒋介石在1926年3月20日发动了"中山舰事件"，把苏联顾问全部软禁起来，并把第一军中的中共党员全部清除出去，事变的直接后果是免除了苏俄的军事顾问季嘉山等人的顾问职务，导致国民党政治领袖汪精卫愤而出走法国。5月中旬，国民党召开二届二中全会，决议禁止苏俄顾问出任国民政府任何实职。会议通过了《整理党务案》，开始严格限制共产党在国民党中的地位与权力，明文规定中共应将党内共产党员名册及对国民党内共产党员的一切训令，交给国民党；共产党党员不得担任国民党中央机关各部长，出任中央执委的人数不得超过三分之一，不得怀疑或批评三民主义。事变之后的蒋介石一改过去所宣称的国民革命不仅要反帝反军阀，而且还要反对地主资本家和土豪劣绅，转而再三强调国共两党的区别，以及两党所代表的阶级不同。一年之后，蒋介石走上"清党"之路，冯玉祥、汪精卫从和平分共，走向武力清党。

国民党组织先后出现邓泽如、冯自由等为代表的老右派，以张继、谢持等为代表的西山会议派及以戴季陶、蒋介石、汪精卫等为代表的新右派。按照斯大林的观点，此时，国民党完成了"大浪淘沙"式转变，以蒋介石、汪精卫为代表的民族资产阶级、城市小资产阶级退出了革命阵营，国民党从四个阶级的联盟变成了工农的联盟。

事实上，中国国民党作为资产阶级政党，改组前有大批官僚政客、地主买办和腐败军人混迹其中，工人、农民和进步的小资产阶级知识分子甚少且居于受支配的地位。改组后的国民党的阶级构成仍然十分混杂。国民党在原有的组织状况基础上接纳了大批的工农分子和进步的小资产阶级知识分子的党员。同时，国民党内部也裹挟着相当部分的军阀官僚地主买办土豪劣绅等投机分子。改组后的国民党就其阶级成分来看，有工人、农民、小资产阶级和民族资产阶级，还有一部分与北洋军阀有矛盾、表面上不反对孙中山改组或取中立态度的地主买办、豪绅、官僚政客和南方军阀。以国共合作为肇始的国民革命，是中国处于历史交叉和社会大变革时期，无产阶级及其政党尚未壮大足以掌握统一战线的领导权，而资产阶级已经无力领导民主革命却又不甘心退出政治舞台，民主革命锋芒主要是对准帝国主义和执政的北洋军阀，一切反帝反北洋军阀的政治势力都可以暂时地包容在这个阶级联合体里。改组后的国民党，虽然工、农、青年学生党员增多了，有些地方也掌握着基层党部的领导权。但是，他们在决策的上层机构中无发言权，无力左右全局。改组后国民党内民族资产阶级党员人数较少，很少有典型的民族资产阶级代表，资产阶级势力在改组后的国民党内一直很弱。改组前国民党内地主买办、官僚政客、军阀和没落文人就充斥其中，改组后又加进一批新的同类人物，他们窃据国民党党政军的领导地位，成为国民党右派势力的主要基础。

中山舰事件之后，蒋介石独揽党政军大权。比党权、政权更重要的是军权。改组后的国民党军权几乎全掌握在国民党右派军人手中，尽管其内部之间存在着争权夺利的斗争，如唐生智与谭延闿、程潜之争、唐生智与蒋介石之争、第三派与蒋介石之争。但是，他们的根本利益是一致的，在国民党内构成强大的右派军人势力，再与占据党政领导权的右派一起，形成了右派势力在国民党内的强势地位。一旦强势者认为时机成熟，随时可以寻找借口，把弱势的同盟者一脚踢出局外，这是共产国际整个"土地革命"战略中寄希望于国民党来领导开展的一揽子失败。

第三节　共产国际内部对中国"土地革命" 战略的争议

共产国际提出的中国农民土地革命战略构想，其目标和具体方法都不完全等同于产生于欧洲革命经验的马克思主义理论，也不完全等同于以产业无产阶级用总同盟罢工的方法直接行动来夺取政权的十月革命经验。对此，无论是共产国际和联共（布）内部，以及其驻华代表之间，还是中国共产党和中国国民党党内和两党之间，都产生了巨大的分歧和争议。本节拟就"土地革命"战略提出过程中共产国际、联共（布）及苏俄驻华代表之间就某些问题的分歧展开讨论。

一　关于东方国家解决土地问题的原则

1920 年 7 月至 8 月召开的共产国际第二次代表大会将无产阶级世界革命的注意力转向了东方落后的殖民地半殖民地国家，列宁提交了《民族和殖民地问题提纲初稿》，罗易提出了《关于民族和殖民地问题的补充提纲》，在讨论这两个提纲的过程中围绕"共产国际和共产党应该支持落后国家的资产阶级民主运动，这在原则上和理论上是否是正确的"问题，会议展开了讨论。按照马克思主义的基本观点，工人和农民有着共同的敌人——资产阶级，无产阶级和劳动农民有着一致的阶级利益，这使他们有可能结成联盟，共同反对地主和资产阶级。共产国际第二次代表大会形成的《关于民族和殖民地问题的决议》，从区分"被压迫民族和压迫民族之间的区别"的角度，考虑到殖民地半殖民地国家的主要居民是农民群众，列宁指出：包括中国在内的东方落后国家民族民主革命，是一场以农民为主的民主革命，而不是社会主义革命，从而提出无产阶级政党要支持农民运动的指导思想，坚决反对"把落后国家内的资产阶级民主解放思潮涂上共产主义的色彩"[1] 的思想。为此，制定农民土地问题的原则性纲领，关系到无产阶级在夺取政权和巩固无产阶级专政的斗争中的同盟军问题，在东方国家以什么原则来解决土地问题的原则在会议中引起争议。

在共产国际第二次代表大会上提出解决农民土地问题有着十分重要和紧迫的现实意义。在当时的国际共产主义运动中，芬兰、匈牙利、巴伐利亚和斯洛伐克等国无产阶级革命的失败，一些其他国家工人运动的失利，其原因是这些国家工人运动未能取得农民的有力支持，所以制定解决农民土地的原则性纲领成为当务之急。在共产国际

---

① 中共中央党史研究室第一研究部编：《联共（布）、共产国际与中国国民革命运动（1920—1925）》（下）第 2 卷，北京图书馆出版社 1997 年版，第 124 页。

"二大"召开之前，主持共产国际执行委员会土地问题筹备委员会的马尔赫列夫斯基就发表了《土地问题与世界革命》①的论文，供大会讨论，马尔赫列夫斯基在分析欧洲各种形式的地产和土地使用情况时，按照农村社会经济关系的性质，把国家分为两类，并且根据相似的特征拟定了共产党的土地政策的一些普遍原则。这篇文章得到列宁的高度评价，不过，列宁在《提纲初稿》中指出，还有必要对农村阶级力量的布局和劳动农民分配地主地产的政治意义作进一步的阐述。在列宁主持下，代表大会成立土地委员会，列宁起草的《土地问题提纲初稿》为土地问题的决议奠定了基础，十八个国家的共产主义运动的代表参加了决议的讨论。

列宁通过对资本主义各国农村居民的阶级构成的分析，论证了无产阶级政权必须对各种不同社会类型的农民，采取严加区别的政策。一切资本主义国家农村人口的绝大多数是农业资产阶级、半无产者或极小农、小农，无产阶级应该极力地把他们吸引到自己方面来；对于中农应当只限于使他中立，即尽量使他不倒向资产阶级一边，为此，列宁建议要保证中农保留原有的土地，通过分配地主的土地来扩大他们的土地面积；对待大农（富农）的政策是其土地一般要保留，只有在他们反抗苏维埃政权时才予以没收；要立即绝对的、不附有任何赎买条件的没收地主和大土地占有者的全部土地。

列宁还通过分析欧美的土地关系指出，甚至在最发达的资本主义国家里，也不同程度地保留着封建土地所有制的残余，所以，要清除农村社会关系中的中世纪等级制残余，最重要的就是没收剥削者的土地，来满足农民的需要。如何经营从地主那里没收来的土地，这多半取决于该国的社会经济发展水平。列宁以俄国和匈牙利为例，指出，对先进的资本主义国家来说，在大多数情况下应该保留大农业企业，但是如果夸大或者死板地执行这一原则，不把没收来的一部分土地无

---

① ［波兰］马尔赫列夫斯基：《土地问题与世界革命》，《共产国际》1920 年第 12 期。

代价地分给附近的小农,有时也分给中农,那就大错而特错了。[①]

共产国际第二次代表大会委员会和代表大会全体会议热烈地讨论了列宁的提纲。绝大多数代表赞同列宁的结论和建议。德国社会民主党右翼代表克里斯平在原则上反对列宁的土地问题的提法。他断言"我们的马克思主义的观点"是:应当立即实行大地产的社会化,即公有化和在公有基础上进行耕作。认为分配地主的地产,意味着牺牲无产阶级的利益去满足农民的需要。意大利社会党代表赛拉蒂在大会上也提出了类似的论据。他认为"在革命期间,共产党人必须明确划定一条同资产阶级政党及小资产阶级政党相区别的界限",认为大会的土地问题提纲是向某些社会阶层作了让步,以便吸引这一阶层或至少使这一阶层保持中立态度,但是没有考虑到这种让步,会"对无产者阶层十分有害,并且会使其作出更大的机会主义的让步"[②]。克里斯平和赛拉蒂断言,把没收来的地主的土地分配给贫农和中农,是原则上违背了工人阶级的利益,是经济上和社会上有害的试验。他们的论调说明其对农民的革命潜力估计不足。

也有代表发言拥护列宁的提纲,但他们担心把没收来的土地分给小农或中农,会导致土地产量的降低,会增加城市粮食供应商的困难。这种观点事实上是一种片面地认识土地问题的观点,只从经济角度看待分配土地。对此,列宁提出了原则性的批评,认为无产阶级的首要的基本任务,就是保证无产阶级取得胜利和巩固这一胜利。凡是农村中保留半封建经营方式残余的国家,那里的无产阶级首先要用全部或部分地分配地主地产的办法,来满足小农,有时还有中农对土地的需求。

在激烈的讨论之后,德国迈耶尔代替马尔赫列夫斯基作《关于土地问题的报告》,报告再次强调一切与土地问题相关的问题,都要与保障革命相联系。报告首先批评了第二国际是怎样为无产阶级争取农

---

① 《国际共产主义运动史文献》编辑委员会:《国际共产主义运动史文献》,中国人民大学出版社 1988 年版,第 62—72 页。

② 《国际共产主义运动史文献》编辑委员会:《国际共产主义运动史文献》,中国人民大学出版社 1988 年版,第 572 页。

村居民问题上的毫无作为，指出共产国际现在的土地政策就是要在实际上使农村革命化，使广大农民群众积极参加革命，这样无产阶级专政才有保障，才能巩固。①

由此大会得出的东方国家解决土地问题的原则是：不能用社会主义革命的原则来反对地主、解决土地问题。罗易在《关于民族和殖民地问题的补充提纲》里更为明确地解释了这一点："在东方国家里，依据纯粹共产主义原则来解决土地问题是完全错误的"，罗易指出："在殖民地革命初期，应推行有小资产阶级改良项目的纲领，如分配土地，即没收地主的土地分配给小农和中农。"②

二　关于革命政策的中心

在共产国际第四次代表大会上，共产国际面向东方各国革命党初步地提出"土地革命"的战略口号。中国显然属于东方落后的殖民地国家之一，要不要用"土地革命"的口号来发动农民参加革命呢？从共产国际真正开始接触中国革命实际，从最初着手于工人、学生运动，到明确认识农民在革命中的潜力和作用，其间还是经历了一个曲曲折折的过程，共产国际内部对于中国的"农民革命"有疑惑，也有争议。

对中国的工作，从1920年开始，从俄共中央远东局的驻华代表维经斯基到共产国际的革命使者马林，在工作的最初阶段并没有充分认识争取农民参加革命的重大战略意义，他们的工作方针是依靠建立共产党同工人、士兵和青年学生的联系来发展中国的共产主义运动。俄共（布）代表维经斯基来到中国帮助组建共产党、开展共产主义运动的时候，他忙于"在学生中间做宣传工作，并派遣他们去同工人

---

① 《国际共产主义运动史文献》编辑委员会：《国际共产主义运动史文献》，中国人民大学出版社1988年版，第554—555页。

② 中共中央党史研究室第一研究部编：《联共（布）、共产国际与中国国民革命运动（1920—1925）》（下）第2卷，北京图书馆出版社1997年版，第119页。

和士兵建立联系"①，并"通过在学生组织中以及在中国沿海工业地区的工人组织中成立共产主义基层组织，在中国进行党的建设"②，维连斯基西·比里亚科夫则认为"学生运动是特别容易见成效的工作对象"③。共产国际代表利金甚至将"通过党的知识分子团体渗透到工人阶层中去"作为在中国开展工作的唯一可行策略，他指出必须从思想上和组织上夺取工人群众就是中共以后的工作。④ 马林作为共产国际第二次代表大会民族和殖民地问题委员会秘书，他充分了解共产国际对东方落后国家的策略，共产国际二大之后，共产国际选派他作为正式代表赴华工作。众所周知，中共一大的党纲宣布：为"推翻资本家政权""建立无产阶级专政"而斗争。"站在完全独立的立场上，只维护无产阶级的利益，不与其他党派建立任何关系。"⑤ 可见，马林来华后一个月才召开的中国共产党第一次全国代表大会，通过的决议和文件中，丝毫都没有反映共产国际二大的政策精神。这正是因为马林在用西方的眼光观察中国问题，他认为中国铁路不发达，因此中国的无产阶级涣散不成熟。他为在中国最大的工业中心之一上海，却没有发现自己所熟悉的那种工人运动，因此深感焦虑。事实上，不仅是马林尚未注意到农民的革命潜力，"从与北京政府谈判的优林使团开始，几乎所有苏俄来华人员都负有对中国各派政治势力及其政治倾向和政治作用进行实地调查的任务。值得注意的是，他们最初对中国各派政治势力的认识和分析各不相同"⑥。但是，在这些人的报告中，

---

① 中共中央党史研究室第一研究部编：《联共（布）、共产国际与中国国民革命运动（1920—1925）》（上）第1卷，北京图书馆出版社1997年版，第32—35页。
② 中共中央党史研究室第一研究部编：《联共（布）、共产国际与中国国民革命运动（1920—1925）》（上）第1卷，北京图书馆出版社1997年版，第39页。
③ 中共中央党史研究室第一研究部编：《联共（布）、共产国际与中国国民革命运动（1920—1925）》（上）第1卷，北京图书馆出版社1997年版，第36—42页。
④ 中共中央党史研究室第一研究部编：《联共（布）、共产国际与中国国民革命运动（1920—1925）》（上）第1卷，北京图书馆出版社1997年版，第86页。
⑤ 本书编辑组：《建党以来重要文献选编（1921—1949）》（第1册），中央文献出版社2011年版，第6页。
⑥ 杨奎松：《"中间地带"的革命——国际大背景下看中国成功之道》，山西出版集团、山西人民出版社2010年版，第38页。

有一个共同点就是：中国农民的地位与作用并没有纳入考虑的视野，更勿论用什么方法来争取农民参加革命了。

此时共产国际通过各种渠道了解到的有关中国农民的状况是相当低落，1921 年 7 月 12 日，张太雷在共产国际三大上讨论东方问题时代表中国共产主义者发言，他的书面发言稿被刊登在共产国际远东书记处刊物《远东人民》杂志第 3 期，张太雷描述下的中国农民形象非常消极，他们几乎全是文盲、没有任何组织，而且缺乏阶级自我意识、俯首听命。① 1922 年 1 月 21 日，远东各国共产党及民族革命团体第一次代表大会在莫斯科的克里姆林宫召开，大会听取了远东各国代表关于本国形势的报告。中国共产党代表张国焘做了关于中国形势的报告，他在报告中讲述了中国无产阶级的状况、土地关系、农民状况、学生运动和罢工运动等情况。共产国际代表马林在中国进行考察，对中国的政党、阶级、人物等形成了初步的看法。他向共产国际执行委员会报告中对中国农民的评价类似于张太雷的观点，他认为中国农民虽然占人口大部分，虽然贫穷，"但几乎都是小有产者"，中国农民"没有像俄国农民和印度农民那样的阶级斗争；也不像印度和朝鲜农民那样必须缴纳重税"。所以，马林的结论是，中国农民"对革命完全漠不关心，并且尚未表现出政治上的重要性"②。作为共产国际代表，马林对中国农村社会状况不甚了解，从而对农民的革命性持怀疑态度。

迥异于农民斗争面貌的是工人运动的迅猛发展，中国共产党成立后迅速成立了中国劳动组合书记部，加强了对工人运动的统一领导。从 1922 年 1 月至 1923 年 2 月，"爆发的罢工斗争达 100 多次，参加罢工的工人达 30 万以上"③，1923 年达到了第一次高潮。

---

① ［苏］M. A. 佩尔西茨：《中国共产党形成史料》，载《共产国际与中国革命（苏联学者论文选译）》，徐正明、许俊基等译，四川人民出版社 1987 年版，第 13—21 页。

② 中共中央党史研究室第一研究部编：《联共（布）、共产国际与中国国民革命运动（1920—1925）》（下）第 2 卷，北京图书馆出版社 1997 年版，第 226 页。

③ 中共中央党史研究室：《中国共产党历史》（第 1 卷），中共党史出版社 2010 年版，第 78 页。

中国的实际斗争状况符合共产国际二大和四大对东方殖民地国家的一般策略吗？农民在革命中具有潜力和重要性以至于要竭力发动他们吗？这些信息自然让部分共产国际领导人对中国农民的革命作用产生了某些犹疑动摇。他们将中国的农民与欧洲、俄国、印度的农民相比较，发现中国农民的"境遇是如此之不同"，因为中国农民对于土地和革命的要求，与十月革命之前的俄国自发夺取土地的农民大不一样。这种情况让共产国际的某些领导人困惑不已、深感棘手，甚至"无法制定出任何一个总的土地纲领"①。

共产国际派出的驻华代表也对中国农民和工人的作用各抒己见。1923 年 2 月 22 日维经斯基给共产国际书记处的绝密报告，向共产国际介绍了中国近来罢工的情况，自认为："中国的工人运动，随着它的形成，必将成为中国民族解放运动的基本因素。"② 维经斯基通过向共产国际执委会提供中国工人罢工情况的报告（笔者注：维经斯基在给共产国际执委会东方部主任萨法洛夫的信中说，"附上"关于近来罢工情况的报告，但俄罗斯现代历史保管与研究中心解密的档案中没有找到该报告），试图说明中国工人运动的规模和意义。共产国际的另一位重要代表马林，却提出了不同见解。1922 年围绕中共中央南迁广州，马林和维经斯基发生争议时，马林甚至还认为"中国根本没有像样的工人运动"③。到了 1923 年 1 月，共产国际执委会在讨论中国工人运动的状况时，马林认为中国阶级分化"无足轻重"④。同年 5 月，马林进一步认识中国农民阶级，并改变了自己的看法，他在广州致信布哈林，认为"中国同志首先需要的是一个农业纲领，即使是国民运动，如果它不面向农民，它也就几乎不可能成为一支

---

① 中共中央党史研究室第一研究部编：《联共（布）、共产国际与中国国民革命运动（1920—1925）》（下）第 2 卷，北京图书馆出版社 1997 年版，第 240 页。

② 中共中央党史研究室第一研究部编：《联共（布）、共产国际与中国国民革命运动（1920—1925）》（上）第 1 卷，北京图书馆出版社 1997 年版，第 223—224 页。

③ 中共中央党史研究室第一研究部编：《联共（布）、共产国际与中国国民革命运动（1920—1925）》（上）第 1 卷，北京图书馆出版社 1997 年版，第 228 页。

④ 中共中央党史研究室第一研究部编：《联共（布）、共产国际与中国国民革命运动（1920—1925）》（上）第 1 卷，北京图书馆出版社 1997 年版，第 188 页。

主宰力量"①。

事实证明共产国际对于中国工人运动的估计过于乐观了。京汉铁路大罢工是中国共产党领导的第一次工人运动的顶点，吴佩孚调动两万多军警在京汉铁路沿线镇压罢工工人，制造了震惊中外的二七惨案。吴佩孚在工人罢工中对工人的镇压，无异于给共产国际当头一棒，敲醒了共产国际中部分成员的幻想。显然，中国的工人阶级的力量尚不强大，如果不在革命找到坚定的同盟军，势必要归于失败，共产国际必须总结中国工人运动的经验。1923 年 1 月 12 日，布哈林在起草共产国际执委会的决议中说，"国内独立的工人运动还很薄弱"，中国工人阶级"尚未充分分化成完全独立的社会力量"②。随着革命在中国的艰难拓展，共产国际对于中国社会的政治经济状况日益了解，对农民和工人在革命中的地位和作用的估计逐步清晰，共产国际的战略砝码倾向了农民。共产国际意识到：在中国，由工人阶级用总同盟罢工的方式来夺取政权的十月革命模式，此时多半还不现实；在中国革命中，必须充分考虑农民的地位和作用。

三　关于解决土地问题的必要性

共产国际和联共（布）的领导人在考虑要不要解决中国的农民土地问题之前，首先要考虑清楚中国的社会经济性质。在 1927 年的"四一二"政变前后，联共（布）党内以斯大林为代表的一方，强调中国革命是一场以"土地革命"为主要内容的资产阶级民主革命，因为革命的主要任务是"反对封建主义残余"；另一方是以托洛茨基为首的反对派，完全不承认中国革命的反封建性质，仅仅是"争取关税自主"的问题。为此，联共（布）党内就此展开激烈争论。

列宁对革命前中国社会性质做了一定的思考。1915 年列宁在《社会主义与战争》一文中就使用了"半殖民地"这个概念，还明确

---

①　中共中央党史研究室第一研究部编：《联共（布）、共产国际与中国国民革命运动（1920—1925）》（下）第 2 卷，北京图书馆出版社 1997 年版，第 460 页。

②　中国社会科学院近代史研究所翻译室译：《共产国际有关中国革命的文献资料》（1），中国社会科学出版社 1981 年版，第 37 页。

把中国也列为"半殖民地国家"。① 在《帝国主义是资本主义的最高阶段》这篇文章中，列宁又一次提出"半殖民地国家"，其中包括中国、波斯、土耳其，这些"半殖民地"国家的特征是"在政治上、形式上是独立的，实际上却被金融和外交方面的依附关系的罗网缠绕着"，其性质是"自然界和社会一切领域常见的过渡形式"，是从附属国向殖民地转变的"中间"形式。② 列宁在《中国的民主主义和民粹主义》中还提出了"半封建"这个概念，指出中国是一个"落后的、农业的、半封建国家"，同时分析了中国"半封建"国家的经济政治特征是："农业生活方式和自然经济占统治地位"，"以这种或那种方式把中国农民束缚在土地上，这是他们受封建剥削的根源"。③ 1920 年召开的共产国际第二次代表大会上，列宁在《民族、殖民地问题提纲初稿》和 7 月 26 日他向代表大会作的报告中将东方社会，其中包括中国社会，看作前资本主义社会。因为这些国家占统治地位的是封建、半封建关系或宗法关系、宗法制农民关系，几乎没有产业无产阶级，而居民大多是处于半封建依附地位的农民，明确提出了东方落后殖民地国家是封建关系或宗法农民关系占优势的思想。

列宁在大会上的演说指出了在大多数东方国家前资本主义关系仍居统治地位，而罗易实际上则主张在某些殖民地半殖民地国家，比如，中国、印度、埃及，实际上资本主义占优势，他还坚持删去列宁《提纲初稿》第十一节中"各国共产党必须帮助"东方各国的"资产阶级民主解放运动"这段文字。他认为，共产国际只能帮助组织和发展印度共产主义运动，印度共产党只能完全致力于组织广大群众，为其阶级利益进行斗争。④

中国社会中居统治地位的社会关系是封建主义残余？还是前资本主义关系？这个问题共产国际内部始终存有争议，至 1927 年春更是

---

① 《列宁全集》（第 26 卷），人民出版社 2017 年版，第 326 页。
② 《列宁全集》（第 27 卷），人民出版社 2017 年版，第 394—395、398 页。
③ 《列宁全集》（第 21 卷），人民出版社 2017 年版，第 429 页。
④ 陈峰君：《罗易与共产国际——纪念罗易一百周年诞辰》，《南亚研究季刊》1987 年第 4 期。

在联共（布）内部引发了一场纷争。联共（布）内部形成了托洛茨基、季诺维也夫、拉狄克等组成的反对派，反对联共布、共产国际关于中国革命的既定路线。反对派否认中国革命的民主性质和反封建性质，否认农民斗争的重要性，将革命过程的民族、民主阶段的全部意义仅仅归结为必须消除国家海关对帝国主义的依赖。双方从以下几点展开论战：

（一）中国是否存在封建主义残余

拉狄克在共产主义学院的报告中分析了中国社会主要阶级力量的组合情况，认为中国根本不存在封建主，所以工人阶级同农民一起打击的只是一个阶级——资产阶级。[①] 按照拉狄克的说法，中国不存在封建主义残余。1927 年 4 月 19 日，布哈林在莫斯科党的积极分子大会上作《中国革命问题》报告，从批驳拉狄克的角度，深刻剖析了中国的社会经济架构，确定中国的半殖民地、半封建社会的性质。布哈林提出："中国革命在其发展的现阶段乃是资产阶级民主革命"，"它在国内的目标是反对封建残余，反对束缚中国经济进一步发展的中世纪羁绊"。布哈林指出："中国的经济命脉主要掌握在外国资本家手中"，同时，封建经济又是中国经济结构的主要基础，这种植根于土地关系的农业经济成分非常复杂，其经济形态不是完整的封建经济，而是与商业资本、高利贷资本"交织在一起，构成了半封建的经济形态[②]。布哈林还分析了中国大地主（占一千亩土地以上）不多，是一个以小农经济为主体的国家，这一点是中国和俄国不同的地方。

（二）中国的地租是"半封建地租"还是"一种新型的资本主义地租"

反对派拉狄克的一个观点是中国的地主是那些向农村放债的商业资本家、商人、官吏，因为中国的工业未得到充分发展，这些人无法将资金投入到工业中去。拉狄克在其报告中称："半数农民是佃地农

---

① 中共中央党史研究室第一研究部编：《共产国际、联共（布）与中国革命文献资料选辑（1926—1927）》（下）第 6 卷，北京图书馆出版社 1998 年版，第 40 页。

② 中共中央党史研究室第一研究部编：《共产国际、联共（布）与中国革命文献资料选辑（1926—1927）》（下）第 6 卷，北京图书馆出版社 1998 年版，第 38 页。

或半佃地农，所说的地租不是我们通常所说的半封建的地租，这是一种新型的资本主义地租，地主是那些向农村放债的商业资本家、商人、官吏。因为工业未得到充分发展，这些人无法将资金投入到工业中去。"布哈林通过分析中国封建地租的特殊形式，他认为地租是中国的地主或富有的农民的传统的剥削方式，现在依然如此，而且被剥削的农民超过半数以上。实物地租、对分地租和劳动地租占"统治地位"的多种多样的地租就是"半封建主义的残余"，并且是同渗透到农村中的资本主义形式交织在一起的。布哈林还以中世纪欧洲为例，来说明商业资本和高利贷资本的影响早就同封建主义交织在一起，而这种影响的存在绝不是用来证明"封建主义"不存在的理由。此外，军阀运用其权力，利用国家机器征收各种赋税，军阀在名义上即使不拥有土地，但是土地收入的极大部分被他们通过赋税而攫取，这是存在于中国的一种特殊的剥削形式，在布哈林看来同样属于半封建主义的残余。①

（三）中国是否存在土地私有制

拉狄克在分析中国农村经济时，认为中国不存在封建主义残余，认为中国不存在土地私有制。布哈林从马克思在《资本论》第3卷中分析地租时提到的"对土地的封建占有"②的阐述入手，反驳了中国不存在土地私有制的观点。布哈林详细分析了中国封建主义残余的种种表现，充分证明"王公卿相"等封建等级中其他一切代表人物事实上是土地的占有者：中国存在着复杂的等级制度，存在着复杂的国家机构受控于更大封建主的大封建主可以任意审判和制裁他人，他们既是军事长官、当地的"王公"，又是地主；中国曾多次爆发大规模农民起义，封建领地多次毁而又建，建而又毁；地方上的主要行政长官、"省长"、"军阀"利用国家机器，运用全部权力，可以随心所欲地征收各种赋税，土地的所有权不是他们的，但土地上征收的税款可

---

① 中共中央党史研究室第一研究部编：《共产国际、联共（布）与中国革命文献资料选辑（1926—1927）》（下）第6卷，北京图书馆出版社1998年版，第44—46页。

② 中共中央党史研究室第一研究部编：《共产国际、联共（布）与中国革命文献资料选辑（1926—1927）》（下）第6卷，北京图书馆出版社1998年版，第46页。

以塞进自己的腰包；盘踞在自己"省份"的军阀也往往都是大地主，官吏阶层在很大程度上是占有土地的，因为土地收入的极大部分实际上是由他们占有的；19 世纪的税收形式"厘金"也属于封建主义残余。在分析诸多的封建主义残余的表现之后，布哈林断言："封建制度虽然改头换面，花样翻新，但却存在着。"① 对此，斯大林也明确指出："共产国际的出发点是：中国农村的封建残余和这种残余上面的全部军阀官僚上层建筑及其督军、省长、将军、张作霖之流等等，是现在的土地革命借以发生和日益展开的基础。"那么这种"封建残余"的表现是什么呢？"很多省份里农民收入的百分之七十归地主豪绅所有，既然武装是和非武装的地主不仅握有经济权利，而且握有行政和司法权力，一些省份里还有种实际的买卖妇女和儿童的实践。"② 因此，封建残余是中国各省的压迫的主要形式。

（四）外国帝国主义的作用

反对派根据中国国内存在资本主义性质的经济成分和无产阶级，断定中国的资本主义的社会性质，从而为中国革命提出的口号是"争取关税自主"。布哈林强调外国帝国主义首先同封建主义这一最反动势力结合成联盟，帝国主义对中国实行半封建形式的经济压迫和政治压迫，"陈腐的封建关系残余及某种形式的当地商业资本和信贷资本同外国帝国主义结合，构成了一个沉重地压在中国基本群众，首先是农民头上的剥削制度"③。为此，布哈林强调，中国革命的反封建性质必须与反帝性质融合在一起。

在详细论证中国的社会性质之后，布哈林开始分析中国革命的具体问题，热情洋溢地赞美了中国日益高涨的工人运动和农民运动，称赞农民运动是"具有头等历史意义的重大因素"，强调中国农村中存

---

① 中共中央党史研究室第一研究部编：《共产国际、联共（布）与中国革命文献资料选辑（1926—1927）》（下）第 6 卷，北京图书馆出版社 1998 年版，第 46—48 页。
② 中国社会科学院近代史研究所翻译室译：《共产国际有关中国革命的文献资料》（1），中国社会科学出版社 1981 年版，第 303 页。
③ 中共中央党史研究室第一研究部编：《共产国际、联共（布）与中国革命文献资料选辑（1926—1927）》（下）第 6 卷，北京图书馆出版社 1998 年版，第 51 页。

在的高利盘剥、横征暴敛，地租赋税沉重不堪，内战连绵不断，整个农村疮痍满目，这是农民土地运动兴起的坚实基础，布哈林再次重申共产国际执委会第七次会议的决议：中国革命的根本问题是农民问题，农民是中国社会的主要实体，在经济上有很大的作用。农民问题又与土地问题相联系，"如果无产阶级提不出彻底的土地纲领，那它就不能把农民吸引到革命斗争中来，就会丧失对民族解放运动的领导权"①。

综上所述，反对派根本否认中国存在封建主义残余，坚持中国是商业资本占统治地位，由此得出中国革命的性质应该是反对资产阶级的社会主义革命，而不是反对帝国主义和封建残余的民主主义革命。早在"四一二"政变之前，托洛茨基就反对在中国实行国共合作，反对共产国际在中国问题上建立统一战线的主张，主张共产党退出国民党，号召中国共产党开展独立自主的社会主义革命。在共产国际执委会第十一次全会上，托洛茨基、季诺维也夫、拉狄克等共产国际对华方针的其他反对者仅根据中国国内存在资本主义性质的经济成分和无产阶级就贸然断定中国的全面的资本主义社会性质，夸大了中国无产阶级革命的因素，反对派的观点实际上也就否定了中国革命的真正特殊性。与他们观点相联系的是否认农民斗争的重要性，他们以"争取关税自主"的口号来代替提出"土地革命"的口号，将革命过程的民族、民主阶段的全部意义仅仅归结为必须消除国家海关对帝国主义的依赖。

联共（布）内部的这场关于中国社会性质的争议源自苏联理论界对于马克思的亚细亚生产方式的争论，对马克思关于亚细亚生产方式的争议涉及广泛的内容和社会影响，托洛茨基成为苏共中央坚持东方社会存在亚细亚生产方式的一个重要人物，他认为俄国也近似于亚洲国家，俄罗斯国家吞没的人民财富在比例上远远超过了西方，造成了俄国人民的普遍贫困，也削弱占有者阶级。在俄国，官僚化的特权阶级永远发展不到顶点，俄罗斯国家因之而更加接近于亚细亚专制主

① 中共中央党史研究室第一研究部编：《共产国际、联共（布）与中国革命文献资料选辑（1926—1927）》（下）第6卷，北京图书馆出版社1998年版，第60页。

义，托洛茨基断言中国也是亚细亚生产方式的国家，拉狄克继承了托洛茨基关于中国社会是亚细亚生产方式的观点，而反对那种认为中国存在封建社会的说法，坚持中国是商业资本占统治地位，中国革命应该是反对资产阶级的社会主义革命，而不是反帝反封的民主主义革命，由此可见，托洛茨基等反对派关于中国是亚细亚生产方式的国家的论述，是谬误多于正确。在共产国际执委会第八次会议上，斯大林在《中国革命和共产国际的任务》的报告中说，托洛茨基的主要错误在于不了解中国革命的意义和性质，而在中国，"目前阻止土地革命的重要因素是封建残余"，"土地革命乃是资产阶级民主革命的基础和内容"。斯大林、布哈林的封建主义"残余"的分析虽然不够准确，但抓住了中国经济领域中占主导地位的经济成分，从而确定了中国社会的性质，为制定中国革命的战略、策略提供了依据。

四　关于解决土地问题的方式

联共（布）、共产国际反复重申和强调要进行"土地革命"，但是以何种方式解决土地问题呢？苏俄的驻华代表各自依据对共产国际指示的理解，提出了不同的解决土地问题的思路。共产国际执委会驻上海远东局主席维经斯基认为应发展"下层城乡群众组织"来使"工农运动激进化"。

早在 1920 年 4 月，维经斯基作为负责人率领代表团受俄共（布）远东局派遣来到中国，其任务是促成中国共产党的建立。在促成建党的过程中，维经斯基着重于学生工作，忙于宣传工人和学生，可以说，此时农民完全没有进入维经斯基的视野。此后，维经斯基一直关注工人的革命作用。1924 年 4 月维经斯基再次来华，目的是纠正中国共产党内部存在的右倾倾向，因为中共三大国共党内合作方针确立，维经斯基对工人阶级在中国革命中的作用和地位的认识开始有所改变。1925 年五卅运动失败后，维经斯基对于中国工人阶级和农民阶级的革命作用的认识已经开始发生改观，从最初的重视俄国革命式的工人罢工，转而关注农民阶级的力量。1926 年 6 月，维经斯基以共产国际执委会驻上海远东局主席身份来华开始工作。面对"日益发展的农民运动",维经斯基感到非常"遗憾":"既没有足够的力量,也没有所需要的经费来利用这一运动",他向莫斯科表示:"无论如何要同农民运动建立联系。"①维经斯基考察了哈尔滨和北京后认为"党的北方区委已经切实着手做农民工作",因为此时维经斯基已经看到农民工作对于革命运动具有"巨大意义"。②维经斯基一行到达上海后,很快确定了工作方针——促进农民运动发展,直至发动土地革命。维经斯基在给共产国际的报告中明确提出:"如果我们不提出直至没收土地的更激进的要求,就不能把农民吸引到革命方面来;虽然土地国有化或别的形式问题在目前还不具有实际意义,但我们需要规定出没收土地的范围。"③10月22日,即国民革命军部队占领武昌之后,远东局提出了"使工农运动口号激进化"④的方针。维经斯基设想通过开展城乡群众运动并以此来发展国民党左派组织和中国共产党,为此,提出了如下口号:争取民主自由,建立通过竞选产生的国民会议式的民主政权机构,维护工人、小资产阶级和农民的经济利益,整顿税制,把捐税负担转移到城乡富裕阶层身上。

远东局的"使工农运动激进化"的方针没有得到莫斯科的同意,与苏俄的另一驻华代表鲍罗廷亦产生较大的意见分歧。维经斯基激烈地批评鲍罗廷的活动方式是"上层联合"的方式。两位驻华代表意见分歧甚大,维经斯基甚至要求莫斯科"召回鲍罗廷"。对此,鲍罗廷只能批评维经斯基是"误解",是对"中国的工作了解不够"。因为鲍罗廷明确认为不能在中国采取西方所采取的那些彻底的布尔什维主义的方法。鲍罗廷提出土地问题是一个战略性的宏观主张,他一直坚持解决土地问题的决议要有合法性和权威性,由

① 中共中央党史研究室第一研究部编译:《联共(布)、共产国际与中国国民革命运动(1926—1927)》(上)第3卷,北京图书馆出版社1998年版,第348页。

② 中共中央党史研究室第一研究部编译:《联共(布)、共产国际与中国国民革命运动(1926—1927)》(上)第3卷,北京图书馆出版社1998年版,第303页。

③ 中共中央党史研究室第一研究部编译:《联共(布)、共产国际与中国国民革命运动(1926—1927)》(上)第3卷,北京图书馆出版社1998年版,第542页。

④ 中共中央党史研究室第一研究部编译:《联共(布)、共产国际与中国国民革命运动(1926—1927)》(上)第3卷,北京图书馆出版社1998年版,第604页。

国民会议通过，并让国民政府颁布，"从上往下"来执行和推广，建立解决土地问题的正常稳步秩序，避免引起"过火"行动而产生各种意想不到的严重后果。

1927年4月初，大革命进入紧急时期，共产国际执委会派来的另一位驻华代表罗易与鲍罗廷产生了更大的意见分歧。

罗易尖锐地指出："鲍罗廷主张的实质，就是想'一走了之'，它不是把动员广大群众（他们代表真正的革命民主力量）放在首位"，而是"把拉拢和利用军官放在最重要的地位"。实际上"摆在武汉小资产阶级政府面前所需要做的事情，就是执行一项真正革命的政策，完成土地革命"。因为，"革命前途的唯一保证就是建立一个革命民主的基础，而在中国，革命民主力量的核心就是农民"，只有彻底解决了土地问题，才能把农民充分动员起来，投身革命。罗易还批评小资产阶级的武汉政府在北伐的借口下，"正在回避这项工作"，批评鲍罗廷也跟着小资产阶级政府"转身逃跑，抛弃群众"，认为鲍罗廷放弃权力开展土地革命的努力，"这无异于帮助小资产阶级背叛革命"。与鲍罗廷相对，罗易提出如下办法：（1）通过土地革命和实现无产阶级的最低要求来动员民主力量；（2）在农村由农民夺取政权；（3）通过忠于武汉政府的军队的发动起义，以工农力量来恢复广东各省国民政府的权力。总之，罗易认为绝不应再指望诸如唐生智或冯玉祥等将军们，"这些人很可能又变成新的蒋介石"，中国革命必须依靠工农自己，这是中国革命胜利的唯一保证。

在中共"五大"上讨论革命的发展方向时，罗易和鲍罗廷又发生了所谓的"深入"和"广出"之争。

如前所述，罗易在共产国际第二次代表大会上就受到列宁重视，并起草了民族和殖民地问题的《补充提纲》，1926年11月召开的共产国际第七次执委会扩大会议上，罗易被选入共产国际主席团，他主张目前阶段的中国革命，首先应该是一场农民革命，要以开展土地革命为主要内容，而不能迷恋于同国民党的联盟。会后，受共产国际派遣，罗易任共产国际驻中国代表团的首席代表来华。此时，在中国要不要进行土地革命问题上，鲍罗廷也是大力支持农民土地斗争的。他将农民问题作为革命的基础问题之一，指出："我们若不解决土地问题，则八十五年的革命会因此而无成。恐怕八十五年后的革命还在讨论中。"① 蔡和森就曾指出鲍罗廷是"土地革命的最先主张者，在当时他的确是左倾的领袖，从三月廿日以后的时候，只有他了解中国革命是土地革命"②。张太雷也提出"中国国民革命是一个农民革命（土地革命）；中国国民革命一定要铲除了帝国主义、军阀，及一切反革命的基础——农民所受到的残酷的剥削，方能真正成功——这是鲍同志很早就发表的意见"③。可见，鲍罗廷力主进行土地革命是众所周知的。5 月初鲍在汉口作关于中国政治局势的报告，还那么自信地断言："许多同志认为，国民政府即国民党左派反对彻底解决土地问题。这种论断是没有任何根据的，是完全错误的。"对国民政府反对以政府名义用法令规定激进的土地政策，鲍罗廷解释为："并不是实质上反对，而是出于策略上的考虑"，认定"国民政府不会反对农民争取土地的运动"。因为"国民政府同蒋介石处于对立状态"，由此他认为"在省里的会议上是可以通过关于土地问题的最激进的决议的"④。

随着事态的发展，莫斯科的代表对莫斯科方针的现实性和贯彻执行的可能性产生了某种程度的怀疑。鲍罗廷的立场反映得最为明显，他从积极推动土地革命转向主张减租减息。鲍罗廷主张此时应先与国民党联合进行北伐，因为土地革命的开展必然会触动国民党军官的利益。从保证统一战线不破裂的考虑出发，鲍罗廷主张对国民党让步，即暂时停止土地革命。在他看来，现时的土地革命就是减租减息，没收土地不是土地革命的开始，而是土地革命的结束。6 月 26 日，在中国共产党政治局会议上，鲍罗廷公开提出："我们不同意这些电报

---

① 李玉贞：《鲍罗廷在中国的有关资料》，中国社会科学出版社 1983 年版，第 109 页。
② 蔡和森：《蔡和森的十二篇文章》，人民出版社 1980 年版，第 138 页。
③ 李玉贞：《鲍罗廷在中国的有关资料》，中国社会科学出版社 1983 年版，第 250—251 页。
④ 中共中央党史研究室第一研究部编：《联共（布）、共产国际与中国国民革命运动（1926—1927）》（下）第 4 卷，北京图书馆出版社 1998 年版，第 226 页。

的方针（近 6 周内的）"，反对莫斯科"土地革命"的指示，认为
"莫斯科提出进行土地革命的要求，而不是没收土地"，"没收土地，
这不是土地革命的开始，而是它的终结"，他在讲话中还坦言，不同
意很长时间收到的指示，他夹在这些指示和现实之间左右为难，因此
建议莫斯科改变方针，哪怕是部分改变。

　　罗易则不满鲍罗廷唯恐进行土地革命就会破坏统一战线的态度，
认为立即北伐进军，将证明是"不利于革命发展的"①，而北伐后再
进行"土地革命"的弊端在于，"离开了根据地，丧失了组织力量"，
而且"与基地隔绝，并面临新的敌人"②。因而，罗易主张："发展土
地革命，也即发展农民对地主劣绅及一切反动阶层的斗争"，是"取
得国民革命胜利的唯一保证"③。由此可见，罗易是极力主张先开展
土地革命，巩固两湖根据地，再进行北伐。

　　在危急关头，革命的出路在于何处？鲍罗廷明确主张："在革命
只有初步发展的那些地方，不可能巩固革命政权，不扩大革命，我们
就不能生存。"④ 以此为依据，鲍罗廷提出了"西北路线"理论，即
革命向西发展，"首先打通西北国际路线，将来经过地方自治，减租
减息，再解决土地问题，即先'广出'后'深入'"。与此相反，罗
易主张"革命应深入，立即实行土地革命，巩固既得革命之根据
地"，即革命先"深入"后"广出"。罗易坚定地主张土地革命，但
并没有清醒地认识当时的形势，甚至认为"小资产阶级左翼不能跑到
蒋介石那里去，如果附蒋，就是在政治上自取灭亡"⑤。他正确地看

---

　　① ［美］罗伯特·诺恩、津尼亚·尤丁编：《罗易赴华使命》，王淇等合译，中国人民
大学出版社 1981 年版，第 172 页。
　　② ［美］罗伯特·诺恩、津尼亚·尤丁编：《罗易赴华使命》，王淇等合译，中国人民
大学出版社 1981 年版，第 174 页。
　　③ ［美］罗伯特·诺恩、津尼亚·尤丁编：《罗易赴华使命》，王淇等合译，中国人民
大学出版社 1981 年版，第 68 页。
　　④ ［美］罗伯特·诺恩、津尼亚·尤丁编：《罗易赴华使命》，王淇等合译，中国人民
大学出版社 1981 年版，第 168 页。
　　⑤ ［美］罗伯特·诺恩、津尼亚·尤丁编：《罗易赴华使命》，王淇等合译，中国人民
大学出版社 1981 年版，第 192 页。

出在根据地尚未巩固之时，过分强调伸展力量，是"愚蠢的"①，并反复告诫共产党人"中国革命的根本任务是巩固革命的社会基础和革命基地"②，如果"我们回避加深革命的必要性，反帝反军阀斗争就得不到发展"。然而，罗易却没有提出任何"巩固革命社会基础"的具体措施。罗易和鲍罗廷在土地革命问题上针锋相对，争论不休，蔡和森一针见血地总结：老鲍是有办法而无原则，罗易是有原则而无办法。

鲍罗廷、罗易、维经斯基等驻华代表在土地革命问题上的严重分歧，极大地影响了中共中央对许多问题的决断，更使得土地革命的方针政策难以实施。这也是大革命最终失败的重要原因之一。

---

① ［美］罗伯特·诺恩、津尼亚·尤丁编：《罗易赴华使命》，王淇等合译，中国人民大学出版社 1981 年版，第 555 页。

② ［美］罗伯特·诺恩、津尼亚·尤丁编：《罗易赴华使命》，王淇等合译，中国人民大学出版社 1981 年版，第 173 页。

第四章 中国共产党对"土地革命" 战略的早期认识与分歧

第一节 对指示精神搁置不议(1921—1925)

一 对农民重要地位与作用的认识与共产国际尚有差距

必须首先说明,在一定程度上"重视"农民问题与土地革命战略中将农民问题作为制定中国革命政策的"中心问题",这是认识过程的两个层次,是不能等量齐观的。建党初期,在共产国际的影响下,中国共产党人初步认识了中国革命的性质和任务,提出了民主革命纲领。以毛泽东、彭湃为代表的一部分党员初步地认识了农民在革命中的重要地位,但是,这种认识程度与共产国际尚有差距。在很长时期内,中共党内都不赞同共产国际"没收和分配"土地的政策指示。显而易见,对于共产国际的这个战略设想,中国共产党最初的态度并不以为然。

一方面,受中国传统和共产国际两方面的影响,中国共产党对中国农民问题的重要性有着或深或浅、程度不同的认识。

在中国几千年的历史文化中,孟子主张的"民为重,社稷次之,君为轻"和唐太宗提出的"君者,舟也;庶人者,水也。水能载舟亦能覆舟"等思想的影响源远流长。这种思想所关注的"民""庶人"指的就是占人口绝大多数的农民。他们生活在社会的最底层,他们却对国家兴亡具有最重要作用,这是中国最基本的国情特征。关注农民的地位与作用,这种认识的程度或深或浅,但其传统却连绵不断。

　　在中国共产党成立前后，先进的共产党人就关注到中国农村和农民问题。李大钊最先把注意力由知识分子群体转向工农大众，1919年2月，在《青年与农村》一文中就认识到："中国是一个农国"，明确认为农民"若不解放，就是我们全体国民不解放"。李大钊进而指出，"农村很有青年活动的余地，并且有青年活动的需要"，他号召青年到农村去，像当年俄国青年一样去宣传社会主义的道理，做万不容缓的"开发农村的事"①。1920年8月23日，蔡和森在毛泽东的信中也关注到乡村农民的革命性，他说，"有人以为中国无阶级，我不承认。只因小工小农不识不知，以穷乏惨苦归之命，一旦阶级觉悟发生，其气焰必不减于西欧东欧"②。1921年4月，上海共产主义小组创办的《共产党》月刊第四期发表了《告中国农民》一文，文章关注到农民人口众多，因此在革命中的相应地位问题，认为"中国农民占全人口底大多数，无论在革命的预备时期，和革命的实行时期，他们都是占重要位置的"；同时，文章还分析了农民的革命可能性，认为："中国农民困苦，并不减革命前俄国底农民的。他们的怨气，已弥漫天地。"这篇文章提出农村社会，包括土财主、中等农民、下级农民、最穷的农民四个等级，尖锐地提出土地集中问题是"社会上贫富的悬隔越甚，阶级底区分越明，一般农民底生活越苦的原因了"，因此，文章号召"我们要设法向田间去，促进他们这种自觉"号召农民要抢回自己的靠着吃饭的田地，呼吁农民起来与压迫农民的田主斗争。③ 从革命的视角来看待农民的力量，将农民与土地问题相联系，初步地划分农村的阶级阶层，这种思想在当时是十分难能可贵的，然而，当时这种认识并没有在全党引起重视，也没有形成共识。

　　中国共产党在成立之初，是把实现共产主义作为自己的奋斗目标，主张在中国立即推翻资产阶级的统治，消灭资本家私有制，实现

---

　　① 陈翰笙、薛暮桥、冯和法等：《解放前的中国农村》（1），中国展望出版社1985年版，第93、94—95页。

　　② 蔡和森：《蔡和森文集》，人民出版社2013年版，第59页。

　　③ 中国社会科学院现代史研究室、中国革命博物馆党史研究室选编：《"一大"前后》，人民出版社1985年版，第207—209、212、213页。

社会主义。显而易见，这是不切实际的。中国共产党处于幼年时期，过高地估计了中国工人阶级的力量，宣布不同其他党派进行任何联系，这些认识是对中国半封建半殖民地的社会性质和工人阶级的弱小缺乏全面正确认识的表现。此时中国共产党还来不及也没有能力将马克思主义与中国革命的实际相结合，而是按照无产阶级革命的一般思路将工作重点放在了城市工人运动上，会议"决定集中我们的全部精力组织工人"，而农民问题则成了"悬案"。① 1922 年 6 月，中共中央执委会书记陈独秀向共产国际呈述报告，综述了中国共产党建党近一年来在党的领导下全国劳动运动开展的概况。陈独秀所述上海、北京、广东、汉口、长沙五地，都只报告工人运动的发展情况，列在最后的"浙江方面"才专门报告了农民运动的情况："组织八十个农村的农民协会反抗地主，被军警解散，死伤数人。"② 彭湃是中共党内较早关注农民运动的党员，1922 年至 1923 年间，他曾经提出过利用中国的内乱和农民的造反心理来开展农民运动，但却时常感慨"知音难觅"③。彭湃所提出的方法是否可行暂且不论，他的这种"知音难觅"的心理感受就是中国共产党群体尚没有高度重视农民运动的写照。

　　1922 年 1 月，莫斯科召开的远东各国共产党及民族革命团体代表大会，中国共产党和国民党均派员与会，并且受到列宁的接见和指导。共产国际东方部主任萨法洛夫发表了演讲，指出中国农民问题的重要性，这是中国共产党人第一次接触到共产国际关于重视中国农民问题的思想。会议向中共代表宣传了列宁"民族和殖民地问题"理论，并且对中国共产党产生了重要的影响。共产国际的相关决议在一定程度上扭转了以知识分子为主体的共产党人所存在的脱离实际的倾

---

　　① 本书编写组：《建党以来重要文献选编（1921—1949）》（第 1 册），中央文献出版社 2011 年版，第 24 页。

　　② 陈独秀：《陈独秀文集》（第 2 卷），人民出版社 2013 年版，第 261 页。

　　③ 彭湃：《彭湃文集》，人民出版社 1981 年版，第 11、32 页。

向，"开始更多地注意到中国社会当前形势，并参加了当前的运动"①。此后，中国共产党人也越来越关注到农民问题的重要性。1922 年 6 月 15 日，中共中央发表第一次对时局的主张，提出"肃清军阀没收军阀官僚的财产，将他们的田地分给贫苦农民""定限制租课率的法律""废止厘金及其他额外的征税"等口号。② 同年 7 月召开中国共产党第二次代表大会，受列宁"民族和殖民地问题"思想的影响，中国共产党制定了反帝反封建的民主革命纲领，会议还认识到"中国三万万的农民，乃是革命运动中的最大要素"，中共二大发表的会议宣言还对中国农村的阶级阶层进行了初步划分，指出农村的阶级包括"富足的农民和地主""独立耕种的小农""佃农和农业雇工"，认为小农、佃农和雇工"必须与工人握手进行革命"③。1923年，陈独秀发表了《中国农民问题》，他在文中指出，"农民的大群众，在目前已是国民革命之一种伟大的潜势力，所以在中国目前需要的而且是可能的国民运动中，不可漠视农民问题"④。同年年底，邓中夏在《革命主力的三个群众——工人、农民、兵士》一文中号召青年成群结队"到民间去"。邓中夏还在《中国青年》第 11 期发表了《论农民运动》一文，在分析俄国和土耳其的农民运动之后指出中国农民已到了革命的"觉醒"时候了。在 1923 年召开的中共"三大"上，毛泽东第一次提出了应该注重农民问题的提案，指出："应重视全国广大的农民，任何革命，农民问题都是很重要的"⑤，为此，中共三大还制定了《农民运动决议案》。在党的代表大会上制定农民运动的决议案表明了党对农民问题重要性的认识有了重大的进步，由此

① 陈独秀：《陈独秀同志代表中共中央向第三次党代表会议的报告》，载中国人民解放军政治学院党史教研室编《中共党史参考资料》第 2 册（内部出版），1979 年。

② 本书编写组：《建党以来重要文献选编（1921—1949）》（第 1 册），中央文献出版社 2011 年版，第 98 页。

③ 本书编写组：《建党以来重要文献选编（1921—1949）》（第 1 册），中央文献出版社 2011 年版，第 131 页。

④ 陈独秀：《中国农民问题》，《前锋》1923 年第 1 期。

⑤ 中国社会科学院现代史研究室：《中国共产党历次代表大会（新民主主义时期）》，中共中央党校出版社 1985 年版，第 59 页。

可见，中国共产党开始逐步关注和理解中国农民问题的重要性。

另一方面，中国共产党对农民在革命中重要地位与作用的认识与共产国际尚有差距。

共产党人从数量对比上的绝对优势上初步认识到开展农民运动的重要性，同时，他们也看到"农民私有观念极其巩固"的缺点。① 作为中国共产党的领导人，陈独秀的总体观点是认为中国农民人数众多，但却分散、保守、落后。在陈独秀看来，农民具有明显的阶级局限性，而"难以加入革命运动"：第一，"农民居住散漫势力不易集中"；第二，农民"文化低生活欲望简单易于趋向保守"；第三，"中国土地广大易于迁徙被难苟安"②。1921 年 6 月 10 日，张太雷在给共产国际第三次代表大会的书面报告中描述的农民形象也难以和革命力量挂钩，张太雷指出"拥有一小块土地的农民占农村人口的大部分。他们之中有许多殷实小户，头脑里充满小资产阶级思想意识"，张太雷认为农民的缺陷在于：第一，"几乎全是文盲"；第二，"没有任何组织，缺乏阶级自我意识"；第三，农民"俯首听命，简直令人吃惊"③。农民这样的形象委实难以和革命力量联系起来。

基于对"农民"阶级的这种消极评价，共产党人应当制定什么样的农民政策呢？1923 年 11 月，陈独秀著文《中国国民革命与社会各阶级》就明确反对"以为马上便可在农民中间做共产的社会革命运动"的倾向。陈独秀认为，"中国农民运动，必须国民革命完全成功，然后国内产业勃兴，然后普遍的农业资本化，然后农业的无产阶级发达集中起来，然后农村间才有真的共产的社会革命之需要与可能"④。显然，在陈独秀看来，民主革命阶段无产阶级应该帮助资产

---

① 陈独秀：《中国农民问题》，《前锋》1923 年第 1 期。

② 陈独秀：《陈独秀文章选编》（中），生活·读书·新知三联书店 1984 年版，第367页。

③ 中共中央党史研究室第一研究部编：《联共（布）、共产国际与中国国民革命运动（1920—1925）》（下）第 2 卷，北京图书馆出版社 1997 年版，第 169—170 页。

④ 陈独秀：《中国农民问题》，《前锋》1923 年第 1 期。

阶级实现资产阶级革命，之后，无产阶级再联合农民实现无产阶级革命。在讨论革命力量时，他将农民排在了最后，陈独秀最为看重的是资产阶级——"殖民地半殖民地的各社会阶级固然一体幼稚，然而资产阶级的力量究竟比农民集中，比个人雄厚"，因此"国民运动若轻视了资产阶级，是一个很大的错误"。总之，就像陈独秀在致共产国际远东局主席萨法罗夫的信中所说的，"中国70%以上的人口是农民；农民的发展水平很低。把农民吸引到国民革命运动中来不是轻而易举的事"①。

中国共产党在成立初期对农民群体所蕴含的深厚革命根基尚未有深入的思考，未把农民运动摆在突出的位置。共产党人依据无产阶级革命的一般原则较多地投身于工人运动，而较少直接从事农民运动。中共一大后成立了中国劳动组合书记部作为工人运动的指导中心，"从中央到地方都以主要精力从事工人运动"②，工人运动出现蓬勃兴起的局面，农民运动则相对受到忽视。毛泽东的活动就是比较有代表性的例子。中共一大之后，毛泽东高度重视工人运动，全身心地投入到工人运动中，而对农民运动则没有顾及。1923年陶行知提倡乡村运动，恽代英给毛泽东写信说，我们也可以学习陶行知到乡村里搞一搞。毛泽东说，现在城市工作还忙不过来，怎么再去搞乡村呢？③ 有学者对中共六大以前中国共产党中央领导成员参加和领导群众运动的情况进行统计，坦言"绝大多数投入工人运动，比较而言从事农民运动的人数偏少"④。中共三大首次专门作出了《农民问题决议案》，然而这个决议还不足300字，在大会上也未展开深入的讨论，更没有提出解决农民问题的具体办法。这次大会虽然将农民问题提上了议事日程，但是并没有将农民问题置于最重要的地位。据负责起草大会党纲

① 陈独秀：《陈独秀文集》（第2卷），人民出版社2013年版，第435页。
② 中共中央党史研究室：《中国共产党历史》（第1卷），中共党史出版社2010年版，第77页。
③ 周恩来：《周恩来选集》（上卷），人民出版社1980年版，第333页。
④ 王建英：《六大以前中共中央领导成员基本状况的分析》，《中共党史研究》1993年第1期。

草案的瞿秋白后来回忆：当时，"屡经思索，始终不敢写上'耕地农有'的口号，对于'不得农民参加，革命不能成功'一句话，陈独秀也觉得过于绝对化，并改成'不得农民参加，也很难成功'"①。直至 1925 年 1 月，中国共产党召开第四次代表大会，才肯定了农民是无产阶级的同盟者，提出了反对土豪劣绅，反对预征钱粮，拒交陋规及一切不法征收，取消苛捐杂税，加征殷富捐所得税等主张，要求普遍组织农民协会，建立农民自卫军，保护农民利益。这次会议对农民地位的认识上提出"他们是中国革命中的重要成分"②。正如毛泽东后来在自述中也回忆，在"五卅"惨案之前，"我没有充分认识到农民中间的阶级斗争的程度"③。这说明连毛泽东当时都尚未意识到农民在中国革命中的极端重要的作用，更何况其他党员。由此可见，党在理论上对这个问题认识还不够充分，中国共产党对农民在中国革命中的极端重要的作用的认识程度显然与共产国际的认识尚有差距。

二　中共不赞同"没收地主土地再分配"的政策

如前所述，共产国际构想的"土地革命"战略的指示，正是为召开中国共产党第三次代表大会而发出的指示信中首次提出的。中共三大虽然强调了农民问题的重要性，但没有提出农民的土地问题。有学者在叙述这个问题时仅仅解释为"由于共产国际指示信路途耽搁，中共中央收到时中共三大已经结束"④。笔者以为："路途耽搁"并非根本原因，"见解不同"才是内在根据。如果中国共产党中央认为这是一项重要而正确的指示，完全可以召开紧急会议或者在下一次中央全会上再次讨论。通过梳理中国共产党三大前后对中国共产党对农民土

① 瞿秋白：《中国革命中之争论问题》（第 2 章附言），载中共中央书记处编《六大以前》，人民出版社 1980 年版，第 698 页。
② 中央档案馆：《中共中央文件选集》（第 1 卷），中共中央党校出版社 1983 年版，第 295 页。
③ 毛泽东：《毛泽东自述》，人民出版社 1993 年版，第 49 页。
④ 郭德宏：《中国近现代农民土地问题研究》，青岛出版社 1993 年版，第 294 页。

地问题的主张可以发现，中国共产党并不认同"土地革命"口号，更不赞同立即就实行"没收地主土地，没收寺庙土地并将其无偿分给农民"的政策。

首先，三大之前，中共中央对于用"没收土地"的激烈方法来组织农民参加革命还没有充分的准备。

中共一大通过的《中国共产党纲领》中提出"没收机器、土地、厂房和半成品等生产资料"。纲领笼统地提出了没收"土地"，但是，联系纲领上下文的意思可以发现这并不是针对农民的土地问题提出的。从这个纲领的现存俄文、英文译稿的语境上来分析，这里的"土地"应该是指城市工业资本家占有的厂区，是和厂房、机器、生产资料等并列提出来的。① 稍后，中国共产党又提出对时局的主张，指出共产党的奋斗目标是"没收军阀、官僚的财产，将他们的田地分给贫苦农民"，这里的"田地"是军阀官僚财产的一部分，是反对军阀官僚的一种形式，而不是以解决土地问题来发动农民的一种形式。② 此时的共产党人并没有认清中国的国情，也没有认清革命的性质和任务，而是把中国当作资产阶级专政的国家。1923 年 7 月《前锋》创刊号上，陈独秀发表《中国农民问题》，第一次对农村的居民做了阶级分析，分为十等五个阶级，他们有不同的经济政治地位。农民深受痛苦，而陈独秀提出了两点解决农民痛苦的方法：其一是教育宣传：教识字，讲形势，宣传"排斥外力""打倒军阀""限田""限租""推翻贪官劣绅"；其二是组织工作：组织农会、乡自治公所、佃农协会、雇农协会，反对横征暴敛的官吏、剥削农民的大地主和鱼肉农民、包办选举的劣绅，③ 显然，陈独秀认为在目前这个阶段还没有到解决农民的土地问题的时候，提出的主张不超过要求"限田""限租"等。中共三大时提出要"划一并减轻田赋，革除陋规""规定限

---

① 姚曙光：《论国民革命思想在农民运动中的流变》，《北京大学学报》2005 年第 1 期。

② 本书编写组：《建党以来重要文献选编（1921—1949）》（第 1 册），中央文献出版社 2011 年版，第 98 页。

③ 陈独秀：《中国国民革命与社会各阶级》，《前锋》1923 年第 2 期。

制田租的法律，承认佃农协会有议租权"等主张，以及"国家发给贫农种籽及农具"和"规定重要农产品价格的最小限度"等温和改进的方法。①

其次，中共三大之后，中共中央制定的政策也没有体现"没收土地"的指示精神。

发动农民"土地革命"的指示由于路途耽搁而没有体现于中共"三大"的政策，这个可以理解。那么，随后的几次重要会议体现出共产国际的这个指示精神和战略意图了吗？

中共"三大"之后紧接着召开的一次重要会议是1923年11月召开的中共三届一次执委会，会中中共中央指出"我们的同志在农村中尚无深的根基"，因此"招中农多数的反抗，勾结军阀官僚，加以武力的压迫"，这个原因导致了广东海陆丰和湖南衡阳地区农民运动的失败。通过总结失败的经验教训，中共中央提出目前农民运动的策略，应先以教育及自治入手，以"全农民利益"为号召，明确认为"不宜开始即鼓吹佃农的经济争斗招致中农之反抗"②。1924年1月，《中国青年》第13期上发表《中国农民状况及我们运动的方针》一文，具体指出了在组织方面最要紧的是组织农会，在教育宣传方面，文章明确认为不宜用"共产革命"那样高的口号，因为那样会吓跑自耕农和佃农，文章提出了"推翻贪官劣绅""打倒军阀""抵制洋货""实行国民革命"等革命口号，但是农民土地问题仍然坚持"限租""限田"③。

毛泽东对农民土地问题认识较其他中共党员更为深刻，但他当时也不赞成共产国际"没收地主土地并分配土地"的决议。1924年1月鲍罗廷召集的讨论国民党"一大"宣言等文件的中共党团会

---

① 中国人民解放军政治学院党史教研室：《中共党史参考资料》（第2册）（内部出版），第527页。

② 本书编写组：《建党以来重要文献选编（1921—1949）》（第1册），中央文献出版社2011年版，第349页。

③ 邓中夏：《革命主力的三个群众——工人、农民、兵士》，《中国青年》1923年第8期。

议讨论了"要不要提出反对大地主"的口号的问题。毛泽东发表了很明确的意见：中国社会分化还没有达到能够进行这种斗争的程度，还不适宜马上提出"反对大地主"的口号。毛泽东指出：我们的组织还不够强大，影响还到不了群众，如果提出这个口号，"我们就会立即遭到这些公职人员或商人的反对，而这个口号实际上又不能吸引农民群众"。因此，毛泽东指出，"只要我们还不确信我们在农村拥有强有力的基层组织，只要我们在很长时期内没有进行宣传，我们就不能下决心采取激进的步骤反对较富裕的土地所有者"①。显然，毛泽东更为注重的是能够推行"没收分配地主土地"政策的前提条件。

1924 年 2 月 25 日，共产国际再次敦促"开展较激进的土地改革"，同时指示"武装农民""宣传农民"②。同年 5 月，中共中央召开三届三次扩大会议。扩大决议规定："应当要求订定税额须经乡民会议的同意"，"佃农及自耕兼佃农之间应当宣传反对苛租"，"应当要求国民党实行废除额外苛税并禁止大地主对于贫苦佃农之过分的剥削"，"武装沿战线的农民"，在"国民党政府的领域之内""要求政府兴办水利，创立农民借贷银行——免除高利借贷之苦"，以及党在农民中进行宣传的几种办法，但仅此而已。同年 11 月，中共中央发表第四次对于时局的主张，列举了农民目前"急迫"的要求，包括："规定最高限度的租额、取消田赋正额以外的附加税及陋规，谋农产品和他种生活必须的工业品价格之均衡，促成职业的组织（农民协会）及武装自卫的组织。"③ 换句话说，中国共产党还不认为土地问题是"农民目前急迫的要求"。这次会议通过的《农民兵士间工作决议案》明确认为"不应当在大多数小私

---

① 中共中央党史研究室第一研究部编：《共产国际、联共（布）与中国革命文献资料选辑（1917—1925）》（上）第 1 卷，北京图书馆出版社 1997 年版，第 469—470 页。

② 中共中央党史研究室第一研究部编：《共产国际、联共（布）与中国革命文献资料选辑（1917—1925）》（上）第 1 卷，北京图书馆出版社 1997 年版，第 491 页。

③ 中国人民解放军政治学院党史教研室：《中共党史参考资料》（第 3 册）（内部出版），第 112 页。

有者的农民之间，鼓动他们反对土豪劣绅"①。指出我们党对于农民的宣传"应当注意地方政府征收田税"的问题。应当要求订定税额须经乡民会议的同意（农民会），同时要求反对预征钱粮，拒绝缴纳陋规及一切不法征收。显而易见，中共中央的这些政策和主张与共产国际"没收分配土地"的农民"土地革命"指示精神并非一码事。同年11月，中共中央第四次发表对于时局的主张，其中列举的农民目前急迫的要求有："规定最高限度的租额、取消田赋正额以外的附加税及陋规，谋农产品和他种生活必须的工业品价格之均衡，促成职业的组织（农民协会）及武装自卫的组织。"② 总而言之，在中共中央看来，农民"目前""紧迫"的要求并不涉及土地问题，那么，共产国际反复提出的"没收和分配地主土地"、进行"激进的土地改革"等指示就是不符合中国农村实际的，是难以贯彻实施的。中共中央当时并不认同共产国际所指示的土地革命政策，于是就将这一问题丢在一边，暂且不议。

第二节　战略方向上逐渐认同
（1925—1927.4）

一　对农民问题的认识有"质"的发展

1923年5月，共产国际明确认识到"全部政策的**中心**问题是农民问题（笔者注：黑体为原文所有）"③。几乎与此同时，毛泽东在中共第三次全国代表大会上提请全党注意农民问题的重要性。即使如此，毛泽东也没有把农民运动摆在突出的位置，没有直接去从事农民运动的实践，不难看出，这种认识与共产国际尚有差距。

---

① 中国人民解放军政治学院党史教研室：《中共党史参考资料》（第13册）（内部出版），1985年6月，第27页。
② 中国人民解放军政治学院党史教研室：《中共党史参考资料》（第3册）（内部出版），第112页。
③ 中共中央党史研究室第一研究部编：《共产国际、联共（布）与中国革命文献资料选辑（1917—1925）》（上）第1卷，北京图书馆出版社1997年版，第254页。

国共合作之后，广东各地的农民运动广泛地开展起来，以毛泽东为代表的共产党人也开始积极投身农民运动，并且在实践中感受到了组织起来的农民在革命斗争中的威力。中国共产党人对农民问题的认识开始有了"质"的发展。

1925 年 5 月 1 日，广东第一次全省农民代表大会和第二次全国劳动大会同时在广州召开，通过了《农民协会今后进行方针议决案》《农民自卫与民团问题议决案》《关于工农联合议决案》等 7 项决议，决定成立全省农民协会。这两次会议认为"无产阶级倘若不联合农民，革命便难成功"，"农民要得到自身解放也只有与工人联合才有可能"，号召"工农联合一致，担负革命的责任"。会议发表的宣言指出：农民的敌人是"帝国主义、军阀、官僚、政客、土豪劣绅、大地主、买办阶级"，而"帝国主义是我们一切仇敌中之发号司令者"，而农民的解放"只有靠我们团结本身奋斗的力量"。大会从广东农民运动中"接连不断的有许多地主阶级利用民团武装勾结驻防军摧残农会拘捕会员的事件发生"的事实中开始认识到武装农民的重要性，指出农民协会"应有其本身武装自卫，为我们农民唯一之保障""训练农民自卫军及扩大其组织"。指出工作中的不足"太依赖政府势力而忽视本身力量"，因为一年来的工作证明了"徒然哀求政府，终无济于事"，农民的解放"只有靠我们团结本身奋斗的力量"。

1925 年 9 月，中国共产党召开四届中央执行委员会第二次扩大会议，会议强调工农联盟的意义和加强对农民运动的领导，会议通过《告农民书》提出当前奋斗目标，主张组织农民协会以代替旧有的劣绅包办的农会，由农民选举乡村自治机关，由农协和乡村自治机关制定最高租额和最低谷价，提出反抗苛捐杂税及废除陋规，由农协组织自卫军的主张，政府发给枪弹等要求等。1926 年 7 月 12 日至 18 日召开了四届三中全会，会议根据广东和湖南农民运动的现状及发展趋势指出：现在"农民已经起来参加国民革命的战线了，并且在实际政治上现已发生很大的作用"，因而"在中国民族解放运动中占着极重要的地位"。此时，中国共产党人已经明确地将农民与革命的成败紧密相连，认识到："农民的政治觉悟及其在政治生活上的地位"，必将

"成为民族解放运动中之主要势力"。

　　毛泽东是中国共产党党内最早关注和探索农民问题的革命家之一，在农民问题上是集大成者。1925 年年初，毛泽东在韶山领导减租、平粜、增加雇工工资、组建农会等斗争，毛泽东一面积极参加领导农民运动的社会实践，一面不断总结农民运动的经验，开始从理论上"注重研究中国农民问题"①。1925 年 12 月，他撰写了《中国社会各阶级的分析》《中国农民中各阶级的分析及其对革命的态度》，1926 年 9 月撰写了《国民革命与农民运动》，1927 年 3 月发表《湖南农民运动考察报告》等文章，代表了中国共产党在探索农民问题的认识上的理论水平。

　　（一）对农民阶级阶层的划分及其革命态度的认识更进一步

　　毛泽东在《中国社会各阶级的分析》中把半自耕农、贫农和小手工业者、店员、小贩一起归入半无产者，分析了半自耕农和贫农的经济地位和政治态度，认为贫农、半自耕农是农村中数量最大的群众，考虑农民问题必须首先考虑他们的问题，他们是地主阶级封建地租和高利贷剥削的主要对象，因此，他们是农村中反对封建势力的主力。贫农容易接受革命动员，其革命性高于自耕农。在对贫农和半自耕农进行分析后，毛泽东指出"所谓农民问题，主要就是他们的问题"。在《湖南农民运动考察报告》中把农民划分为富农、中农、贫农，认为由于他们的经济地位不同，他们对待革命的态度也不一样。富农的态度"始终是消极的"、中农的态度是"游移的"，但到革命高潮来时，他们能够参加革命，贫民是"农村中一向苦战奋斗的主要力量"，他们占农村人口的 80% 以上，是"农民协会的中坚，打倒封建势力的先锋"。在阶级路线上指出了贫农是依靠力量，农民中的贫农尤其是"赤贫""最为革命"而充当"革命先锋"。

---

　　①　张允侯等：《五四时期的社团》（一），生活·读书·新知三联书店 1979 年版，第 509 页。

（二）在农民在革命中的地位认识上，将农民问题作为中国革命的中心问题

在《国民革命与农民运动》中，毛泽东第一次明确而雄辩地提出了"农民问题乃国民革命的中心问题"，"农民不起来参加并拥护国民革命，国民革命不会成功"的论断。毛泽东从当时中国的社会性质是"经济落后的半殖民地社会"着手，指出帝国主义、军阀在中国统治的基础是地主阶级，革命势力的基础是农民阶级。毛泽东认为，帝国主义和军阀剥削压榨中国人民"全靠那些地主阶级他们以死力的拥护。否则无法实行其压榨"，当时的革命形势是："不是帝国主义军阀的基础——土豪劣绅贪官污吏镇压住农民，便是革命势力的基础——农民起来镇压土豪劣绅贪官污吏。"毛泽东指出，"所谓国民革命运动，其大部分即是农民运动"，"凡属不重视甚至厌恶农民运动的人，他实际上即是同情土豪劣绅贪官污吏，实际上即是不要打倒军阀，不要反对帝国主义"。在上述认识的基础上，从而清醒地认识到："经济落后之半殖民地的农村封建阶级，乃其国内统治阶级国外帝国主义之唯一坚实的基础，不动摇这个基础，便万万不能动摇这个基础的上层建筑物。"[1] 换句话说就是，不打倒乡村宗法地主阶级，就不能打倒帝国主义和军阀。这样，毛泽东就正确地提出了中国革命的任务和对象，农民革命作为打倒封建地主统治的民主革命的中心问题，从而将打倒封建宗法地主与反帝反封建的革命任务紧密地结合起来了。

（三）关于农民政权和农民武装的问题

毛泽东在《国民革命与农民运动》中描述：乡村农民的革命，一旦发动起来，就会很快触碰到政权问题，因此，他认为"非推翻土豪劣绅的政权，便不能有农民的地位"。在《湖南农民运动考察报告》中，毛泽东进一步认识到要"推翻地主的武装，建立农民武装"。

毛泽东的这些论著包含的思想是极为丰富和深刻的，他批评了当时中国共产党人尚未认识到农民在革命中极端重要地位，指出发动农

---

① 毛泽东：《毛泽东文集》（第 1 卷），人民出版社 1993 年版，第 37 页。

民对国民革命成功的极端重要性，指出了中国革命的真正对象是广大农村宗法封建地主阶级。

以毛泽东为代表的中国共产党人的理论探索，标志着中国共产党对农民问题的认识发生了根本性的转变，对农民的态度上升到理论认识的高度，是从国民革命的战略目标上极端地重视农民的地位和作用，从而在理论上解决了对农民问题是中国革命的中心问题的认识。

二　逐步触及解决土地问题

如前所述，中国共产党在了解到共产国际的"土地革命"战略后，并不赞同其实行"激进的土地法令"指示，即不赞同"没收地主土地再进行分配"的方法。随着农民运动的开展，即便是国民党所赞同的"二五减租"、减息等政策，也必然触动封建地主阶级的利益，而且必然导向分配土地。中国共产党对农民策略的探索也逐步触及解决土地问题。

1921 年 9 月 23 日，沈定一在航坞山北土地庙一次题为"农民自决"的演说中，明确地阐明了自己的政治主张是"废止私有财产"，实行"土地公有"，并预言"将来必有实现的一天"[1]。随后，9 月 27 日，衙前成立了农民协会，发布的经全村农民决议的衙前农民协会的《宣言》和《章程》就涉及了土地问题，农民协会的《宣言》提出了"世界上的土地应该归农民使用，土地应该归农民所组织的团体保管分配"的主张。

1925 年 1 月召开的中国共产党"四大"以广东农民运动为经验，提出"在农民的政治斗争中我们应该结合中农、佃农、贫农、雇农以反对大地主"的主张，以何种方式来"反对大地主"呢？是"减租"还是全部或部分地"没收大地主的土地"？会议未作详细探讨，涉及土地问题的只有"应使农民向国民政府要求以官地分给贫农"[2]，这

---

① 沈定一：《农民自决》，《新青年》1921 年第 9 期。
② 本书编写组：《建党以来重要文献选编（1921—1949）》（第 2 册），中央文献出版社 2011 年版，第 242、243 页。

个思路显然来自共产国际，即通过国民政府来解决土地问题，这根本不可能实施，何况分配给贫农的土地仅限于"官地"，这是无法满足贫农的土地需求并解决土地问题的。同年 7 月 10 日，中共中央青年团中央发表了《告"五卅"运动中为民族自由奋斗的民众》，提出了"大地主逾额之田地颁给贫农与无田地之农民"的鲜明观点，这是中共中央的文件中首次涉及分配"大地主逾额土地"的思想，但是通告没有进一步具体讨论拥有多少亩土地才算是"逾额"，通告同时提出了："废止厘金及一切苛捐杂税"，"限定田租之最高额，佃户所出田租须尽量减低并禁止预征钱粮"的主张。①

　　同年 10 月，中共中央举行执委扩大会议，共产国际代表维经斯基出席会议。这次会议将农民问题列入大会的重要议程，会议通过的决议指出："中国共产党对于农民的要求，应当列成一种农民问题政纲，其最终的目标，应当没收大地主军阀官僚庙宇的田地交给农民。"决议将减租、整顿水利、减税废除陋规、收回盐税管理权、减少盐税和农民的乡村自治、农民协会的组织及农民自卫军等作为"过渡时期的农民要求"，认为这些政策"可以使农民革命化，可以组织农民起来"，"然而如果农民不得着他们最主要的要求——耕地农有，他们还是不能成为革命的拥护者"②。由此可见，中国共产党开始认识到要真正发动农民参加革命，最根本的是要解决农民土地问题，实现耕地农有。根据上述决议精神，中共中央扩大会议第一次公开发表的《告农民书》指出："解除农民的困苦，根本的是要实行'耕地农有'的办法"，要达到这个目的"那就非农民工人联合起来革命打倒军阀政府不可。更须革命的工农等平民得了政权，才能够没收军阀官僚寺院大地主的田地，归耕地的农民所有"③。

---

　　① 中国人民解放军政治学院党史教研室：《中共党史参考资料》（第 3 册）（内部出版），第 212 页。

　　② 本书编写组：《建党以来重要文献选编（1921—1949）》（第 2 册），中央文献出版社 2011 年版，第 513、514 页。

　　③ 本书编写组：《建党以来重要文献选编（1921—1949）》（第 2 册），中央文献出版社 2011 年版，第 504 页。

　　毛泽东更是对国民革命中的土地问题进行了深入的思考。他在考察湖南农民运动前，对农民在大革命中的作用做了许多精辟的分析，但并未提出农民的土地要求。1926 年 12 月 20 日毛泽东出席湖南全省第一次农民代表大会，他在会议讲话中提醒与会者："我们现在还不是打倒地主的时候，我们要让他一步"，这是因为"在国民革命中是打倒帝国主义、军阀、土豪劣绅，减少租额，减少利息，增加雇农工资的时候"①。这次大会通过的决议案表示："拥护中国国民党减轻佃农地租的决议"，会议发表的宣言也仅表示"铲除贪官污吏、打倒土豪劣绅"②。当然，毛泽东的这种态度更多的是出于策略的考虑，认为农村斗争的进程还未达到没收土地、打倒地主的阶段，要待时机成熟后才能提出没收地主土地并加以分配。

　　1927 年年初，毛泽东深入地实际考察了湘潭、湘乡、衡山、醴陵、长沙的农民运动，他对待"没收地主土地"问题的态度有了明显的变化。同年 2 月 16 日，毛泽东向中共中央写信报告湖南农民运动的考察情况，提出土地问题"已经不是宣传的问题而是立即实行的问题"，并尖锐地指出这是此前中央农运政策的"颇大的错误"③。毛泽东在党内通信中直截了当地提出立即解决土地问题的看法，作为国民党土地委员会委员，他还推动国民党土地委员会制定解决土地问题的政策。同年 4 月，毛泽东在国民党土地委员会的扩大会议上提出解决土地问题分两步进行，第一步进行政治没收，即没收土豪劣绅军阀等的土地，第二步进行经济没收，即凡自己不耕种而出租于他人的田，皆行没收。他在为国民党二届三中全会起草的《对农民宣言》中指出，现在"贫民对于土地的要求已甚迫切""不使农民得到土地，农民不能拥护革命""本党决计拥护农民获得土地之争斗，至于

　　① 中国人民解放军政治学院党史教研室：《中共党史参考资料》（第 4 册）（内部出版），第 148 页。

　　② 中国人民解放军政治学院党史教研室：《中共党史参考资料》（第 4 册）（内部出版），第 151 页。

　　③ 《毛润之同志视察湖南农运给中央报告》，中国革命博物馆陈列。

使土地问题完全解决而后止"。① 在毛泽东看来，必须"广泛的重新分配土地"②，他以全国农协负责人的身份向中共"五大"提交了一份解决农民土地问题的方案，遗憾的是这个方案未交大会讨论。③ 毛泽东在参加土地委员会的会议中，论述了解决土地问题的重大意义。他还将土地问题作为政治、社会、民生等问题的焦点，从农民解放的角度，指出只有废除地主及一切压迫阶级对农民的剥削与压迫，才能使农民得到解放。土地问题不解决，农民就不会拥护革命。在亲历土豪劣绅气焰备受打击的湖南农民运动的高潮中，毛泽东认识到土地革命是打破整个封建制度，彻底摧毁帝国主义、军阀赖以生存的基础。毫无疑问，毛泽东已经在理论上确立了对农民土地问题是国民革命的中心问题的认识，萌发了"土地革命"思想。

彭湃、李大钊、蔡和森、瞿秋白等共产党人都在积极地探索这个问题，提出了极富见地的观点。据瞿秋白回忆，彭湃在国民党第一次代表大会的时候，就在党内提出要在国民党改组运动中定出土地问题的路线的问题，因此，瞿秋白称彭湃是"第一个主张没收土地"④ 的人。瞿秋白认为农民"都处于地主阶级的半封建半农奴制度的剥削压迫之下"，他们"是革命里最有力、最伟大、最主要的同盟军"。⑤ 李大钊认为"耕地农有"是"广众的贫农所急切要求的口号"⑥，蔡和森也主张"农民问题，即土地问题"，这个问题不解决，"革命断难成功"⑦。1927 年 2 月，瞿秋白在《中国革命中之争论问题》一文中也明确地提出了"'农民革命'是中国革命之中枢"的观点，认为必须"彻底解决土地问题""非此决不能保障中国革命之彻底胜利"，

---

① 毛泽东：《国民党二届三中全会对农民的宣言》，《民国日报》1927 年第 3 期。
② ［美］埃德加·斯诺：《西行漫记》，董乐山译，生活·读书·新知三联书店 1979 年版，第 136 页。
③ 李维汉：《回忆与研究》（上），中共党史出版社 1986 年版，第 107 页。
④ 瞿秋白：《瞿秋白文集》（政治理论编第 6 卷），人民出版社 2013 年版，第 590 页。
⑤ 瞿秋白：《瞿秋白文集》（政治理论编第 4 卷），人民出版社 2013 年版，第 471、485 页。
⑥ 李大钊：《李大钊文集》（第 5 卷），人民出版社 1999 年版，第 75 页。
⑦ 蔡和森：《蔡和森文集》，人民出版社 1980 年版，第 767 页。

稍后，他还提出"中国国民革命应当以土地革命为中枢"的观点。①
湖南区委也在没收土地问题上赞同毛泽东的"广泛的重新分配土
地"②的意见。3月底，中共湖南区委发表宣言，指出"农村中革命
斗争的发展，已将土地问题列入议事程序的第一项"。在随后给中共
中央和中共五大的报告中，中共湖南区委再次提出："现在，土地问
题是主要问题。解决这个问题是革命的唯一出路，可以保证彻底战胜
反动派、保证民主革命取得成功。"③ 4月17日，湖南区委书记李维
汉著文《湖南革命的出路》，认为湖南革命已发展到了新的时期，即
是以土地问题为中心的时期，只有解决土地问题才能解决革命的出路
问题。

作为当时中共中央总书记的陈独秀，在大革命后期对"土地革
命"问题持何态度呢？以往论著多是侧重于批判陈独秀的"右倾"
政策，认为陈独秀采取"妥协退让的错误方针，跟在武汉政府后面限
制和反对农民运动"④，认为"陈独秀的妥协退让软弱无力"到了
"何等严重的程度"⑤。笔者认为，依据历史事实分析，陈独秀对"是
否要解决土地问题"是持肯定态度的。他屡屡"限制"农民运动，
批评"过火"行为，也是出于策略考虑，他是认为未到彻底解决土
地问题的时机。1926年11月，中共中央政治局和共产国际远东局代
表举行联席会议，讨论和通过了《中国共产党关于农民政纲的草
案》，准备提交给共产国际执委第七次扩大会议和中国第五次代表大
会审查。这个政纲第一次列入土地问题，"没收大地主、军阀、劣绅
及国家、宗祠的土地，归给农民"。中共中央政治局和共产国际远东
局联席会议后不久，中共中央12月在汉口召开特别会议，陈独秀尽
管在会议上强调减租减息，批评党内的"左稚病"，但也充分肯定

① 瞿秋白：《瞿秋白文集》（政治理论编第4卷），人民出版社2013年版，第563页。
② ［美］埃德加·斯诺：《西行漫记》，董乐山译，生活·读书·新知三联书店1979
年版，第136页。
③ 中国人民解放军政治学院党史教研室：《中共党史参考资料》（第4册）（内部出
版），第324—343页。
④ 赵效明主编：《中国土地改革史》，人民出版社1990年版，第112页。
⑤ 郭德宏：《中国近现代农民土地问题研究》，青岛出版社1993年版，第318页。

"解决土地问题当然是对土豪劣绅最后的打击"。也就是说,陈独秀反对的不是"要不要解决土地问题",而是在什么"时机"来"解决土地问题"。1927年4月召开的中共"五大"进一步总结了上述思想。中共五大以"土地革命"为中心议题,通过了《土地问题决议案》,明确决定中国共产党"现在阶段之中,革命的主要任务,就是土地问题的急进解决",要"以土地革命及民主政权之政纲去号召农民和小资产阶级"[①]。6月7日,中国共产党在收到共产国际的五月紧急指示后召开中央政治局会议,陈独秀认为是农民运动的"过火"行为妨碍了土地问题的解决,应当先纠正过火行为,否则不能谈及土地问题。针对共产国际对中共中央土地革命态度不坚决的批评,6月15日,陈独秀再次致电共产国际,强调"没收大地主和反革命分子土地的政策没有废止,也没有禁止农民自己起来没收土地。我们的迫切任务是要纠正'过火'行为,然后没收土地"[②]。

可以肯定,中国共产党已经在理论上解决了"要不要进行土地革命"的问题,确立了对农民土地问题是国民革命的中心问题的认识。在这个理论认识过程中,共产国际的战略指导起到了积极的促进作用,更为重要的因素则是中国共产党人积极地对中国国情和社会性质逐步认识,对中国革命和农民土地问题的长期探索。然而,中共"五大"所通过的土地纲领并没有公布和实行,正如蔡和森后来所批评的,"大会后(笔者注:指中共'五大')中央不实行而且相反",这次会议对于"如何进行土地革命"并没有提出实施途径,切实可行的政策还有待进一步探索。

---

① 本书编写组:《建党以来重要文献选编(1921—1949)》(第4册),中央文献出版社2011年版,第180页。
② [美]罗伯特·诺斯、津尼亚·尤丁编:《罗易赴华使命》,王淇、杨云若、朱菊卿合译,中国人民大学出版社1981年版,第325页。

第三节 实施路径上意见不一
(1927.4—1927.8)

一 没收和分配土地的时机

在对"土地革命"问题进行理论探索时，中国共产党人也积极构想如何实施土地革命，思考着制定能够结合中国国情、切合中国实际的有效措施来解决农民土地问题，推翻封建地主土地所有制。

至1927年4月，中国共产党党内在理论上基本解决了对"土地问题是中国革命的中心问题"的认识，一致认为只有进行"土地革命"才能充分发动农民，实现对土豪劣绅的最后打击，取得革命的胜利。以毛泽东、蔡和森、瞿秋白为代表的共产党人主张立即解决农民土地问题，认为土地问题是国民革命的中心问题，已经是"广泛的重新分配土地"的时候了。[①] 然而，是否马上就实行"土地革命"，也就是说，"没收和分配土地"的时机是否已经成熟？这个问题在中国共产党党内引起了巨大的争议，尤其是陈独秀极力反对马上解决土地问题，力主以"减租减息"为斗争策略。

在陈独秀看来，"减租减息"比解决土地问题更为迫切，分配土地的条件并不成熟。如前所述，陈独秀对"是否解决土地问题"也持肯定态度，他所考虑的更多的是没收和分配土地的时机问题。具体地说，他认为解决土地问题要以国民政府颁布的法令为遵循，因而主张等国民政府公布土地法令后进行工作，他坚持没收土地还要以解决乡村自治政权为前提。

稍作回顾，在1925年10月召开的中共中央扩大会议，通过的文件明确提出了农民问题政纲的最终目标是"应当没收大地主军阀官僚庙宇的田地交给农民"，指出"中国共产党应当使一般民主派知道没收土地是不可避免的政策"，强调"假使土地不没收交给农民，假使

---

① ［美］埃德加·斯诺：《西行漫记》，董乐山译，生活·读书·新知三联书店1979年版，第136页。

几万万中国农民因而不能参加革命，政府必定不能巩固政权，镇压军阀的反革命"。传递出的这样的信息：（1）没收土地政策是中国共产党的最终目标。（2）现时是过渡时期，政策限于减租减税。"我们现在所提出的过渡时期的农民要求，如减租、整顿水利、减税、废除陋规、收回盐税管理权、减少盐税、农民的乡村自治、农民协会的组织及农民自卫军等，可以使农民革命化，可以组织农民起来。如果农民不得着他们最主要的要求——耕地农有，他们还是不能成为革命的拥护者。"1925年10月10日《告农民书》讨论了农民所受的各方面压迫，认为"解除农民的困苦，根本的是要实行'耕地农有'的办法"，可是随后就说"至于'耕地农有'，更须革命的工农等平民得了政权，才能够没收军阀、官僚、寺院、大地主的田地，归耕地的农民所有"。指出本党的主张，最低限度的要求，农民自己团结起来，组织农民协会，再由农民协会组织农民自卫军。这与其说是中国共产党"提出"了"耕地农有"的口号，还不如说中国共产党在诠释"耕地农有"时，委婉含蓄地否定了没收土地政策。一句话，此时还不是没收分配土地的时机。

1926年12月13日，中共中央在汉口召开特别会议，陈独秀在会议上作了政治报告，批评了党内的"左稚病"，认为这个"左稚病""忽略了中国目前争斗的问题"。陈独秀毫不否认解决土地问题是对土豪劣绅最后的打击，但他认为当时中国大多数农民所亟待争取的并非是根本的土地问题，而是"减租减息、组织自由、武装自卫，反抗土豪劣绅，反抗苛捐杂税"等问题，因为这次农民都还未能直接了解到这个根本问题。因此，陈独秀认为土地问题称为"研究室中"的问题，可以"宣传"土地革命，但还不能"实行"土地革命。他认为："我们在宣传上自然可以由目前争斗的这些问题，引申到根本的土地问题。若是马上拿农民群众还未能直接了解的土地问题作争斗口号，便是停止争斗"，"减租减息等目前的争斗，在农民群众中，比解决土地问题更是迫切的要求"。①

在这种思想指导下，陈独秀认为农运"过火""幼稚"，他命令新闻记者在汉口《民国日报》作文批评农运，农政部出布告，中央宣传部出宣传大纲，纠正自由行动没收土地等行为，赞成解散黄冈农民协会。1927年5月25日，中共中央政治局会议接连通过两个决议，明令限制工会和农会的司法权，并提出没收土地必须在确保军官中立等条件下进行，否则即应停留在宣传阶段。《对湖南农民运动的态度》的决议说，"关于土地问题，我们固然不能根本放弃第五次大会所决定政纲，但我们须知道中国土地问题尚须经过相当宣传时期，并且必须先行解决土地问题之先决问题——农村政权问题"。决议认为中国当时的任务是扩大土地问题在各方面之宣传，尤其是在军队中，以及着手建立乡村自治政权及县自治政权。

6月4日中央召开政治局会议，下发了《中共通告农字第五号》，还同时发出了致国民党书和告全国农民书。三份文件同日作出，但在解决土地问题的提法上却存在差别，《中共通告农字第五号》指出："对于大地主田地之没收，应当等到本党对于中小地主的态度完全解释，乡村自治政权已经开始建立，然后才能实行"，认为"以国家财力实行屯垦政策来解决无地贫农的问题，以及实行均分田地，都要革命完成之后，方能实现"。② 显而易见，这是禁止没收大地主田地的。然而，《致国民党书》和《告全国农民书》则提出了农民夺取大地主、反动豪绅以及庙宇祠堂的土地的问题，同时强调对于小地主、革命军人、士兵的家属和土地财产，绝对不能侵害。可见，这又是允许没收大地主、反动豪绅以及庙宇祠堂的土地的。没收大地主的土地，到底是"禁止"还是"允许"？笔者以为《中共通告》作为党内通告，可以看出陈独秀在安排实际工作上尚未将土地问题列入议事日程，它真实地体现出陈独秀对解决土地问题的态度；《致国民党书》

① 本书编写组：《建党以来重要文献选编（1921—1949）》（第3册），中央文献出版社2011年版，第497页。

② 本书编写组：《建党以来重要文献选编（1921—1949）》（第4册），中央文献出版社2011年版，第280页。

和《告全国农民书》则更带有宣传和策略性质。由此可见,陈独秀的核心观点是认为没收土地时机不成熟,必须先解决乡村自治政权问题。

没有自己的政权和武装,陈独秀显然认为共产国际的指示脱离现实斗争、难以执行,他坚持"莫斯科要求没收土地,我们不能这样做"。那么现在该怎么做呢? 陈独秀在思索有没有更切合实际的、更加有效的路径。在 6 月 26 日的政治局会议上,陈独秀批评鲍罗廷的意见(笔者注:指自治与减租),说,"我们面前有两条路,在这两条路(左的和右的)上等待我们的都是灭亡,中间道路,即继续目前的局面,也是不可能的,也许应当寻找第四条道路"①。遗憾的是,他还没来得及找到这"第四条道路"时,武汉国民党中央就召开了"分共"会议,开始大肆屠杀共产党了。

二　没收和分配土地的若干政策

除了没收和分配土地的时机,在没收土地的对象、范围、步骤等若干具体政策上,共产党人也在积极地摸索。

1926 年 7 月,中国共产党第三次中央扩大执委会在《农民运动决议案》中提出:"我们的政策是用全体农民联合的口号,团结佃农、雇农、自耕农与中小地主,使不积极作恶的大地主中立,只攻击极反动的大地主,如成为劣绅土豪者。不可简单的提出打倒地主的口号,以打倒劣绅土豪的口号,事实上打倒大地主。"② 在这里提出的政策的打击对象只有大地主。同年 11 月,中共中央政治局和共产国际远东局代表举行联席会议,提出没收土地的对象和范围包括:大地主、军阀、劣绅以及国家和宗祠的土地。1927 年 4 月 27 日至 5 月 9日召开的中共"五大",通过了《土地问题决议案》,规定没收的范围是"没收一切所谓公有的田地以及祠堂、学校、寺庙、外国教堂及

---

① 中国人民解放军政治学院党史教研室:《中共党史参考资料》(第 4 册)(内部出版),第 357—363 页。

② 本书编写组:《建党以来重要文献选编(1921—1949)》(第 3 册),中央文献出版社 2011 年版,第 302 页。

农业公司的土地",以及要"无代价地没收地主租与农民的土地",明确认为"小地主土地不没收"。同时决议案还涉及了土地分配和使用问题,决定将没收来的土地,"交诸耕种的农民";对耕种土地的农民,只纳地捐或确定的佃租,不纳任何杂税,佃农有永佃权。① 可以说,整个大革命时期,中共中央提出的政策没收大地主的土地分配给农民,对于小地主土地则在政策保护范围内。

毛泽东进一步联系中国国情,提出分步骤、分区域没收土地的思路。1927年4月,毛泽东在国民党土地委员会的扩大会议上提出解决土地问题分两步进行的方案,第一步为政治没收,即没收土豪劣绅军阀等的土地,第二步为经济没收,即凡自己不耕种而出租于他人的田,皆行没收。毛泽东明确认为鉴于中国的幅员广大和革命发展的不平衡性,他认为必须根据不同地区的不同情况,实行不同的土地政策,如果"一步做到经济没收",则超越了全国农运的发展状况和农民的觉悟水平,即使在武汉国民政府管辖区域内,不区别情况,一律抛弃政治没收,实行经济没收,"则是空想"②。这说明毛泽东对没收分配土地政策是非常审慎的,既考虑到中国幅员广阔、各地情况各异的实际国情,也考虑到国民党政策可以接受的范围。1927年4月5日在国民党土地委员会第二次会议上,毛泽东提出了由农民自主解决土地问题的办法,认为"所谓土地没收,就是不纳租,并无须别的办法","中国土地问题的解决,应先有事实,然后再用法律去承认它就得了"。③ 毛泽东对土地革命实践路径的思路都寄希望于国民政府的赞同和农民群众的自发行动,这两点是与共产国际的指示精神一致的。

毛泽东关注到对大地主作出明确界定的问题,也就是占有多少土

①　本书编写组:《建党以来重要文献选编(1921—1949)》(第4册),中央文献出版社2011年版,第194页。
②　唐振南:《从大革命时期湖南的土地问题谈毛泽东土地革命思想的萌芽》,《学术界》1989年第1期。
③　唐振南:《从大革命时期湖南的土地问题谈毛泽东土地革命思想的萌芽》,《学术界》1989年第1期。

地才算“大地主”，他在向中共“五大”提交的普遍解决农民土地问题的方案中设想：（1）先没收大地主的土地，先没收 100 亩以上的，100 亩以下的不没收，自耕农不去扰及他。（2）到明年实行平均地权。① 然而，毛泽东的意见没有被中共“五大”所接受，他后来还就此特别指出：“大会（笔者注：指中共‘五大’）给地主下了个定义，说‘有五百亩以上土地的农民’为地主，就没有再讨论土地问题，以这个定义为基础来开展阶级斗争，是完全不够和不切实的，它根本没有考虑到中国农村经济的特殊性。”② 对于没收的土地如何分配的方案，他主张以人口为标准、以乡为单位进行分配，分配的对象是雇农、贫农、佃农、退伍的革命军人等。土地的没收分配工作由区乡自治机关的土地委员会负责办理。

三　建立农民的政权和武装

共产党人在领导农民减租运动的实际斗争中认识到政权和武装的重要作用。早在 1924 年 12 月，彭湃在总结广宁等地减租斗争讲演的一个报告里就写道：“广宁、花县及其他地区最近发生的时间再次证明：不建立农民的武装队伍，不把好的武器发给他们，我们的工作就得不到必要的结果。”③ 中共四大《对于农民运动之决议案》明确提出了“组织农民自卫军”的任务，强调这种农民的武装组织应当在共产党的指导之下。“四大”所发布的《告农民书》指出：“革命的工农等平民得到了政权才能够没收军阀官僚寺院大地主的田地”，主张“以普通选举法直接选举”“乡村自治机关”。④

北伐战争开始后，湖南农民运动蓬勃发展起来。1926 年 10 月，中共湖南区委第六次代表大会上提出要解散团防局等地主武装，普遍建立农会，实现一切权力归农会的口号。1927 年 2 月 20 日，召

---

① 李维汉：《回忆与研究》（上），中共党史出版社 1986 年版，第 107 页。
② 中央档案馆编：《中共中央文件选集》（第 3 卷），中共中央党校出版社 1989 年版，第 113 页。
③ 赵效明主编：《中国土地改革史》，人民出版社 1990 年版，第 83 页。
④ 黎永泰：《毛泽东与大革命》，四川人民出版社 1991 年版，第 395 页。

开江西省第一次全省农民代表大会。"将一切政治权利，交由革命民众接收。"① "各级协会即应组织农民自卫军及义勇队"②，农民"解放痛苦的方法是自己组织起来，用自己的力量求自己的解放"，号召"农民站起身来，向社会要求恢复我们人的地位，取回我们失去的权力"③。4月，湖南省委给中共中央和中共"五大"的报告提出："武装农民对于解决土地问题有着重要作用。必须通过解除民团武装，或者要求政府发放武器，把成千上万农民武装起来。目前，党一定把全部注意力都集中在支持国民党左派上，以期解决土地问题。……各个地区的群众应当监督国民党和政府执行国民党中央三月全会（国民党二届三中全会）决议，如果政府拖延执行，那么群众自己将执行。"④ 1926 年 8 月 12 日，陈延年在中共广东地区委员会与共产国际执行委员会远东局委员会的联席会议上指出：农民运动现在处于防御阶段，豪绅、地主、一切反革命势力在进攻，但难免对土匪和民团的防御转变为武装斗争。对农民来说，主要问题是武器。⑤ 同年 12 月召开的湖南省第一次农民代表大会通过了《乡村自卫问题决议案》，对农民的武装做了具体规划：其一，农民武装是在"取消""解散"旧地主武装的基础上建立起来的，而非"改造"之；其二，挨户团是农民自卫武装，其领导人员不得由土豪劣绅担任，"由乡民自治委员会选举"，并且要"定期操练并施行政治训练"⑥。中共"五大"再次重申建立农民政权，取消地主政权，组织农民武装，解除地主武装。

　　① 中国现代革命资料丛刊：《第一次国内革命战争时期农民运动资料》，人民出版社 1983 年版，第 5 页。
　　② 中国现代革命资料丛刊：《第一次国内革命战争时期农民运动资料》，人民出版社 1983 年版，第 573 页。
　　③ 中国现代革命资料丛刊：《第一次国内革命战争时期农民运动资料》，人民出版社 1983 年版，第 558—559 页。
　　④ 中共中央党史研究室第一研究部编：《共产国际、联共（布）与中国革命文献资料选辑（1926—1927）》（下）第 4 卷，北京图书馆出版社 1998 年版，第 324—343 页。
　　⑤ 中共中央党史研究室第一研究部编：《联共（布）、共产国际与中国国民革命运动（1926—1927）》（上）第 3 卷，北京图书馆出版社 1998 年版，第 384 页。
　　⑥ 黎永泰：《毛泽东与大革命》，四川人民出版社 1991 年版，第 388—394 页。

1927 年 3 月，毛泽东在《湖南农民运动考察报告》中进一步阐发了农民要组织和武装起来的思想。他认为，农民必须组织起来，建立农会。只有将农民组织起来，才能促进农村的大变动，"农民既已有了广大的组织，便开始行动起来"，才能"造成一个空前的农村大革命"。① 毛泽东认为农会是农村的革命统一战线组织，而贫、雇农是农会的中坚力量，是农会的领导者。为了更大规模地发动农村运动，扩大革命力量，农会要把贫农、雇农、佃农、自耕农、半自耕农、农村知识分子乃至富农都吸收到农会。农会的权力必须掌握在贫雇农手中，"乡村中一向苦战奋斗的主要力量是贫农"②。毛泽东认为农会既是革命时的农民组织，同时也是革命时期乡村政权组织。1926年 9 月，毛泽东在《国民革命与农民运动》中就描述了这样一种现象：乡村农民的革命，一旦起来就会碰到"土豪劣绅大地主几千年来持以压榨农民的政权"，"非推翻这个压榨的政权，便不能有农民的地位，这是中国农民运动的一个最大的特色"。③ 同年 12 月，湖南农民第一次代表大会期间，毛泽东草拟的《乡村自治问题决议案》，提出摧毁农村地主政权，从乡民会议产生乡村自治机关的民选政权的办法。在稍后的《湖南农民运动考察报告》中，毛泽东进一步提出将农会作为乡村自治政权机关的口号，毛泽东主张以革命手段推翻地主政权，"地主权力既倒，农会便成了唯一的权力机关"，才能真正办到"一切权力归农会。"④ 在这篇考察报告中，毛泽东进一步提出要发展"梭镖队"作为新的农民武装的思想。毛泽东指出凡是农运发展的各县，梭镖便迅速普及，它武装了百万农民，"使一切土豪劣绅看了打颤"，"尤其是政府豢养的警察警备队差役这般恶狗，……他们看见农民的梭镖便发抖"。毛泽东的这种思想既切合农村实际，又利于壮大革命武装，对付反革命武装。⑤ 由此可见，毛泽东初步地提

---

① 毛泽东：《毛泽东选集》（第 1 卷），人民出版社 1991 年版，第 14 页。
② 毛泽东：《毛泽东选集》（第 1 卷），人民出版社 1991 年版，第 20 页。
③ 毛泽东：《国民革命与农民运动》，《农民问题丛刊》（序）1926 年第 9 期。
④ 毛泽东：《毛泽东选集》（第 1 卷），人民出版社 1991 年版，第 14 页。
⑤ 黎永泰：《毛泽东与大革命》，四川人民出版社 1991 年版，第 388—394 页。

出了建立农民政权和农民武装是解决土地问题的必要条件的思想：使农村政权，从土豪劣绅不法地主及一切反革命派手中转移到农民手中，土地问题的解决才有保障，才能镇压地主的反抗，而要使政权转移到农民手中，就必须武装农民。

总的来说，建立农民的政权和武装来作为解决土地问题的根本途径，这一点在中共党内是达成共识的。但是，中国共产党党内对于没收和分配土地的时机尚无统一认识，对没收的对象等若干具体政策各持己见，加之农村自治政权的思想在当时根本不具备可行性，当时中国由北洋政府统治，农民不可能有自治的空间，就算在国民党统治区的南方农村，民团的力量，传统力量，都不可能实现农民自治。因此，在大革命时期，中共中央没有开辟一条能够解决中国土地问题的实践路径。正如陆定一后来回忆这段历史时所批评的，"自从'四一二'以后，党内多次讨论土地革命、武装斗争以及和国民党的关系等问题，常常是议而不决，决而不行，党的'五大'就土地问题作出决议，但也没有见诸行动。在这段时间里，我们简直是束手无策。党内对土地问题进行过多次讨论，总是没有真正的行动"①。

---

① 陈清泉：《八七会议的是非功过——陆定一谈中共党史》，《中共党史研究》2000年第 3 期。

第五章 中国共产党与"土地革命"战略的实施

第一节 对"土地革命"相关战略举措的探索

一 与"土地革命"相联系,制定"武装斗争"新方针

1927 年 3、4 月间,在中国农民运动发展较好的湘鄂赣三省的极个别地区,发生了农民自动量地、插标、分田的土地革命斗争。这是发生在中国民主革命中最早的土地革命实践,然而,这个分配土地的革命活动涉及的范围和参加的群众都很有限,时间也很短,只有 2 个月左右。湖南少数农民刚动手没收土地,就引起"地主大震",因此有人称马日事变为"反革命实行对农民的大屠杀"①,事变后,完全控制了湖南省政府的右派分子狂叫"取消土地农有政策""恢复(地主)土地所有权"。以许克祥为首的所谓"救党委员会"宣布"绝不实行"前省党部的没收土地议决案,并用省政府名义发布"不准抗租"的命令。② 广东李济深叛变后,工农运动在一夜之间就被反革命势力"摧残至于不能立足"③。湖北夏斗寅叛变,农民"被他杀得血染黄沙,赶得不能归家"④。湖南许克祥叛变,整个革命基础几小时

① 直苟:《湖南农民革命的追述》,《布尔什维克》1928 年第 13、14 期。
② 中国革命博物馆、湖南省博物馆编:《马日事变资料》,人民出版社 1983 年版,第 37、53、60 页。
③ 《巩固后方》,《汉口民国日报社论》,转引自梁尚贤《湖南农民运动中"左"的错误及其影响》,《近代史研究》2006 年第 4 期。
④ 《省农协通告农友夏逆叛变的教训》,《汉口民国日报》,转引自梁尚贤《湖南农民运动中"左"的错误及其影响》,《近代史研究》2006 年第 4 期。

内被"打得粉碎"①。同年5月以后，这场斗争随着整个农运转入低潮而停顿下来，湘鄂赣三省农民已得之胜利"几乎全被摧残"②。没有武装力量的拥卫，轰轰烈烈的农民运动迅速地跌入低潮。

　　人们正确的认识来源于正反两方面经验的科学总结，有时候，错误和失败往往更能使人警醒和认识真理。大革命失败正是由于共产党没有直接领导武装力量，为此，中共中央8月7日在湖北汉口召开紧急会议，把武装斗争提到中国革命的最重要的地位上。经过大革命时期纷纷扰扰的争议，中共党内对"土地革命"战略达成共识，"土地革命"问题被正式确立为党的基本方针。会议批评了过去中央没有认真想到武装工农的问题，没有想着造成真正革命的工农军队，进而指出："党必须坚决地发动农民群众的日常斗争，促进乡村中阶级分化，并以游击战争重新团聚和发动广大农民群众到有组织的斗争，走向建立苏维埃深入土地革命的道路。""要从斗争中加紧农民的组织，从游击战争中扩大农民的武装。"③ 紧急会议充分重视了武装力量的重要性。在八七会议上，毛泽东对军事问题的重要性做了深刻阐述，指出："从前我们骂中山专做军事运动，我们则恰恰相反，不做军事运动专做民众运动。"毛泽东发言中的"军事运动"就是指抓枪杆子，建立共产党领导下的武装力量。毛泽东批评中共中央在这个问题上"现在虽已注意，但仍无坚决概念"，认为"秋收暴动非军事不可，此次会议应重视此问题"④。毛泽东极为透彻地分析了武装反抗国民党的方针，明确地提出了"须知政权是要由枪杆子去取得的"的论断。这是一个对中国革命有着极其重要意义的精辟论断，这些观点是结合中国革命实际，对马克思主义暴力革命思想的深刻阐发，无怪乎会议的参加者认为关于武装斗争问题"讲得比较透彻的是毛泽东"，

---

① 《讨蒋委员会为长沙事件宣告》，《汉口民国日报》，转引自梁尚贤《湖南农民运动中"左"的错误及其影响》，《近代史研究》2006年第4期。

② 本书编写组：《建党以来重要文献选编（1921—1949）》（第4册），中央文献出版社2011年版，第318页。

③ 《建党以来重要文献选编（1921—1949）》第六册，中央文献出版社2011年版，第195页。

④ 毛泽东：《毛泽东选集》（第1卷），人民出版社1991年版，第47页。

而"罗明那兹在报告中没有明确提出，瞿秋白只是谈到要组织农民暴动来实行土地革命"①。

武装斗争之所以重要，不仅在于它是夺取政权的根本途径，更在于它是拥卫土地革命成果的必要条件。对于这一点，大革命后期农民运动失败的教训不可谓不深刻，这样的教训甚至可以追溯到建党之前。1921 年 4 月上海早期共产党组织成员沈定一就发起了浙江衢前农民减租运动，成立了 80 多个农民协会，后来遭到反动军队逼租，农民协会的领导人李成虎被害，农民运动遭到失败。湖南水口、安源在二七罢工期间，农民就开始建立团体，提出减租要求，后来湖南军阀赵恒惕派兵镇压，逮捕枪杀农会会员而告失败。对此，毛泽东表现出过人胆略和远见卓识，早在汪精卫发动"七一五"反革命政变之前，毛泽东就在中共中央政治局的扩大会议上提出过"上山"的设想，他认为农民武装可以"上山"或加入同党有联系的军队中去，以保存革命的力量，认为"上山"可以造成军事势力的基础，② 在八七会议上，毛泽东还做了进一步的阐释。1927 年 8 月 18 日，毛泽东在长沙出席湖南省委第一次会议时更加明确地指出，秋收暴动就是解决农民的土地问题，要发动暴动，必须有军事的帮助，否则终归于失败。要暴动夺取政权而没有兵力的拥卫，被毛泽东谓之为"自欺的话"③。

毫无疑问，八七会议确立的"武装斗争"总方针是共产党付出了惨痛牺牲之后得出的正确结论，它赋予了"土地革命"战略以新的内涵，即与武装反抗国民党相联系的"土地革命"新战略。之所以说它"新"，是因为这个战略与武装斗争相结合，为实践路径提供了广阔的探索空间，而相对于之后，以毛泽东为代表的中国共产党人对"土地革命"路径的探索来说，八七会议当之无愧地处于"发端"

地位。

　　另一方面，从某种意义上说，八七会议所通过的"土地革命"也是共产国际"土地革命"战略的延伸。这是因为，八七会议是在共产国际驻华代表罗明那兹的召集下召开的，不能不在相当程度上受共产国际的影响。会议虽然提出了土地革命和武装暴动的方针，但对于怎么开展土地革命和发动武装暴动，没有提出具体的办法，也没有为共产党指明方向。蒋介石和汪精卫相继背叛革命后，中国共产党应当如何处理与国民党的关系？斯大林依据俄国革命经验，提出了一个中国革命"三阶段"理论。斯大林认为，中国革命的第一阶段是广州时期，是全民族联合战线的革命。蒋介石叛变革命后，民族资产阶级转到反革命阵营，中国革命进入第二阶段，即武汉时期。汪精卫叛变革命后，小资产阶级也离开革命阵营，中国革命进入第三阶段，即苏维埃革命阶段，无产阶级的同盟军是农民和城市贫民。在这样的理论指导下，共产国际的新任驻华代表罗明那兹不仅接受了这些观点，而且走向了极端，强调中国资产阶级已经反动了"打击资产阶级愈厉害，阶级斗争愈激烈，就愈能打倒帝国主义"，主张把反对资产阶级作为中国革命的首要任务。罗明那兹为八七会议起草的《中国共产党中央委员会告全党党员书》认为："民族资产阶级离开国民革命的战线而走入反革命的营垒"，这就混淆了民族资产阶级和买办资产阶级的界限，这样的认识显然是教条主义的。显而易见，联共（布）、共产国际忽略了国民党政党性质的变化，此时的国民党显然已经不再是四个阶级的"革命的民权同盟"，而是代表地主、买办资产阶级利益的政党。八七会议的参加者陆定一如此反思："蒋介石、汪精卫已不是民族资产阶级和小资产阶级的代表"，陆定一一针见血地指出，斯大林和共产国际对中国革命基本问题的认识，是教条主义地照抄列宁对1905年俄国革命形势的论断，即列宁认为俄国当时的资产阶级民主革命中资产阶级转到了反革命方面。[①] 斯大林、共产国际的这种照

---

　　① 陈清泉：《八七会议的是非功过——陆定一谈中共党史》，《中共党史研究》2000年第3期。

搬俄国革命经验的指导思想混淆了中国共产党对中国资产阶级革命性的认识和判断，在反对陈独秀右倾主义路线时，事实上又为"左倾"开启了苗头。

二　打出共产党的旗帜，确立"土地革命"领导力量

八七会议后，各地武装起义相继展开。中共中央发出对于武汉政府的通告，声明中国共产党将不再拥护武汉国民政府，立即召回在武汉国民政府中的中国共产党党员。然而这个通告是不彻底的，根据共产国际和斯大林的观点，以及共产国际的"仍要留在国民党内"，"不退出国民党"①的指示，中共中央同时又强调"惟仍须留在国民党内工作"②，要求共产党人"要团结下层左派分子在国民党内组织在野反对派，反对中央的反动政策"③。显而易见，新的临时中央仍将国民党作为国民革命的旗帜，幼稚地以为仅仅只有国民党上层"少数领袖"背叛革命。共产国际代表罗明那兹在八七会议报告中也说，现在不应退出国民党，要在国民革命成功，社会革命时才能提出与国民党决裂，罗明那兹指出："我们的政策不要依靠到几个国民党的领袖上，而要依靠国民党的群众上面。"④ 随后，8 月 21 日，中央常委会通过了《中国共产党的政治任务与策略的决议案》，再次确认"国民党是一种民族解放运动之特别的旗帜"，为吸收小资产阶级的革命分子，应该"在革命的国民党旗帜之下组织暴动"，指示"中国共产党现在不应当让出这个旗帜"。决议案还规定在暴动胜利的地方，工农群众要用团体加入的方法加入国民党，使国民党成为"群众团体联

---

①　中国社会科学院近代史研究所翻译室译：《共产国际有关中国革命的文献资料》（1），中国社会科学出版社 1981 年版，第 337—339 页。

②　本书编写组：《建党以来重要文献选编（1921—1949）》（第 4 册），中央文献出版社 2011 年版，第 364 页。

③　本书编写组：《建党以来重要文献选编（1921—1949）》（第 4 册），中央文献出版社 2011 年版，第 364 页。

④　中央档案馆编：《八七会议》，中共党史资料出版社 1986 年版，第 54 页。

合的党"①。由此可见，从共产国际到中共中央依旧执迷于"国民党"作为革命党的号召力，仍未走出这片误区。

毛泽东在八七会议上批评了中国共产党加入国民党后不去做主人只是做客人的消极做法，批评了中国共产党没有积极地取得对国民党的领导权的错误，但他也没有提出退出国民党的问题。②按照中共中央部署，毛泽东回到湖南发动秋收起义。在筹备起义的过程中，毛泽东切身感受国民党势力镇压革命、屠杀工农的血腥行为，他对国民党的看法发生重大变化，开始反思"国民党"是否还是革命的旗帜。毛泽东致函中共中央，明确地提出"我们不应再打国民党的旗子"，他说："可以断定国民党的旗子真不能打了，再打则必会再失败。""我们应高高打出共产党的旗子，以与蒋、唐、冯、阎等军阀所打的国民党旗子相对。国民党旗子已成军阀的旗子，只有共产党旗子才是人民的旗子。"③国民党"已成军阀的旗子"，为此，毛泽东主张彻底抛弃国民党的旗帜，力主树起共产党的红旗。

湖南省委的认识与毛泽东的主张一致，认识到"国民党这个工具完全为军阀夺去，变成军阀争权利抢地盘的工具"④，湖南省委经过讨论一致认为，秋收起义要与国民党彻底决裂，以共产党名义领导起义，"不以国民党的名义举行"，"也不借重邓演达、陈友仁等国民党左派"⑤，9月9日，湘赣边界爆发秋收起义，正式打出共产党的旗帜，"军叫工农革命，旗号镰刀斧头"⑥。

对于这一问题，临时中央起初还固执于斯大林的"民权革命还处

①　本书编写组：《建党以来重要文献选编（1921—1949）》（第4册），中央文献出版社2011年版，第476页。
②　郑超麟：《郑超麟回忆录》，东方出版社2004年版，第264页。
③　中央文献研究室编：《毛泽东年谱（1893—1949）（修订本）》上卷，中央文献出版社2013年版，第209页。
④　中共湖南省委党史资料征集研究委员会《湘赣边界秋收起义》写作组：《湘赣边界秋收起义》，湖南人民出版社1987年版，第99页。
⑤　中共湖南省委党史资料征集研究委员会《湘赣边界秋收起义》写作组：《湘赣边界秋收起义》，湖南人民出版社1987年版，第142页。
⑥　中共中央文献研究室：《毛泽东诗词集》，中央文献出版社1996年版，第168页。

于第二阶段"的理论，① 在 8 月 23 日中央致信湖南省委的信中就重申中国现在仍然没有完成民权革命，仍然还在民权革命第二阶段的理论。中共中央仍然主张"以国民党名义来赞助农工的民主政权"②。此时，被斯大林、共产国际以及中共中央所寄予厚望的"国民党"，主要是以宋庆龄、邓演达、陈友仁等为代表的国民党人士。那么，这些备受瞩目的"左派国民党"真的能像共产国际和中共中央所想象的那样支持"土地革命"吗？

汪精卫公开"分共"后，邓演达曾强烈地谴责汪精卫"残杀农工"的政策，决心"尊奉先总理遗嘱，根据三民主义努力作真正之革命"③。宋庆龄也发表宣言，坚决抗议武汉国民党中央违背孙中山的革命原则和革命政策，声明"三大政策是实行三民主义的唯一方法"④。他们发表了《对中国及世界革命民众的宣言》，宣告成立中国国民党临时行动委员会。但是在"土地革命"问题上，即使是思想最为激进的邓演达也是不认同共产国际的战略的。邓演达曾经大力支持农民运动，提出要实现耕者有其田，但是关于解决土地问题的步骤和方法，他坚持的是孙中山的主张，认为要分政治没收和经济没收两个步骤，他主张土地的重新分配和管理要由革命的政权机关实行，而所谓的革命政权机关就是国民会议。⑤ 显而易见，邓演达对于解决土地问题的主张依然局限在国民党的合法分配范围之内，远非共产国际和共产党主导的激进的暴力的没收分配地主土地的活动。

1927 年 9 月中下旬，中央临时政治局再不能无视"资产阶级军阀之到处利用国民党的旗帜实行流血屠杀，恐怖与压迫"的白色恐怖环境，意识到"国民党在群众中的革命威信早已消灭"。中央临时政治局召开会议，决议放弃"左派国民党"的旗帜，指出"国民党是

①　《列宁斯大林论中国》，张仲实等译，人民出版社 1963 年版，第 116 页。
②　中央文献研究室编：《毛泽东年谱（1893—1949）》上卷，中央文献出版社 2013 年版，第 210 页。
③　中共中央党史研究室：《中国共产党历史》（第 1 卷），中共党史出版社 2010 年版，第 199 页。
④　宋庆龄：《宋庆龄选集》，人民出版社 1966 年版，第 18—21 页。
⑤　赵淑梅、牧之：《邓演达土地革命思想述评》，《长白学刊》1996 年第 4 期。

已经死灭了，已经整个儿被豪绅资产阶级霸占去了"，一切革命分子，"应当团结在苏维埃旗帜之下"①。中共中央承认："彻底的民权革命——扫除封建制度的土地革命，已经不用国民党做自己的旗帜。"②9 月 27 日，斯大林也终于看清"国民党人因为勾结反革命而声名狼藉、威信扫地"，苏维埃成为中国工人和农民团结在自己周围的基本力量，斯大林明确地说："谁来领导苏维埃呢？当然是共产党人。"③

　　此后，中国共产党一直作为"土地革命"的领导力量，成为决定成败的关键因素。中国共产党以坚韧和一往无前的革命精神，历经百折千回、历尽艰辛的努力，将"面朝黄土背朝天"达千年之久的中国农民塑立成反帝反封建革命的坚实力量。可以说，中国"土地革命"的成功，也是中国共产党领导的成功。

三　建立革命根据地，巩固"土地革命"大本营

　　"革命根据地"的思想萌发于大革命时期。毛泽东在 1925 年 12 月发表《中国国民党对全国及海外全体解释革命策略之通告》一文中有过"广州根据地"的提法，④ 在文中指的是经国共两党工农群众共同奋战，使得国民党中央和国民政府在广州得以统一，其内涵当然并不等于后来的革命根据地。根据这种一般意义，毛泽东进一步把农民运动发展的农村视为"革命根据地"。1927 年 6 月 13 日颁布的《全国农协临字第四号训令》指出，"四一二"政变后，土豪劣绅、反革命派向农民反攻倒算，以致动用军队，批评这种行为是"以图根本扑灭农运，因以动摇革命根据地"。此时，中国共产党已在理论上认识到中国革命的农民革命实质，这里的"革命根据地"显然已经具有农民革命的出发点、落脚点和依托地的意味，这也是毛泽东后来

---

　　① 瞿秋白：《瞿秋白文集》（政治理论编）第 5 卷，人民出版社 2013 年版，第 404 页。
　　② 本书编写组：《建党以来重要文献选编（1921—1949）》（第 4 册），中央文献出版社 2011 年版，第 830 页。
　　③ 斯大林：《斯大林全集》（第 10 卷），人民出版社 1954 年版，第 135 页。
　　④ 毛泽东：《中国国民党对全国及海外全体解释革命策略之通告》，《政治周报》1925 年第 1 期。

提出建立农村革命根据地思想的逻辑起点。

　　1927 年"四一二"政变之后，中共湖北省委制定了《关于对国民党及工运、农运之策略要点》提出了武装农民"上山"和争取地方武装的策略。6 月 6 日，张太雷在《向导》发表《武汉革命基础之紧迫问题》，认为面对反革命分子的进攻，"不应是撤退或解散我们的队伍，而应是整顿与强固我们的队伍"，有组织地进行抵抗。中共湖北省委还举行了紧急会议，提出以武汉为中心，发动工农武装起义，推翻国民党右派反动政权的建议。同月，中共湖南省委在《湖南目前工作计划》中也提出"上山"的主张。如前文所述，毛泽东在大革命失败前夕亦提出过"上山"思想，他在 7 月 4 日的中共中央政治局扩大会议中提出农民武装可以"上山"或加入同党有联系的军队中去，以保存革命的力量。毛泽东考虑的"上山"是如何将党手里的一点点武力保存下来，是在当时紧急情境下的一种变通之计，还指出"上山"可以造成军事势力的基础。[①] 这些认识是建立革命根据地思想的前奏。

　　"七一五"反革命政变后，中共中央曾提出过重建广东革命根据地的设想。1927 年 7 月中旬，中共中央临时政治局常务委员会派遣李立三、邓中夏、谭平山、恽代英等赴江西九江，准备组织中国共产党掌握和影响的国民革命军中的一部分力量，联合第二方面军总指挥张发奎重回广东，建立新的广东革命根据地。7 月 20 日后，中国共产党发现计划不可行才抛弃依赖张发奎的想法，提议独立发动反对南京和武汉的国民党政府的南昌起义。恰值准备起义之时，共产国际根据联共（布）中央政治局决定向中共中央发来的电报指出："如果有成功的把握，我们认为你们的计划是可行的。"[②] 8 月 1 日凌晨，在以周恩来为首的前委领导下举行了南昌起义。占领南昌后，起义军并没有就近到江西、湖南、湖北广大农村同农民运动相结合，而是南下广

---

　　① 中共中央党史研究室：《中国共产党历史》（第 1 卷），中共党史出版社 2010 年版，第 198 页。

　　② 中共中央党史研究室第一研究部编译：《共产国际、联共（布）与中国革命档案资料丛书》（第 7 卷），中共中央文献出版社 2002 年版，第 17 页。

东，劳师远征，最终陷入失败。对此，周恩来后来在延安做过这样的反思：南昌起义的"主要错误是没有采取就地革命的方针，起义后不应把军队拉走。当时如果就地进行土地革命，是可以更大地发展自己力量的"①。

无独有偶，八七会议之后，中国共产党发动了湘赣边界秋收暴动、广州起义，湖北、广东、江西以及陕西、河南、直隶等省的党组织也发动了多次武装起义。这些按照共产国际和中共中央的指示发动的大小上百起的武装暴动，结果却是屡战屡败，损失惨重。八七会议确定的实行武装斗争的方针，其具体实行是发动各地武装起义，其指导思想是以开展城市斗争和夺取城市为中心，显而易见，这是受苏俄"十月革命"经验的影响。各地武装起义的模式是：通过暴动占领城市，推翻当地政府，建立工农革命政权，争取革命在一省或数省范围内首先胜利。但是在敌我力量对比悬殊的情况下，所有占领城市的计划都未能实现，即使一时攻占，也不得不很快退出。正如周恩来在中共六大军事委员会第一次会议上作报告时说所说，在举行广州起义时，共产党"没有搞懂什么是起义"，共产党还"不懂农民暴动的作用和意义"②。除了秋收起义外，其他的起义即使在开始攻占了城市，后来又因为敌众我寡而不得不弃城而走。在这种情况下，革命力量到哪里去落脚，怎样才能保存自己、继续坚持斗争，成为中国共产党人必须思考和回答的问题。

通过"城市暴动"来实现"土地革命"的路径也完全行不通。这些"不成功"的探索，清楚地向共产党人表明：此路不通！这说明当时中国共产党虽然已经懂得了武装斗争的重要性，发动了武装暴动，但是还不懂得在当时的国情条件下，如何正确地开展武装斗争。正是基于这些斗争实际的经验，建立巩固的革命根据地的重要性显现了出来。

---

① 周恩来：《周恩来选集》（上卷），人民出版社1980年版，第173页。
② 中共中央党史研究室第一研究部编译：《共产国际、联共（布）与中国革命档案资料丛书》（第7卷），中共中央文献出版社2002年版，第503页。

1927 年 8 月 3 日颁发的《中央关于湘鄂粤赣四省农民秋收暴动大纲》指出：暴动"要以农会为中心"，"夺取一切政权于农民协会"，并"实行中央土地革命政纲"。[①]八七会议确定要举行湘、鄂、粤、赣四省秋收起义的计划，毛泽东则回到湖南，传达八七会议精神组织秋收暴动。9 月中旬，起义军占领了一些集镇，但是由于种种原因，部队同样遭受了很大损失。城市武装起义的战略目的之一是实行土地革命，但武装起义纷纷失败的情况下土地革命何以为继呢？秋收起义部队在进攻长沙周围城镇打了败仗后，毛泽东分析了当时形势，敌大我小、敌强我弱、革命已经开始退潮，攻占长沙这样的中心城市已经不可能，在长沙周围的平江、浏阳一带也不宜停留。毛泽东在执行中央攻打长沙的暴动计划失利以后，面对现实，审时度势，果断地抛弃"城市中心"的观点，改变了部队的行动方向，率领秋收起义军向南转移到敌人统治力量薄弱的农村山区，寻找落脚点，并进一步确立将湘赣边界的罗霄山脉中段即井冈山地区作为部队的立足点。毛泽东引兵井冈山，这个撤退不是出于对困难的消极回避，而是积极应对客观形势的变化的，革命的队伍在敌人统治薄弱的农村积蓄、锻炼自己的力量，把落后的农村改造成巩固的根据地，井冈山根据地成为一块长远的聚集革命力量的可靠基地。

创造性地将"土地革命"依托于农村革命根据地，为土地革命长久、持续地进行下去找到了支撑面。1928 年 10 月和 11 月，毛泽东写了《中国的红色政权为什么能够存在?》和《井冈山的斗争》。文章对一年多的斗争实践加以总结，从理论上论证了在四围白色政权的包围中小块红色政权能够产生并能够长期存在的原因和条件，并进一步提出了"工农武装割据"的概念。扎根农村进行土地革命，离开中心城市，上山头下农村寻找落脚点，休养生息、发展和扩大军队，这些做法不是在书斋中研究出来再付诸实践的，而是在实践中加以总结和完善的。

[①] 中共中央党史研究室：《中国共产党历史》（第 1 卷），中共党史出版社 2010 年版，第 220 页。

对于当时各地的农民起义军，毛泽东无异于是树立了一个榜样，产生了很大的影响。1928 年 11 月，毛泽东在写给中央的报告中肯定地指出："边界红旗始终不倒，不但表示了共产党的力量，而且表示了统治阶级的破产，在全国政治上有重大的意义。所以我们始终认为罗霄山脉中段政权的创造和扩大，是十分必要和十分正确的"，"政治上有重大的意义"。更重要的是，在似乎是无路可走的情况下，这种"土地革命"的路径实际上是开拓了一种新局面，它包含着将党的工作重点转移的因素，也就是准备将革命工作的重点，从敌人统治力量较强的城市转移到敌人统治力量较弱、革命较有基础的山区去，在那里积聚革命力量，建立革命政权，开展土地革命。这样的战略转变，在实践中解决了八七会议所提出的"土地革命"新战略中所没有解决的重大问题，从而将"土地革命"与"武装斗争"和"根据地建设"紧密相连、合而为一，再度发展丰富了"土地革命"战略内涵。

四　将全党工作中心转向农村，还原"土地革命"应有之义

作为无产阶级政党，不管是共产国际，还是中国共产党，对于"城市中心论"的思想是根深蒂固的。在资本主义国家，无产阶级及其政党在城市宣传和发动工人总同盟罢工，取得政权，然后把革命由城市推进到农村。"城市中心论"就是对这种革命道路的简要概括，十月革命的经验就是城市包围农村的道路。

共产国际对中国农民运动的设想主要就是由中心城市来领导农民运动，强调要"通过成立城市行动委员会和由城市来领导农民运动"①。在共产国际执行委员会第七次扩大全会期间，莫斯科得到消息说，国民党和中国共产党内出现了抑制工人运动、实行城市退却，以求得与农村进攻相平衡的倾向，联共（布）中央政治局对这一倾

---

① 中共中央党史研究室第一研究部编：《联共（布）、共产国际与中国国民革命运动（1926—1927）》（上）第 3 卷，北京图书馆出版社 1998 年版，第 357 页。

向断然否定。① 共产国际和联共（布）极其重视以十月革命为模式的武装暴动，比如广州暴动。当广州暴动成功的消息传到苏联后，罗明那兹慷慨激昂地表示广州事件是"中国革命新高潮的起点"，共产国际的政策必须是立即组织武装起义去打倒反动的国民党政权，建立革命的苏维埃政权。联共（布）中央机关报《真理报》高调宣传："在广州，在这个革命的光荣城市，工人和农民已经取得了政权"，"广州工人史无前例的英雄业绩是极其伟大而真正具有世界意义的行动"②。遗憾的是这些宣传见诸文字的时候，广州暴动就已经失败了。

在没有把握中国革命规律之前，中国共产党对中国革命路径的设想在相当程度上也是照搬以城市为中心的十月革命的模式，也无可避免地存在把马克思主义教条化、把共产国际决议和苏联经验神圣化的现象。毛泽东在八七会议上虽然认识到武装夺取政权的极端重要性，但是也没有将武装斗争的方向指向广大的农村。1927 年 11 月中共中央政治局扩大会议认为："城市工人的暴动是革命的胜利在巨大暴动内得以巩固而发展的先决条件"③，这就是大革命失败后各地的武装暴动都是在大城市进行或者都以攻打大城市为目标的原因所在。

坚持"城市中心论"的同时，共产党人也不得不面对城市暴动所遭到的严重挫折，不得不在一定程度上修正此前一味追求城市暴动的做法。毛泽东将秋收起义部队引向井冈山也是对城市暴动的某种否定。问题是：起义部队"上山"之后怎么办？是稍作休息，补充给养和兵源，回过头来还是攻打城市？显然，毛泽东选择了另外的路径，即开展武装斗争、土地革命和根据地建设"三位一体"的工作，形成武装割据局面，先占领大片的农村，长期积聚，等待时机，再走"农村包围城市"的路径。大革命时期的农民运动，哪怕仅仅是减租减息，也会触动地主豪绅的利益，也会遇到强大的阻力，演变成血腥

---

① 中共中央党史研究室第一研究部编：《联共（布）、共产国际与中国国民革命运动（1926—1927）》（下）第 4 卷，北京图书馆出版社 1998 年版，第 55 页。

② 中国社会科学院近代史研究所翻译室：《共产国际有关中国革命的文献资料（1919—1928）》，中国社会科学出版社 1981 年版，第 452 页。

③ 瞿秋白：《瞿秋白文集》（政治理论编）第 5 卷，人民出版社 2013 年版，第 95 页。

的暴力冲突。井冈山根据地的创立和发展，促进了全国各地工农武装割据局面的形成。随着各级苏维埃政权的建立，红军更是广泛地派出党、团干部或红军战士深入偏僻的乡村，通过访贫问苦、物色积极分子、扎根串联、团结核心、进行诉苦等办法来对群众进行动员。经过广泛的宣传与动员，建立起众多隶属于苏维埃政权的、扎根于地方的群众组织，如在闽浙赣根据地的群众组织就有工会、农会、贫农团、青年团、妇女会、少先队互济会以及儿童团，以及分别在1930年和1931年建立的反帝大同盟和互济会等，同时根据地90%以上的人又都参加了赤卫队／赤卫军（一般在5岁至25岁）、少先队（18岁至24岁）和儿童团（1岁至17岁）等地方军事组织。同时，在群众组织中发展各级党、团支部，以加强对群众组织的领导。这样就完全改变了农村的无政府状态，使得土地革命有计划、有组织地开展下去。

以毛泽东为代表的共产党人摸索着建立了农村革命根据地，发展乡村斗争，共产国际领导人对这种经验表现得格格不入。1928年2月25日，共产国际执行委员会召开第九次扩大会议，会议批评中国共产党领导的个别省份自发的农民游击队行动，因为"只有这些行动同各无产阶级中心的革命新高潮结合起来，才能成为全民起义的胜利起点"[1]。共产党和红军长期在农村发展，不可避免地出现党员成分主要是农民的现象，这个问题引起了共产国际的严重担忧，认为"是十分不正常的"[2]。

1928年6月至7月在莫斯科召开了中共第六次代表大会。会议前夕，斯大林会见了中共领导人，提出要将注意力放到应该而且可能夺取城市的问题上。这个中共历史上唯一一次在国外召开的代表大会，许多坚持农村斗争、富有实践斗争经验的同志如毛泽东、方志敏等却未能出席，因而，他们关于农村游击战争的经验不但无法总结，而且

---

[1]　中国社会科学院近代史研究所翻译室：《共产国际有关中国革命的文献资料（1919—1928）》，中国社会科学出版社1981年版，第352页。

[2]　中国社会科学院近代史研究所翻译室：《共产国际有关中国革命的文献资料（1919—1928）》，中国社会科学出版社1981年版，第431页。

也不可能认真进行讨论。周恩来后来还指出，从"六大"决议中，"看不出象毛泽东同志那样的在农村中创造苏区长期割据的思想，而是抄袭苏联的经验，看重城市苏维埃，所以仍是教条主义的"①。共产国际在大会上虽然肯定了红军和根据地，但并没有实现工作重心的转变。共产国际领导人的谈话和报告，以及六大代表的发言，都还是主张城市中心的。② 布哈林甚至提出一个听上去很滑稽的理由警告中国共产党：如果在一个地方长期待下去，会把那里的母鸡吃完。

"城市起义"和"农村割据"这样两条革命的道路在实践中自然地进行着比较，共产国际也明显意识到朱德、毛泽东开拓的井冈山道路是一条成功的经验。苏联《真理报》、共产国际的《国际新闻通讯》等刊物在 1929 年连续报道了朱毛军队和贺龙军队创建苏维埃的斗争。1930 年 7 月 23 日，共产国际指出："我们暂时还不具备全国范围的客观革命形势"，同年 10 月，共产国际执委会通过了《共产国际执委会给中共中央关于立三路线的信》，明确认为中国共产党的中心任务是"发展农民运动，发展游击战争；用农民的骚动像一个箍一样，去围绕城市以及大城市和最大城市"，只有这样，"才可以准备工业中心的大城市的暴动"③。由此可见，在借鉴了毛泽东的成功经验后，共产国际被动地接受"农村中心"的事实。

中共中央也有明显转变。1928 年 6 月 4 日，中共中央致信朱德、毛泽东时强调指出："以你们的军事实力发动广大的工农群众，实行土地革命，造成割据的局面向四周发展而推进湘鄂赣粤四省暴动局面的发展。"④ 1928 年 6 月 24 日，夏曦和项英在中共"六大"的政治报告讨论会上对中共中央这样的做法提出了质疑，认为中央"只看见农

①　周恩来：《周恩来选集》（上卷），人民出版社 1980 年版，第 182 页。
②　刘晶芳：《再探共产国际与中共六大对工作重心的认识》，《探索与争鸣》2008 年第 11 期。
③　本书编写组：《建党以来重要文献选编（1921—1949）》（第 7 册），中央文献出版社 2011 年版，第 743 页。
④　本书编写组：《建党以来重要文献选编（1921—1949）》（第 5 册），中央文献出版社 2011 年版，第 232 页。

民",是所谓的"农民意识"①。对此,周恩来、瞿秋白批评了这样的观点。瞿秋白在起草的"六大"《政治决议案》中明确指出:党要"发展苏维埃根据地",并且要成为更大的发展的基础。② 1928 年 10 月和 11 月,毛泽东在《中国的红色政权为什么能够存在?》和《井冈山的斗争》两篇文章中对井冈山经验加以总结,为农村包围城市道路理论的形成奠定了基础。对于共产国际只看到"大部分党员不是工人阶级成分,而是农民"的局限而对共产党的政党性质忧心忡忡,③ 1929 年 12 月,古田会议通过的《中国共产党红军第四军第九次代表大会决议案》确立无产阶级思想领导的原则,从而创造性地解决以农民为主要成员的无产阶级政党性质的问题。

在此基础上,中国共产党开始逐步确立"农村中心"的思想。1929 年 9 月,周恩来代表中共中央给红四军前委的指示信明确提出了"先有农村红军,后有城市政权"的论断,认为这是中国革命的特征,这是中国经济基础的产物。④ 同年 11 月,中共中央政治局收到共产国际指示信并召开扩大会议,表示接受共产国际指示精神,批判"立三路线"的错误,尤其是"城市中心论"的错误,开始实施策略转变。1930 年 1 月 5 日,毛泽东在古田写了著名的给林彪的信,即《星星之火,可以燎原》。针对当时对"红旗到底打得多久"的怀疑,毛泽东科学地分析了中国社会的各种深刻矛盾,肯定地指出现时的红色政权虽然还很小,但是中国革命肯定会很快发展起来。在这篇文献中,毛泽东指出了创造红色区域,实行武装割据,是促进全国革命高潮最重要的因素,这种思想实际就是提出了"以乡村为中心"的思想。1931 年 1 月,六届四中全会通过的决议案,推动实现了将全党的工作中心转移到苏区。许多党员干部离开大城市,来到了山区,党

---

① 张国焘:《革命形势与目前工作重心》,《党的文献》1988 年第 1 期。
② 瞿秋白:《中国共产党第六次代表大会底决议案》(1928 年 7 月 9 日),《中共党史参考资料》(第 5 册)(内部出版),第 307 页。
③ 中国社会科学院近代史研究所翻译室:《共产国际有关中国革命的文献资料(1919—1928)》,中国社会科学出版社 1981 年版,第 431 页。
④ 周恩来:《周恩来选集》(上卷),人民出版社 1980 年版,第 32 页。

中央决定成立"苏维埃政权"为全国的临时政府，这样就使对农村根据地的重视具体化了。

将全党的工作重心由城市转入农村，展现了中国革命发展的独特途径，这个实践思路完全不同于按照共产国际的思路展开的北伐时期农民运动，其模式是以城市工作为中心，向农村派驻工作组、宣传队的形式发动农民，其目的在于配合军事行动，也完全不同于北伐战争的"长驱直入"的形式。毛泽东实践的这个"土地革命"途径是扎根农村、将农村作为土地革命的大本营，并将全党的工作重心从城市转向农村，再由农村根据地走向全国胜利，这条途径实际就是农村包围城市的中国革命的新道路。

第二节　中共对土地革命具体政策的逐步完善
（1927.8—1931.3）

大革命的失败，使中国共产党认识到土地革命的极端重要性，在八七会议中确定了土地革命和武装斗争的总方针。随后，中国共产党在湘、鄂、赣、闽、粤、皖、陕等省先后组织了武装起义，开辟了革命根据地，发动和领导农民开展没收和分配地主土地革命运动。各个根据地在探索中先后制定了土地政纲和各项具体政策，其中既有可圈可点的成功经验，也有令人扼腕的痛苦教训。至1931年春，中国共产党在土地革命具体政策的一些重要问题上，基本统一了全党的认识、形成了一条比较系统正确的土地革命阶级路线和政策。

一　应当没收哪些土地

"土地革命"战略付诸实施，首先面对的问题就是"应当没收哪些土地"。这也是八七会议确立土地革命总方针之后，中国共产党党内反复讨论、政策又反复变化的一个重大的策略问题。

大革命时期共产国际和中国共产党所讨论的"地主阶级"或"大地主"，是比较笼统的概念，多指土豪劣绅、军阀官僚一类大地主或所谓"封建地主阶级"，而不包括中小地主。1927年7月20日，中共中央第九号通告也沿袭了这样的思路，提出没收豪绅大地主反革命的土地及一切庙宇祠堂土地。南昌起义的筹备过程中首次讨论到土地没收范围的问题。起义领导机关几经讨论，规定"没收二百亩以上大地主土地"，起义前委开始规定没收二百亩以上地主的土地；部队南下时发现占地二百亩以上的大地主寥寥无几，有人就提出这个政策等于是"耕者无其田"，起义部队到达瑞金后，决定取消亩数限制，改为"没收土地"；到上杭后，再次修改没收范围为"没收五十亩以上大地主土地"①。

八七会议通过的《最近农民斗争的议决案》规定的没收对象是："没收大地主及中地主的土地，分这些土地给佃农及无土地的农民"，对小地主的政策是减租，"租金率由农民协会规定"，制定这样政策的理由在于，在最近开始的暴动中，"本党不提没收小田主土地的口号，是为着要使城乡间广大的小私有财产者之分子中立"②。在大革命失败的形势下，作出这个规定，是有利于集中打击大地主阶级的。毛泽东参加了八七会议并提出了要确定大中地主的标准问题，认为"要根本取消地主制，对小地主应有一定的办法"，因为很多地方没有大地主，如果不没收小地主土地，农协就要停止工作。他还提出了中农、富农的地权问题，要确定方向等问题。③ 可见，毛泽东对"没收大中地主土地"是有保留意见的，他主张没收一切地主土地进行分配，他开始考虑对待中农、富农的策略是不是要有所区别及如何区别。共产国际代表粗暴地打断了毛泽东这些政策性极强的发言，只说"土地革命"就是土地国有。④

根据八七会议确定要举行湘、鄂、粤、赣四省秋收起义的计划，毛泽东回到湖南传达会议精神、组织秋收暴动。在 8 月 18 日召开的

---

①　中国人民解放军政治学院党史研究室：《中共党史参考资料》（第 5 册）（内部出版），第 197—198 页。

②　中国人民解放军政治学院党史研究室：《中共党史参考资料》（第 5 册）（内部出版），第 142—143 页。

③　中央档案馆编：《八七会议》，中共党史资料出版社 1986 年版，第 73 页。

④　中央档案馆编：《八七会议》，中共党史资料出版社 1986 年版，第 74 页。

改组后第一次湖南省委会议上讨论了土地问题。毛泽东再次提出没收一切地主土地的问题，他主张没收一切地主土地分给农民，由党制定一个土地政纲，发动农民去实行，这是因为：中国大地主少小地主多，若只没收大地主的土地，则没有多少被没收者。这样，被没收的土地少，就不能满足农民的需求。在毛泽东看来，要能全部抓着农民，必须没收地主的土地交给农民。① 这次会议对土地问题的政策出现了三种意见，除了毛泽东坚持没收一切地主的土地外，易礼容主张没收大地主及反革命分子的土地。他同意中国小地主占土地的多数的事实，但是却认为此时没收小地主土地，小地主必定与大地主团结而转到反革命方面去。夏明翰则主张没收全部土地，实行土地国有，他认为中国革命发展已经到了一个全部没收土地的阶段。经过讨论，1927 年 8 月 20 日湖南省委草拟了一份报告中共中央的土地纲领决定：没收一切土地，包括小地主自耕农在内，归之公有。随着瞿秋白"左"倾盲动主义形成，在 1927 年 11 月临时中央政治局扩大会议上，通过了中国共产党历史上第一个关于土地问题的党纲草案，草案规定"完全没收一切地主的土地"，但同时又有"一切私有土地完全归组织成苏维埃国家的劳动平民所公有"的表述，② 这项政策其实前后矛盾，等于在实际上作出了没收一切土地的决定。

在此影响下，各地相继实行了一些"左"的政策。1927 年 11 月成立了海丰、陆丰县工农民主政权，11 月 3 日，东江革命委员会在通电中宣布没收土地、没收地主豪绅财产，"归本委员会管理，分配给佃农、无地农民、兵士及被难者家属，与一切贫民"③。不仅没收地主的土地，连"自耕农的土地也加以没收"，对地主和资本家不加

---

① 中共湖南省委党史资料征集研究委员会、湘赣边界秋收起义写作组：《湘赣边界秋收起义》，湖南人民出版社 1987 年版，第 96—97 页。

② 中国人民解放军政治学院党史研究室：《中共党史参考资料》（第 5 册）（内部出版），第 280 页。

③ 中共海丰县委党史办公室、中共陆丰县委党史办公室编：《海陆丰革命史料》（第 2 辑），广东人民出版社 1986 年版，第 11 页。

区别，一律打倒，还规定"不革命者不得田"①。11月6日，海丰县发布的九号布告重申"执行土地革命，一切土地皆归农民"②。1927年12月11日，广州起义时提出的基本纲领就是"宣布一切土地收归国有，完全归农民耕种"，还提出了"杀尽一切地主豪绅，销毁一切田契租约债券，消灭一切田界"的口号。广州苏维埃政府发布的《告民众》中，"要求全广东农民即刻暴动起来，没收一切土地，杀尽地主富农"③。毛泽东在井冈山领导的土地革命也受到影响，采取"全部没收，彻底分配"的政策。④ 直至1928年12月，毛泽东主持制定《井冈山土地法》时，依据中共中央第三十七号通告《关于没收土地和建立苏维埃》的精神，仍然规定"没收一切土地归苏维埃政府所有"⑤。

　　1928年6月18日至7月11日召开的中共六大在土地政策方面是一个转折点，对土地政策和斗争策略做了许多重要的阐述和明确的规定。中共六大改变了此前临时中央政治局扩大会议"没收一切土地"的政策，将没收范围改变为"没收地主阶级的一切土地，耕地归农"⑥。这是一项重要的改变，基本解决了应当没收哪里土地的问题。中共六大远在莫斯科召开，因此其决议传达到各个根据地的时间大概是在1928年年底至1929年年初，前文所述1928年12月毛泽东主持制定《井冈山土地法》时就没有得到六大的决议，因此仍然主张没收一切土地而不是只没收地主土地。这也是毛泽东后来指出的《井冈

---

① 中共中央党史研究室编：《土地革命纪事（1927—1937）》（内部发行），求实出版社1982年版，第8页。
② 中共海丰县委党史办公室、中共陆丰县委党史办公室编：《海陆丰革命史料》（第2辑），广东人民出版社1986年版，第12页。
③ 中共中央党史研究室编：《土地革命纪事（1927—1937）》（内部发行），求实出版社1982年版，第7页。
④ 毛泽东：《毛泽东选集》（第1卷），人民出版社1991年版，第69—71页。
⑤ 中国人民解放军政治学院党史研究室：《中共党史参考资料》（第5册）（内部出版），第280页。
⑥ 中国人民解放军政治学院党史研究室：《中共党史参考资料》（第5册）（内部出版），第327页。

山土地法》的三个"原则性"错误之一。[①] 翌年 4 月，根据"六大"的精神和井冈山革命的经验，毛泽东在制定《兴国土地法》时，改变了《井冈山土地法》"没收一切土地"的政策，规定"没收一切公共土地及地主阶级的土地"[②]。

显而易见，没收一切土地的政策虽然体现出根除封建土地制度的彻底性，但是在土地革命初期又是不策略的。这样不讲政策，四面出击，必然树敌过多，不利于团结一切可以团结的力量，尤其是不能保护中农的利益，影响到对中农的团结。

一方面，只没收大、中地主土地的政策亦有不妥之处，即没有很好地处理毛泽东所意识到"小地主"问题。中世纪的欧洲多数国家因为贵族世袭和限制土地买卖等原因，大量存在的是大地主和大土地占有制，小地主则难以获得生存空间。因此，西方国家民主革命的主要任务是推翻大土地占有制。中国农村的土地制度与俄国十月革命前以及欧洲大多数国家的土地制度之间有着重大的区别，中国自古以来的封建小农经济社会允许土地买卖，有着土地财产诸子均分的传统，同时，因灾荒、战争及经营不善而破产等因素又周期性地分解着大地主，在很大程度上限制了中国大地主土地占有制度的发展。另一方面，中国的科举取士、勤劳积累等传统也可以使自耕农发展成小地主。事实正是如此，近年来很多学者对中国近现代的土地占有做了实证性研究。陶直夫（原名钱俊瑞）在《中国现阶段土地问题》中的统计数据表明：90% 的地主家庭平均占地在百亩左右，人均不过十几亩地。[③] 1937 年国民政府土地委员会有一组调查数据清楚地说明中国的小土地占有制的特点：被调查农户的 98.66% 户均占地 120 亩以下，被调查各省农户的 99.62% 人均占地 16 亩以下，所谓的大地主占地 500—999 亩者为 0.07%，占地千亩以上者仅为 0.02%。他们所占

---

①　毛泽东：《毛泽东农村调查文集》，人民出版社 1983 年版，第 37 页。

②　中国人民解放军政治学院党史研究室：《中共党史参考资料》（第 5 册）（内部出版），第 478 页。

③　陶直夫：《钱俊瑞选集》，山西人民出版社 1986 年版，第 225 页。

土地分别为总面积的 2.30% 和 1.75% 。[1] 赵冈以明清政府各省地籍统计资料说明:"南方地主比华北的地主没落得更快","各地的最大业主占田都在百亩以下"。[2] 在此基础上,杨奎松进一步研究指出:99% 的地主占地是人均 10 亩上下,中国绝大多数的地主,都只是"小地主"[3]。可见,当时中国共产党党内出现的"耕者无其田""农协要停止工作"等争议正是这种中国的传统社会特征困境下的所表现出的无所适从,确立适当的对待"小地主"的政策必须依据中国国情,而不可完全照搬欧洲革命的模式。

二 如何分配土地

与"没收"土地相对应的当然就是"分配"土地的问题。依据什么样的标准来分配土地才能切合中国农村的实际情况,并且为广大农民能够接受、最大限度地动员农民来适应战争环境的需要,制定出这样的土地分配的政策也是在不断摸索、反复比较中逐步形成的。

首先,关于分配土地的人员对象。1927 年 11 月召开的海丰县工农兵代表大会讨论通过了《没收土地案》确定"没收田地归还农民",田地分配后,再分的时期"不必限定""经乡苏维埃认为要分时则分之"。分配的原则"不劳动者不得田地""不革命者不得田地""掘去不妨碍农民工作之田"并限期完成"兵士家里有田地不得回家耕种者,应准其雇工","没有土地者,退伍后应分配土地给他"提案后由苏维埃政府发给土地使用证。决议案进一步提出四种分配的标准:其一,按照人数多少分;其二,按照人的力量(老幼强弱)分;其三,按照家庭经济有无别种收入状况分;其四,按照土地肥瘠分。[4]

在井冈山、赣西南、闽西革命根据地的土地分配中出现过以人

---

① 中国第二历史档案馆:《中华民国史档案资料汇编》(第 5 辑、第 1 编、"财政经济"七),江苏古籍出版社 1994 年版,第 1—4 页。

② 赵冈:《中国传统农村的地权分配》,(台北)联经出版事业公司 2005 年版,第 147—165 页。

③ 杨奎松:《新中国土改背景下的地主问题》,《史林》2008 年第 6 期。

④ 中共海丰县委党史办公室、中共陆丰县委党史办公室编:《海陆丰革命史料》(第 2 辑),广东人民出版社 1986 年版,第 158 页。

口、劳动力和生产工具三种分配标准。井冈山根据地土地分配是"所有乡村中男女老幼，一律平分"①，宁冈和永新大部分地区分配的方法是：以乡苏维埃为单位，统计好各家原有的人口土地数量和全乡的土地人口数量，看每家分配多少，男女老幼一律按人口平分，以原耕为基础，好坏搭配。这样，"定后发一榜，照榜到各田去插一写有名字的竹排子，就归某家正式营业"。不分男女老幼按人口平均分配，实行起来比较简便、"最直截了当"，而且符合贫苦农民的利益，所以是"最得多数群众拥护的办法"②。

当时党内也有不同的意见，有人认为谁种的多谁就多分土地，谁耕种能力少谁就少分土地，也有人主张以劳动力为标准，能劳动的比不能劳动的多分一倍。这些主张是出于担心按人口平分会因一部分人缺乏劳动力（主要是老幼病残）而造成土地荒芜，并且也会给他们本身带来困难。后来的实践证明，以劳动力和生产工具为标准虽然对于发展生产有利，但无劳动力和生产工具的家庭只能分到很少的土地，对于争取广大群众是不利的，而且也不符合中国体恤老弱的传统心理，以至于"90% 以上的群众不接受"③。为此，1930 年下半年，赣西南、闽西制定的《苏维埃土地法》明确规定："为满足多数人的要求，并使农民迅速得到土地起见，应以乡村总合数目，男女老幼平均分配。"④

分配土地中还涉及的一个问题是被剥夺了土地的地主是否分配土地的问题。从政策层面上来说，没收的土地是分配给"无地"或"少地"的佃农。前文述及的 1927 年 8 月 18 日召开的改组后第一次湖南省委会议上，毛泽东主张立足于"全盘解决"农民的土地问题，⑤ 由农协按照"工作能力"与"消费量"两个标准，公平分配土

　　① 中共中央党史研究室编：《土地革命纪事（1927—1937）》（内部发行），求实出版社 1982 年版，第 10 页。
　　② 毛泽东：《毛泽东农村调查文集》，人民出版社 1983 年版，第 173 页。
　　③ 定龙：《闽西的土地革命》，《红旗》1930 年第 2 期。
　　④ 赵效明主编：《中国土地改革史》，人民出版社 1990 年版，第 150 页。
　　⑤ 中央档案馆编：《秋收起义》，中共中央党校出版社 1982 年版，第 17 页。

地给农民。① 毛泽东还首次提出把给予地主家属适当安置作为土地政策的一项重要内容。他主张对被没收土地的地主必须有一个妥善的方法安插，他主张对不能工作或工作能力不足及老弱的地主，应由农协在农业税之内征收若干农产物平均分配给此等分子。② 随后召开的十一月扩大会议主张"极端严厉绝无顾惜的杀尽豪绅反革命派"，认为"中国的小资产阶级——店东小厂主等等所谓的小商人"，"已经不是革命的力量，而是革命的障碍"③。这显然是否定了毛泽东主张的被没收土地的地主应给予生活出路的提议，也意味着地主、小商人绝无获得土地的资格。在井冈山平分土地的实际斗争中，地主富农也分到了一份同等的土地，是给了地主富农以生活出路。1929 年 7 月，在毛泽东指导下召开的中共闽西第一次代表大会，总结闽西土地斗争的经验正式规定：土豪地主反对派的家属不外逃，并不反动，可以酌量分与田地，给以生活出路。④ 在 1930 年 5 月的寻乌调查中，毛泽东谈到关于农民是否分田时指出"工、商、学无可靠收入的准许分田，县城及大城镇有可靠收入的不分，不足的酌量补助一部分。红军士兵和革命职业者，不但分田，而且苏维埃动员农民替他们耕种。地主在乡居住的准许分田"，关于地主的房屋，"也完全按照地主的田地一样加以分配。这亦是动摇封建基础争取贫民的一个策略"⑤。1930 年 8月，中国革命军事委员会颁布的土地法进一步提出：豪绅地主及反动派的家属准其在乡居住，还规定在乡地主也"酌量分与田地"。

　　给地主以生活出路的政策无疑是正确的。地主是封建剥削者，地主所有制对生产力发展是极大的障碍，也是中国贫穷落后的根源，党对地主阶级采取消灭的政策，所谓消灭地主阶级，是指消灭地主阶级

　　① 中央档案馆编：《秋收起义》，中共中央党校出版社 1982 年版，第 116 页。
　　② 中共湖南省委党史资料征集研究委员会、湘赣边界秋收起义写作组：《湘赣边界秋收起义》，湖南人民出版社 1987 年版，第 96—97 页。
　　③ 中共中央党史研究室编：《土地革命纪事（1927—1937）》（内部发行），求实出版社 1982 年版，第 7 页。
　　④ 中共中央党史研究室编：《土地革命纪事（1927—1937）》（内部发行），求实出版社 1982 年版，第 10 页。
　　⑤ 毛泽东：《毛泽东农村调查文集》，人民出版社 1983 年版，第 168—174 页。

赖以存在的封建剥削制度，也就是消灭封建的生产关系，不是肉体上消灭地主分子，对于地主个人还是给予生活出路，使他在劳动中改造成为新人。

其次，关于分配土地的区域标准。1927 年 8 月 20 日毛泽东为湖南省委草拟的报告，土地纲领设想"以区为单位"①，公平分配土地给农民。对于以什么区域作为分配单位，井冈山根据地并不统一，有按村分的，有几个乡合起来分的，主要以乡为单位，特殊情况以几乡或区为单位。1930 年毛泽东在东塘等处的调查中发现了"以村为单位分配土地的严重性"，其弊病有三点：其一，大村不肯拨田与小村，其二，村子数量多而导致区乡政府不易督促，其三，一村之内，容易被地主富农以姓氏主义蒙蔽。② 因而毛泽东指出以村为单位是"利于富农不利于贫农的分配法"，"是应该改变的"③。另外，通过一段时间的摸索证明：按区为单位分田，范围太大，不便于掌握，而且农民田分得太远，不便于耕种。其他根据地在实践中补充了其他的土地分配的标准，比如，鄂豫边区提出过"分配土地之多少以食粮需要为主要条件"，"不可以土地面积为标准，须以出产多少为标准"等分配标准。④ 然而多数根据地"为求敏捷起见"，"田地以乡为单位，按男女老幼依原耕形式，将他们在本乡及邻乡田地总合起来，抽多补少平均分配"⑤。

在土地分配中，仅仅有了区域的标准还是不够的，还要解决在分配时是一切打乱平分，还是以原耕为基础进行平分的问题。闽西革命根据地在分田时就采取原耕不动、"抽多补少"的原则。1929 年 7 月，《中共闽西第一次代表大会关于土地问题决议案》规定："分田

---

① 中央档案馆编：《秋收起义》，中共中央党校出版社 1982 年版，第 116 页。

② 毛泽东：《毛泽东农村调查文集》，人民出版社 1983 年版，第 276 页。

③ 毛泽东：《毛泽东农村调查文集》，人民出版社 1983 年版，第 254 页。

④ 郭德宏：《第二次国内革命战争时期党的土地政策的演变》，《中国社会科学》1980 年第 6 期。

⑤ 中国人民解放军政治学院党史研究室：《中共党史参考资料》（第 5 册）（内部出版），第 490 页。

地以抽多补少为原则"①，即在分配土地时，要以原耕为基础，把超过人口平均数的土地抽出来，补给无地和少地的贫雇农及中农。这一原则在闽西根据地和赣西南根据地实际操作过程中发现，从富农那里抽出来分给贫雇农和缺地中农的一般都是比较差的土地，比如，地瘦土质不好，容易受旱或容易被水冲坏。1930 年年初，邓子恢针对上述情况，提出了一个新的解决办法，就是不仅要"抽多补少"，而且还要"抽肥补瘦"，1930 年 3 月 25 日闽西第一次工农兵代表大会通过《土地法案》指出："抽出之田以肥脊均匀为度，好田多者抽好田，坏田多者抽坏田。"1930 年 5 月，毛泽东在寻乌召集中下级干部、手工业工人、贫苦农民和社会有关人士的 10 多天的调查会，做了规模最大的一次调查，即著名的《寻乌调查》，关于"抽肥补瘦"的问题指出"土地肥瘦分配的斗争，是土地斗争的中心，也即是富农与贫农的斗争"②。同年 6 月，毛泽东主持召开四军前委和闽西特委联席会议，通过的决议中正式规定应该于"抽多补少"原则之外，还增加一个"抽肥补瘦"原则。③

至此，共产党人基本形成了"以乡为单位，以原耕为基础，以人口为标准，抽多补少、抽肥补瘦"的平均分配土地的办法。这些在实际分配土地的斗争中依据实际情况摸索出的经验、制定的分配标准争取了广大群众，满足了对广大贫雇农对土地的要求，而且也使一部分中农从中受益。中共湖南省委代表杜修经当时给省委的报告中写道，"民众在打土豪后相信毛司令，在分田后相信党相信苏维埃"④。广大贫苦农民，从分得了土地的事实中认识到共产党是为他们利益奋斗的，他们从各方面全力支持红军和根据地发展。

毋庸讳言，这样的办法还存在一些不尽人意之处，比如，"平分土地"就容易引起绝对平均主义思想。对此，赣西南特委刘士奇

---

① 赵效明主编：《中国土地改革史》，人民出版社 1990 年版，第 151 页。
② 毛泽东：《毛泽东农村调查文集》，人民出版社 1983 年版，第 168—174 页。
③ 赵效明主编：《中国土地改革史》，人民出版社 1990 年版，第 152 页。
④ 《井冈山革命根据地》写作组编写：《井冈山革命根据地》（上），上海人民出版社 1977 年版，第 165 页。

在 1930 年 10 月 7 日给中共中央的综合报告中提到平分土地的两个
理由：首先可以争取广大的农民群众，其次分配速度比较快。目前
争取群众和发动斗争是第一位的，发动生产是第二位的。刘士奇坦
承："老实说，为了整个革命胜利，斗争的需要，减少了少许生产，
亦是免不了的。"① 显然，这里平分土地更多的是基于一种政治上的
意义。后来张闻天曾经指出："一切可以使革命得到胜利的行动都是
必要的与合理的"②，中国共产党当时更多的就是从革命动员这个角
度来考虑这个问题的。这样的办法能够为广大农民所接受，容易在实
践中贯彻实施，更为重要的是这个政策可以在较短时间内完成发动农
民开展革命斗争并夺取政权的"土地革命"战略目标。

三   怎样进行阶级划分

贫农和雇农是农村中的半无产阶级和无产阶级，由于他们的经济
地位低下，成为打倒封建势力的主要力量，成为农村革命的先锋，所
以，土地革命只有依靠雇农和贫农，才能取得胜利。中农是农村中的
小资产阶级，中农一般不剥削别人，在经济上能自给自足，在政治上
无权，所以，中农是拥护革命的一种重要力量，可以成为无产阶级可
靠的同盟者。团结中农就能更好地孤立地主、富农，更好地对付地
主、富农的反抗。所以中农的向背亦关系着土地革命的成败。团结中
农，就不能侵犯中农的利益，就要考虑到中农的需要，在分配土地农
具时，要适当照顾中农的要求。"富农"概念来源于苏俄的词汇，在
苏俄的政策中是将富农看作"农村的资产阶级"，而中国的富农具有
其特殊性，他们一方面带有很重的封建和半封建剥削性质，另一方面
又自己参加劳动，因此，在实际操作中对富农的界定相当困难，如何
对待富农就成为土地革命阶级政策中最为复杂、几经反复的部分，而
且也较多地受到共产国际政策的影响。

---

① 江西省档案馆选：《湘赣革命根据地史料选编》（上），江西人民出版社 1984 年
版，第 1 页。

② 中国社会科学院经济研究所中国现代经济史组：《第一、二次国内革命战争时期土
地斗争史料选编》，人民出版社 1981 年版，第 776 页。

首先，关于阶级划分的演变。正确地划分农村的阶级成分，既是土地革命阶级路线的重要内容，同时也是能否贯彻执行阶级政策的重要前提。

大革命时期，以土地占有多少来划分阶级的标准，例如，1927年6月《中国国民党中央执行委员会农民部土地委员会报告》以占有土地100亩以上为大地主，50亩到100亩为中小地主，30亩至50亩为富农，10亩至30亩为中农，1亩至10亩为贫农。这种划分虽然反映出生产资料占有，却反映不出各种剥削关系。

1927年11月，临时中央政治局扩大会议通过的《土地问题党纲草案》是以耕地亩数之多寡、水田旱田、田地之肥脊、每年收获次数等为标准，进行农村阶级划分，认为"贫农和小农都是每年收入不够维持最小限度的一家生活的"。中共六大从理论上论述了农村各阶级的状况，规定以农民的经济状态及土地多少为标准，分为富农、中农、小农及最小农几个阶层。其中富农一方面剥削农民，同时又出租土地，经营商业和高利贷盘剥；中农生活上有余裕，并兼做雇工；雇农即长工、短工、日工。

井冈山根据地是土地革命最早开始的地区，在划分阶级问题上采取了较为简便易行的办法，如"够吃够穿的是中农，不够吃不够穿的是贫农"。左右江根据地以生活状况为标准，"富农是除自己消费外，还有剩余资本剥削人的"，"中农是自给自足的，贫农是不能自给的"①。鄂豫皖根据地主要以剥削被剥削的经济关系为阶级划分的标准：打长工的为雇农，自给有少数土地，卖短工，做小贩，或租种人家的土地耕种，受人家的剥削和压迫，一年收入不够吃穿用的是贫农；自给田地自耕自种，本人不剥削人家，一年收入供给他全家人口需要恰恰够了，没有多余的为中农；或一年请上几个短工，或请一个放牛的，全年收入供给全家人口所多无几，一年做多上几石谷或出卖货物多一二百串钱为富裕中农；自己有多余土地租

① 中国社会科学院经济研究所中国现代经济史组：《第一、二次国内革命战争时期土地斗争史料选编》，人民出版社1981年版，第336页。

给别人耕种收租，或雇人耕种剥削雇农，或自己种田外又放高利贷或请人做生意，一年供给自家普通农民生活外有多的，这多的是从剥削得来的是富农；自己把田地佃给人家耕种专门靠剥削人家过生活，自己不劳动者为地主。①

1930 年 5 月，毛泽东在《寻乌调查》中提出：收租 500 石为大地主，收租 200—500 石为中地主，收租 200 石以下的定为小地主，有余钱剩米放债的为富农，粮食够食不欠债的为中农；不够食欠债的为贫农；长工及专做零工的为雇农。② 这个划分方法的不足之处在于把收租的都划为地主，这就容易把富农划分为地主，因为中国的富农多兼有土地出租。同时把余钱剩来放债的定为富农，对收入来源（剥削还是自己劳动）无规定，又没有放债的数量，容易把收入靠自己劳动或主要靠自己劳动只放点小债的富裕中农划为富农，对中农的划分以财富多寡为标准而非是否剥削为标准。针对上述问题，1930 年 6 月召开的南阳会议上对富农重新界定，把自己耕种又有土地出租的定为半地主性富农，专门雇工经营的为资本主义性富农，不出租土地也不雇佣他人，以自己劳动耕种，但土地劳力两俱全，每年有余粮出卖或出借的划为初期富农。这样的政策仍然会部分地打击到富裕中农。1931 年 2 月 8 日，苏区中央局在《土地问题与反富农策略》的通告中批判"初期富农"的规定是"极大的错误"，指出划分富农应以"剥削关系来决定"③，这才基本上在理论中解决了富农与富裕中农的区分标准问题。

其次，关于阶级政策的演变。八七会议在《最近农民斗争的议决案》中指出"农民运动的主要力量是贫农"④。但是决议案没有进一步提出团结中农和如何对待富农的问题。8 月 18 日，毛泽东在湖南

<hr />

① 中国社会科学院经济研究所中国现代经济史组：《第一、二次国内革命战争时期土地斗争史料选编》，人民出版社 1981 年版，第 590 页。

② 毛泽东：《毛泽东农村调查文集》，人民出版社 1983 年版，第 105、132 页。

③ 中国社会科学院经济研究所中国现代经济史组：《第一、二次国内革命战争时期土地斗争史料选编》，人民出版社 1981 年版，第 500 页。

④ 中国人民解放军政治学院党史研究室：《中共党史参考资料》（第 5 册）（内部出版），第 143 页。

召开改组后的第一次省委会议上提出了当时党对待农民的政策应该是："贫农领导中农，拿住富农，整个推翻地主制度。"① 在这里，土地革命的阶级政策已初具雏形。此后临时中央过左的政策，对富农和中农的利益有部分侵犯，但总体没有过分打击。中共六大在对中农和富农的政策上作了一系列重要和恰当的规定，六大通过的《政治决议案》指出：农民运动"主要的敌人是豪绅地主，无产阶级在农村的基本力量是贫农，中农是巩固的同盟者。故意加紧反对富农的斗争是不对的，因为这就混乱了农民与地主阶级的主要矛盾。但是并不是说要放弃对富农半地主的阶级斗争"。《农民问题决议案》指出"贫农与农村无产阶级在工人阶级领导之下而斗争，是土地革命的主要动力，而与中农联合，是保证土地革命胜利的主要条件"。决议还指出在反地主豪绅时所有的农民都可以联合起来结成统一战线（包括富农在内），在目前阶段的任务，对待中农是不触犯中农利益，提出"在中农占多数的地方，尤不可强施平分土地"；对待富农是使"富农中立，以减少敌人的力量"，同时规定"凡富农性质已成为反动力量之地方，那么反对富农的斗争，应与反军阀反地主豪绅的斗争同时进行"；决议还规定对工商业要保护，要求"保存商业的货物交易，战胜'均产主义'倾向"，对店东小资产阶级"应当有正当的经济政策"②。

　　为了集中打击封建地主阶级，中共六大所提出的团结中农、争取富农中立的政策无疑是正确的，并在各根据地得以积极地贯彻实施。1929 年 2 月 3 日，"为要使各级党部更加明了及活泼的运用"中共六大关于农民运动的路线，中共中央发出第二十八号通告，进一步丰富了"中立富农"政策的内涵。通告指出：我们对富农的策略不能是机械的联合，而是要看客观上富农表现的态度决定各种不同的策略。通告分析：中国富农"因他的经济关系、社会关系和农村中阶级分化不同的关系"对革命持不同态度：同情革命、反对革命、摇摆于革命

　　① 郭德宏：《第二次国内革命战争时期党的土地政策的演变》，《中国社会科学》1980 年第 6 期。
　　② 中国人民解放军政治学院党史研究室：《中共党史参考资料》（第 5 册）（内部出版），第 329 页。

与反革命之间。因此政策上应该区别对待：同情革命的富农，必须吸收到反地主的阵线之内，对已经反革命的富农必须在反地主反军阀的斗争中同时加以反对，对于摇摆于革命与反革命之间的富农，那就不必故意加紧对他的斗争，而使他中立。总之，既要吸引富农到革命阵线之内来，又同时要与富农的反动倾向做积极的斗争。1929年7月，中共闽西第一次代表大会进一步制定了对待中农和富农的政策，大会决议案指出，对待自耕的中农的政策是"不要予以任何的损失"，对待富农是"富农田地自愿以外的多余部分在贫农群众要没收时应该没收"，在"革命初期，不没收其土地，并不派款，不烧契，不废除其债务"①。这些规定保障了中农的利益，避免了对富农的过分打击。

其他根据地也贯彻了中共六大的阶级政策。鄂豫边区召开了第一次代表大会，通过了《鄂豫边区第一次全区代表大会群众运动决议案》，决议案指出要"正确地运用联合中农的策略"，强调"正确运用党对富农的策略"②。在鄂豫皖革命根据地，1929年6月9日鄂东北特委制定的临时政纲指出，富农得享有其土地，有自由耕种权。1929年12月，鄂豫边区召开第一次工农兵代表大会，正式建立鄂豫边革命委员会，会议通过了《群众运动决议案》，并公布了《鄂豫边革命委员会土地政纲实施细则》，对临时土地政纲进行修订和补充。强调联合中农是土地革命胜利的保障，规定："不得分配其土地"，还特别指出"中农在别乡之土地交别乡分配，本乡得以同量之土地分给该中农"，强调要运用各种策略防止无原则地侵犯中农利益。对于富农则贯彻"富农愿将土地拨出归公者，当地乡农会得接收分配之"的限制富农的策略。此外，还明确规定"分配土地男女有同样的权利"。

另外，对于中小工商业，毛泽东在井冈山就已注意保护中小工商业。1928年11月在红四军第六次党代表大会的提案中层提出要保护

---

① 中国人民解放军政治学院党史研究室：《中共党史参考资料》（第5册）（内部出版），第490—492页。

② 中国人民解放军政治学院党史研究室：《中共党史参考资料》（第5册）（内部出版），第603页。

中小工商业得到利益，在《红四军司令部布告》和在闽西颁布《告商人及知识分子》这些文件中，都提出要保护中小工商业。1930年10月4日打下江西吉安，成立江西苏维埃政府后发布的第一号布告，有毛泽东、朱德的签名，其中也有一条规定："除军阀、官僚及反革命分子所经营的商店工厂一律没收外，凡是确遵苏维埃政府一切法令的私人资本，允许其自由经商营业。"1929年6月9日，鄂东北特委提出对中小商人和富农的政策：中小商人得享有其资本企业，有营业自由权。

由此，中国共产党基本解决了如下问题：依靠贫雇农联合中农的原则；区分了地主和富农，指出地主是主要的敌人，并提出根据富农的政治表现采取不同策略，提出了保护中小工商业政策，这就基本确立了依靠贫雇农、团结中农、中立富农，保护中小工商业的土地革命阶级路线。

此后，中国共产党还进一步将农村阶级划分的方法加以细化，不仅从剥削关系来考虑，还综合剥削数量来分析，提供了划分农村阶级的具体数量标准。例如，把剥削占收入的"相当部分"和"少量"剥削作为划分富农和富裕中农的标准；地主和富农的剥削时间规定为革命前连续3年，富农和富裕中农的区分，以剥削量是否超过其全家1年总收入的15%为标准等政策。这样就形成了一个较为系统的阶级划分方法，为阶级政策的制定提供了依据。

必须特别指出，中共六大所制定的"不要加紧反对富农"的政策，在1929年夏之后经历一个很大的变动反复时期。1929年夏，苏联国内农业集体化进程的加快和反富农斗争的加紧、联共（布）党内反布哈林斗争的升级，共产国际执委会改变了中国共产党六大所确定的"不要故意加紧反对富农"的策略。6月7日，共产国际给中共中央发出关于农民问题的信，批评中国同志在富农问题上"犯了最重大的错误"：许多中国同志，直到现在还不明了这个问题。他们机械式地了解列宁关于在资产阶级民主革命阶级上工人阶级对待农民态度问题上的提法，而把中国的富农当作无产阶级的同盟者。信中强调"联合富农，这无论在什么条件之下都是不容许的"。共产国际将富农与小地主混为一谈,认为"中国的富农,在大多数情形之下,都是小地主",认为富农"用更加束缚和更加残酷的剥削形式去剥削中国农民的基本群众"。为此,指示信要求中国共产党应该"不顾"富农,不要害怕富农"退出革命",要把富农同地主豪绅和高利贷者一起加以反对。

中共中央接受了共产国际的意见,承认在富农问题上发生了错误,应当坚决地反对富农。以此为转折点,共产党在土地革命中开始推行过"左"的反对富农的政策。中共中央作出《接受国际对于农民问题之指示的决议》,号召全党"必须坚决进行反富农斗争",并在党内确立反"富农路线",对六届二中全会的政治决议案的有关部分做了修改:把原来的"在目前农村斗争中无条件地反对富农,仍是错误的,但绝不应放松雇农贫农对他们的阶级斗争",改为"必须坚决地反对富农,才能彻底完成土地革命"。12 月 8 日,中共中央发出通告,认为:"必须坚决执行反富农的斗争,肃清富农在斗争中的影响",次日,中共中央发表《中国共产党对目前时局的宣言》,更号召全国农民"坚决的进攻富农"①。1931 年 11 月《中华苏维埃共和国土地法》第三条规定:"中国富农性质是兼地主或高利贷者,对他们的土地也应该没收。"② 这样,中共中央放弃了原来"中立"富农的策略,直至 1935 年 12 月 6 日,中共中央才再次作出改变富农策略的决定,确立在新的形势下不能再采取加紧反对富农政策的策略。

显而易见,共产国际关于"富农"政策的指示是从苏联的国内斗争形势出发的,完全不符合中国农村实际的政策,正如毛泽东所总结的:"实际政策的决定,一定要根据具体情况,坐在房子里面想象的东西,和看到的粗枝大叶的书面报告上写着的东西,决不是具体的情况。倘若根据'想当然'或不合实际的报告来决定政策,那是危险的。"③ 共产国际的错误认识对中国共产党的阶级政策产生了不好的

---

① 《中国共产党对目前时局的宣言》,《红旗》1930 年 8 月 15 日。
② 中国社会科学院经济研究所中国现代经济史组:《第一、二次国内革命战争时期土地斗争史料选编》,人民出版社 1981 年版,第 617 页。
③ 毛泽东:《毛泽东农村调查文集》,人民出版社 1983 年版,第 182—183 页。

影响，中国共产党在实践的过程中加以改正，才逐步总结出正确的富农政策。能否制定切合实际的阶级政策还反映出一个思维方式的问题，即一切从实际出发，从调查研究出发，而不是从照搬苏俄革命的经验出发。这一点，毛泽东最有发言权，1930年10月底，毛泽东对兴国10区的情况做了详细的调查，11月7日至8日，在东塘等处调查，21日，做了木口村调查。调查研究之于政策制定的重大意义，毛泽东深有感触："我做了寻乌调查，才弄清富农与地主的问题，提出解决富农问题的办法"[①]"贫农与雇农的问题，是在兴国调查之后才弄清楚的"[②]"中农在平分土地中不但无所失而且有所得，富农小地主则在农民的激烈斗争中便要走到反革命阵营中去的"[③]。由此，毛泽东深刻指出："详细的科学的实际调查，乃非常之必须。"[④] 毫无疑问，这是中国共产党人将马克思主义的基本原理与中国的革命实际相结合，不唯书不唯上，独立自主地探索思考革命过程中的实际问题的具体体现。

四　如何确立土地所有权归属

依据苏俄革命的经验，在俄国苏维埃政权建立之后是将"地主的田庄以及一切皇族、寺院和教会的土地，连同所有耕畜、农具、农用建筑和一切附属物，一律交给乡土地委员会和县农民代表苏维埃支配"[⑤]。来源于共产国际和苏联经验的"土地革命"，其概念内在地包含着"没收土地"和"土地国有"二层含义，当"土地革命"的口号应用于中国革命时，其内涵是"反对封建残余"，这是斯大林和共产国际的"土地革命"主张的理论基础，在共产国际指导下召开的八七会议，不可避免地也提出了"土地国有"主张。"土地国有"是消灭封建土地制度的一项彻底而有效的方法，但是，共产国际和中共

---

① 毛泽东：《毛泽东农村调查文集》，人民出版社1983年版，第22页。
② 毛泽东：《毛泽东农村调查文集》，人民出版社1983年版，第23页。
③ 毛泽东：《毛泽东农村调查文集》，人民出版社1983年版，第283页。
④ 毛泽东：《毛泽东农村调查文集》，人民出版社1983年版，第182—183页。
⑤ 李宁：《列宁全集》（第35卷），人民出版社2017年版，第308页。

中央显然没有意识到在大革命失败后的中国还不具备实行"土地国有"的条件。

此后的很长一段时间内,中国共产党的重要会议上的决策一直没有摆脱"土地国有"的藩篱,比如,十一月临时中央政治局扩大会议决定一切私有土地归苏维埃国家的劳动平民所公有,其内在逻辑便是"土地国有"。1928 年 5 月中共中央发出的第三十七号通告规定:"一切土地于实行共有"后,由苏维埃政府发给土地使用证,并且明确规定"土地不能买卖"。中共六大也没有解决这一问题,六大通过的《土地问题决议案》最后一段说"共产党认为土地国有乃消灭国内最后的封建遗迹的、最彻底的方法",因此,六大决议规定"没收土地归农民代表会议(苏维埃)处理","分配给农民使用"①。这种规定,农民对土地显然只有使用权而没有所有权。1930 年"立三路线"主张组织集体农场和实行集体生产,也是延续"土地国有"的思维。

这个时期,各个革命根据地基本上实行的是土地公有、禁止买卖的政策。琼崖根据地在 1928 年年初琼崖特委的报告就提出"土地权归农会",甚至认为"耕者有其田"的口号不适用于土地国有的意义,应该予以取消。井冈山根据地同样延续土地国有的政策,《井冈山土地法》就规定"没收一切土地归苏维埃政府所有""禁止买卖"②。毛泽东在后来为它所加的按语中认识到"这个土地法有几个错误",其中有一条是"土地所有权属政府而不是属农民,农民只有使用权"③。这种思路事实上是混淆了民主革命和社会主义革命的界限,是脱离革命实际的表现。

由于土地革命之前广大农民无地或少地,经过没收土地归苏维埃政府所有,再由苏维埃政府分配给农民使用,大部分农民分到了土地

---

① 中国人民解放军政治学院党史研究室:《中共党史参考资料》(第 5 册)(内部出版),第 327 页。

② 中国人民解放军政治学院党史研究室:《中共党史参考资料》(第 5 册)(内部出版),第 463 页。

③ 毛泽东:《毛泽东农村调查文集》,人民出版社 1983 年版,第 37 页。

或增加了土地，废除了地租、苛税和高利贷，满足农民获得土地的愿望。因此土地革命之初，虽然规定农民只有土地使用权而没有所有权，这样的政策还是得到了农民的拥护，农民为田契换成了耕田证而感到"土地还家喜连连"①。但是，1930 年下半年之后，形势则发生了变化，土地革命中政策频繁变化，反复重分土地成了一种基本情况，实践中土地分给农民之后，政府仍可收回重分，多次变动。这种情况造成的事实就是农民连使用权也不能保证，在土地上的耕耘得不到应有的收获，甚至连投入的肥料本钱也得不到补偿。这就出现了农民分到土地，但是耕种"不安心""不尽力"的现象，直至抛荒土地，对土地革命产生怀疑心理。②

　　共产国际也意识到土地国有政策对中国农民造成了恐慌心理。1930 年 8 月，共产国际东方部作出《关于苏维埃区域土地农民问题议决案草案》，批评了中国共产党禁止土地买卖租押的政策。共产国际指出："禁止土地买卖的租押，这些办法显然在目前阶段是过早的办法。"9 月 24 日召开中国共产党六届三中全会，周恩来在全会上传达了共产国际的指示精神，并且进一步加以阐释：指出土地国有问题，现在是要宣传，但不是马上就要实行。周恩来更加明确地说明"决不能说中国农民已经打破了私有观念，所以禁止土地买卖，目前是不需要的口号，这只是增加了农民的恐慌心理"。为此，全国苏维埃大会中央准备委员会会议修订了《土地暂行法》，删去了此前规定的"禁止一切土地的买卖、租佃、典押"的条款。"土地可以买卖"的认识为农民土地所有权的确立准备了思想基础。

　　列宁曾经指出："现实最能解决各种理论上的意见分歧。"③ 针对农村很少动手耕田的危机和困难，毛泽东深刻感受到"这种情况是很

---

　　① 孔永松、邱松庆：《闽西革命根据地的经济建设》，福建人民出版社 1981 年版，第 29 页。

　　② 中国社会科学院经济研究所中国现代经济史组：《第一、二次国内革命战争时期土地斗争史料选编》，人民出版社 1981 年版，第 492—493 页。

　　③ 列宁：《列宁全集》（第 9 卷），人民出版社 2017 年版，第 339 页。

不好的"①，因为"田归苏维埃政府所有，农民只有使用权的空气十分浓厚，并且四次五次分了又分"，这就使得"农民感觉田不是他自己的，自己没有权来支配，因此不安心来耕种"②。随着土地革命经验的积累和对国情的深入了解，加之共产国际明确指示了"土地可以买卖"的政策。中共中央在土地所有权的归属问题上更现实地考虑农民的实际利益，逐步提出了土地归农民私有的政策。1931 年 2 月 8日，中共苏区中央局发出第 9 号通告，重申了"目前土地国有只是宣传口号，尚未到实行的阶段"，这是因为：农民是小私有者，他们热烈地起来参加土地革命的目的，不仅要取得土地的使用权，主要的还要取得土地的所有权。中共中央依据六届三中全会的精神，首次明确提出了解决农民土地所有权的问题，认为：必须使广大农民在土地革命中取得他们唯一热望的土地所有权，才能加强他们对于土地革命和争取全国苏维埃胜利的热烈情绪，才能使土地革命更加深入。同年 2月 27 日，毛泽东著《民权革命中的土地私有制度》一文，以中央革命军事委员会政治部主任的名义致信江西省苏维埃政府，信中重申"过去分好的田"，"由他私有，别人不得侵犯"，而且"租借买卖，由他自主"，"田中出产，除交土地税于政府外，均归农民所有"。这就明确地肯定了农民对土地的所有权。毛泽东还将此看作民权革命时代应该有的过程，指出"只有实行资产阶级民主革命阶段所必需的政策，才是真正的走向共产主义的良好办法"③。1931 年 3 月，江西省苏维埃政府发布文告，正式宣布："土地一经分定，土地使用权、所有权通通归农民"，闽西苏维埃政府也明确宣布了土地分配后即归农民所有，从而解决了土地革命中长期没有很好解决的土地所有权问题，纠正了不合实际的"土地国有"口号。

---

① 中国人民解放军政治学院党史研究室：《中共党史参考资料》（第 6 册）（内部出版），第 383 页。

② 中国人民解放军政治学院党史研究室：《中共党史参考资料》（第 6 册）（内部出版），第 383 页。

③ 中国人民解放军政治学院党史研究室：《中共党史参考资料》（第 6 册）（内部出版），第 383 页。

　　确立农民的土地所有权的现实原因在于：中国的小土地占有制的特点和长期以来土地可以买卖的传统，农民的土地私有观念很强，他们的迫切希望就是拥有一块土地。中国贫农占人口大多数，所以缺乏土地而受地租剥削的广大贫农和一部分中农，只有没收地主阶级的土地分配给广大贫农，满足他们的需要，才能使农民的个人利益与革命利益紧密地结合起来，革命才能得到千百万群众真心实意的拥护。广大农民在得到土地后，为了保家保田，积极参军参战，踊跃支前，革命战争才能得到源源不断的人力和物力支援。实行土地国有还是把土地分给农民私有，直接影响着农民生产的积极性和情绪，把土地分给农民私有，农民热情爆发了出来，因而促进了生产的发展。"红色区域在建立的头一二年，农业生产往往是下降的。但是经过分配土地后确定了地权，加以我们提倡生产，农民群众的劳动热情增长了，生产便有了恢复的形势了。"[1] 事实表明，正是由于地权不确定，农民不安心耕种，土地所有权归农民所有还大大提高了农民的生产积极性、促进了生产的发展。

　　行文至此，本书的论题——切合中国国情的中国式"土地革命"路径，已经基本开辟出来。这是一个内涵宏大的"土地革命"实施路径，包括方方面面的战略配合和具体细致的土地政策。这个实践路径就是在共产党的有力领导下，在工农武装力量的拥卫下，以农村为大本营，以农村为全党工作重心，发动农民开展没收和分配地主土地的革命斗争，最终变革封建地主土地所有制。这个路径是共产党领导、武装斗争、土地革命、根据地建设四位一体的良性互动循环，离开了武装斗争、离开了农村游击战争、离开了农村革命根据地，就无从进行没收和分配土地的活动。在此过程中，以毛泽东为代表的共产党人逐步摸索、逐渐完善各项切合中国农村斗争实际的具体政策：第一，关于没收土地的范围，1928 年中共六大确立没收地主阶级的一切土地的政策（由于种种原因，这项政策在六大之后没有立即贯彻实施），至翌年 4 月，毛泽东主持制定的《兴国土地法》以法律形式规

---

　　① 毛泽东：《毛泽东选集》（第 1 卷），人民出版社 1991 年版，第 131 页。

定没收一切公共土地及地主阶级的土地，将此作为原则问题确立下来。第二，关于如何分配土地，至1930年6月召开南阳会议时，各根据地逐步形成以乡为单位，以农民的原耕地为基础，以人口为标准（不分男女老幼）通过"抽多补少、抽肥补瘦"的平均分配土地的办法。第三，1931年2月苏区中央局第九号通告，确立了以剥削关系为决定划分富农与小地主及中农区别的标准，基本确立了依靠贫雇农、团结中农、中立富农，保护中小工商业的土地革命阶级路线。第四，1931年3月江西省苏维埃政府发布文告正式宣布农民的土地私有权，从而解决了土地所有权的归属问题。各个革命根据地在不断总结经验的基础上，逐步解决了关于没收土地的对象、土地分配的原则和方法、土地分配后的所有权，以及土地革命中的阶级路线等基本问题，形成了一套比较切实可行的土地革命的路线、政策和方法。可以说，上述各个因素都是中国式的"土地革命"实施路径的有机组成部分，缺一不可。换句话说，上述各项理论和实践中重大问题的基本解决，也标志着中国共产党已经独立自主地开拓出一条切合中国国情的"土地革命"战略的实践路径。此后，尽管中国共产党在土地革命的深入实施中有些政策还有反复，比如，王明"左"倾路线时期主张的"地主不分田，富农分坏田"，这种政策反复给中国共产党革命实践带来的损失更是折射出这样的真理：任何革命政策的制定都必须立足于中国国情，不管是马克思主义书本上的理论还是共产国际的指示，都必须紧密地结合中国革命的实际，唯此才能常立于不败之地。新的历史条件赋予"土地革命"以新的内涵，比如，抗日战争时期的减租减息政策，抗战结束后土地改革时期，中共中央发布《五四指示》再次实行没收地主土地政策。在不同的历史时期制定实行不同的政策方针，都是对土地革命道路的继续和发展，其精神实质仍在于必须符合新的革命实际最终实现反对封建主义的历史任务。

余论　马克思主义中国化视野下的"土地革命"

　　共产国际打算在国民党的旗帜下，推动国民政府来贯彻"土地革命"的战略。从一定程度上说，共产国际选择国民党来主导"土地革命"是具有合理性和积极意义的。中国反帝反封建任务的"土地革命"必须由一个成熟的政党和强有力的政权来主导，从实力的角度，共产国际选择"中国唯一重大的民族革命集团"国民党来贯彻"土地革命"战略。领导过辛亥革命、推翻封建帝制的国民党所体现的革命传统获得过革命导师列宁的高度赞誉，改组后的国民党更是推行"联俄、联共、扶助农工"的革命政策，说明国民党具有一定的革命性。国民党宣扬"三民主义"，反对帝国主义的压迫，实现民族独立，反对军阀割据，实现全国统一，要解除民众的痛苦，改善民众生活，这些革命目标和任务在一定程度上和共产国际所提出的民族民主革命相契合和重叠。这些因素说明由国民党和国民政府实行"土地革命"具有一定可行性。

　　然而，共产国际片面地夸大了这种革命性而忽略了其妥协性和反动性。历史上国民党是一个资产阶级占主导地位的、成分复杂的政党，改组后因为有工农无产阶级的加入而壮大其左派队伍，但是其资产阶级政党的性质并不因人员构成的变化而变化，其根本目标仍在于建立一个资产阶级国家。在国民党的改组前，共产国际对造就"革命的雅各宾"的国民党充满信心，改组后又试图改造国民党，认为经过苏俄驻华代表和中国共产党开展工作之后，已经成为左倾的"工农政党""人民政党"，会为工农大众谋取福利，制定符合工农大众利益

的政党政策。共产国际还以为"有四十万党员的国民党，历史的
'明天'将使它在全中国掌权，而它却在思想上表示赞同我们"①，而
沾沾自喜于国民党会服从于共产国际指示。这种以主观愿望代替了客
观实际的思维本身，就说明共产国际的认识多是流于纸面分析，而不
符合政党的实际。其思维导致的后果就是高估国民党的革命性，未能
看清国民党左右派分化后所代表的真正利益，特别是对蒋介石新右派
的反动性缺乏认识。同样的思维，共产国际宣传"广州革命政府"
是"依靠城乡广大劳动群众进行顽强反帝斗争的东方革命民主政府的
第一个样板"②，认为"中国左派国民党对中国资产阶级民主革命所
起的作用，近乎苏维埃在 1905 年对俄国资产阶级民主革命的那种作
用"。究其原因，是共产国际没有正确认识中国复杂的阶级关系，高
估了资产阶级革命性而忽视了资产阶级的妥协性，资产阶级既有革命
的一面，也有动摇妥协的一面，而小资产阶级也只有在无产阶级的坚
强有力的领导之下才能进行革命。中国的资产阶级也不同于西欧的资
产阶级，他们的前身就是地主，改组后的国民党内存着不少地主、军
阀和官僚政客，他们代表的是大资产阶级和地主的利益。当他们的阶
级利益受损时，不可避免地将枪口调向工农群众。共产国际对中国社
会阶级状况和政治形势的错误判断，建立在其基础上的革命策略，当
然不可能成功。

　　同样，共产国际也没有正确认识中国共产党的力量。它认为中国
共产党力量薄弱，还不足以领导土地革命。既然力量薄弱，共产党就
离不开国民党，中国革命就需要一个"历史上的国民党时代"③，而
共产党的任务仅在于"应当留在国民党内，并且在那里加紧自己的工
作"。从这个思路出发，俄国人提出了"苦力观"，认为："现在是共

---

　　① 中国社会科学院近代史研究所翻译室：《共产国际有关中国革命的文献资料
（1919—1928）》，中国社会科学出版社 1981 年版，第 117 页。

　　② 中国社会科学院近代史研究所翻译室：《共产国际有关中国革命的文献资料
（1919—1928）》，中国社会科学出版社 1981 年版，第 131 页。

　　③ 中国社会科学院近代史研究所编：《国外中国近代史研究》（第 5 辑），中国社会科
学出版社 1983 年版，第 206 页。

产党应当为国民党当苦力的时代。"① 这是共产国际低估了无产阶级的力量，忽略了无产阶级对中国革命的领导权。共产国际一面要求共产党为国民党打工做苦力，用物资帮助、武器装备等不断壮大国民党，一面要求共产党人在国民党内通过努力把国民党改造为人民政党、工农党，并推动这样的"工农党"实行土地革命。要中国共产党去改变一个历史比自己悠久、人数比自己更多、实力比自己更强的政党的阶级属性；而且共产党没有自己的政权和武装，以赤手空拳说服一个资产阶级政党、政府以至军队同意武装工农进行土地革命，这些有可能吗？共产国际的这些要求是多么不切实际、一厢情愿！这又是脱离实际地高估了共产党的能力，要求共产党去做根本不可能做到的事。

共产国际提出中国"土地革命"战略，是基于中国是东方落后封建国家的社会性质和殖民地的地位而提出的，这是符合中国实际国情的。然而从共产国际二大讨论民族和殖民地问题肇始，到1923年5月共产国际提出"土地革命"口号的指示，包括此后共产国际一系列文件，不断地出现中国社会是"封建残余"的表述。这表明共产国际对于中国社会经济特点的了解和分析不是那么精准，并且明显带有俄国革命色彩。中国社会性质显然不是俄国"十月革命"前的濒临崩溃的封建主义"残余"，封建地主阶级以及与此千丝万缕联系着的资产阶级还是中国社会政治经济中最强大的势力。不能充分认识这种势力，就等于对"土地革命"的对象没有全面的认识，从而低估了"土地革命"的任务。共产国际在提出了"土地革命"战略的同时就提出了没收分配地主土地的政策，并且不断地重申和强调这一政策。但是，共产国际没有考虑到的是，提出没收分配地主土地的政策，这一触动封建统治根基的政策必定会遭遇巨大阻力，没有强有力的政权和武装做后盾，根本就不可能实行。

斯大林、共产国际注意到中国的土地革命只有"通过军队来帮助

---

① 中国社会科学院近代史研究所翻译室：《共产国际有关中国革命的文献资料（1919—1928）》，中国社会科学出版社1981年版，第269页。

农民反对地主"① 的方式才容易实现，意识到中国革命是"武装革命反对武装的反革命"，这是非常精辟的论述，也给予了中国共产党人相当的帮助与指导。斯大林注意到军队和武装在中国革命中的重要地位，他指出了中国的革命的主要方式是武装夺取政权，而不是工农群众暴动。斯大林、共产国际一方面注意到武装力量的重要地位与作用，与此同时又表现出对中国实际情况的相当隔膜，和对苏俄当年改造旧军队经验的固执。共产国际提出"把雇佣军改编为正规国民军"的办法，而斯大林的办法是以政治工作改造中国的军阀部队。大概也只有在莫斯科的克里姆林宫里，才能产生出利用蒋介石或唐生智的军队"来帮助农民反对地主""通过军队实行正确的农民政策"② 之类的念头。在中国，无论是中国共产党人还是共产国际代表或苏联顾问，都断然不会把革命的希望寄托在国民党军队身上。自从袁世凯利用军队窃取了大总统的宝座，并使其手下的军官同时成为地方军政首脑以来，中国的将军们就已经结成一个特殊的权力阶层。有枪就有权，就有地盘，就有一切。这种政治生存逻辑一旦形成，历来受政治权力支配并为之服务的军人，便开始利用枪杆子主动追求政治权力，使之为个人或派系集团的利益服务。这些思路表明共产国际是机械地套用俄国革命的经验，因此不能适应中国革命的实际，注定为革命形势所抛弃。

此后，联共（布）、共产国际对武装力量的思考由参加、组织和改造旧军队，转变为建立一支共产党人领导的革命军队。联共（布）指示："一定消除对不可靠的将领的依赖性"，"要动员两万共产党员"并且"组建几个新军"，"要组建自己可靠的军队"。③ 但是，在考虑由依靠工农武装和组建由中国共产党领导的可靠的军队来挽救革

---

① 中国社会科学院近代史研究所翻译室译：《共产国际有关中国革命的文献资料》(1)，中国社会科学出版社 1981 年版，第 267 页。

② 中国社会科学院近代史研究所翻译室译：《共产国际有关中国革命的文献资料》(1)，中国社会科学出版社 1981 年版，第 271 页。

③ 中共中央党史研究室第一研究部编：《联共（布）、共产国际与中国国民革命运动(1926—1927)》(下) 第 4 卷，北京图书馆出版社 1998 年版，第 298—299 页。

命，斯大林、共产国际似乎还没有意识到"武装工农"需要有指挥骨干、资金、武器和时间，而这些却是中国共产党在被封锁和控制的武汉所没有的。根据布尔什维克的经验提出的关于可以在短期内建立由"革命的工人和农民"组成的武装力量的设想，似乎没有考虑到在中国革命不同于俄国革命的实际和"土地革命"道路上存在的许多的障碍。在大革命的危机时刻，通过"武装工农"和组建由中国共产党领导的"可靠的军队"来为"土地革命"扫清道路，拱卫"土地革命"的成果，显然是缓不济急，无法操作。更有不得要领者如托洛茨基和季诺维耶夫，他们把共产党独立性的标志和保证仅仅归结为"单独出版日报"和"连左派国民党也须对之作无情地批评"的权力，这显然是套用西方革命的模式，完全不了解中国革命的特殊国情。当时，谭平山只能无奈地感叹："如果我们像共产国际建议的那样有力量，那我就会更加理直气壮地发表意见了。解决土地问题，这是一项重大任务，完成这一任务需要做充分准备，仅有响亮的口号是不行的。"[①] 在中国，首先要解决的是共产党手中要有强大的武装力量，正如毛泽东指出的，"离开了武装斗争，就没有无产阶级的地位，就没有人民的地位，就没有共产党的地位"[②]。共产国际对武装力量的思考对中国共产党后来的土地革命实践产生了极其深远的影响。

　　共产国际对解决中国农民土地问题进行了一定程度的可贵探索，它从中国民族民主革命的战略高度提出了变革封建土地所有制的问题，提出"土地革命"战略构想。但是共产国际远离中国革命实际，他们制定的政策就无以应对错综复杂的局面，战略计划难以实现。事实上行不通的方案，则把全盘的战略构想推向了渺茫的未来。毛泽东给新民学会会员陶毅的信中提到："我觉得好多人讲改造，却只是空泛的一个目标。究竟要改造到那一步田地（即终极目的），用什么方

————————

　　① 中共中央党史研究室第一研究部编：《联共（布）、共产国际与中国国民革命运动（1926—1927）》（下）第 4 卷，北京图书馆出版社 1998 年版，第 301 页。
　　② 毛泽东：《毛泽东选集》第 2 卷，人民出版社 1991 年版，第 609 页。

法达到？自己或同志从那一个地方下手？这些问题，有详细研究的却很少。"① "究竟走到哪一步？用什么方法达到？"这是毛泽东早在1920年就极其重视和思考的问题，突出地摆在了中国共产党人的面前，探索实施"土地革命"战略的正确策略方针的道路问题历史地落到共产党人肩上，这正是此后以毛泽东为代表的共产党人革命活动的主题。

八七会议确立了武装反抗国民党的总方针和枪杆子里出政权的思想，赋予了"土地革命"战略以崭新的内涵，成为中国共产党克敌制胜的一大法宝。这个与"武装斗争"相联系的"土地革命"新战略，也为实践路径提供了广阔的探索空间。武装斗争之所以重要，不仅在于它是夺取政权的根本途径，更在于它是拥卫土地革命成果的必要条件。这样的思想与共产国际的指导既有关联又不相同。大革命时期共产国际也考虑建立"可靠的革命军队"来保护土地革命成果，但是共产国际给出的"改造雇佣军队"的方法却实在不可行。中国共产党提出坚持无产阶级的思想领导，以农民作为革命主力军，这就为拱卫"土地革命"成果找到了广泛而可靠的基础。

共产国际正确地指出了中国"土地革命"的战略方向，却错误地寄希望于国民党来完成任务。共产党人亲睹国民党势力镇压革命、屠杀工农的血腥行为之后，清醒地看出了工农暴动必须彻底与国民党决裂，打出共产党的旗帜，从此开始"军叫工农革命，旗号镰刀斧头"的时代。② 自此以后，中国共产党才成为"土地革命"战略成败关键因素的领导力量，历经百折千回、历尽艰辛的努力，将"面朝黄土、背朝天"达千年之久的中国农民塑立成反帝反封建革命的坚实力量。可以说，中国"土地革命"革命的成功，也就是中国共产党领导的成功。

1927年8月1日的南昌起义，中国共产党打响了武装反抗国民党的第一枪。然而，起义军并没有就近到江西、湖南、湖北广大农村同

---

① 中共中央文献研究室：《毛泽东早期文稿》，湖南出版社1990年版，第464页。
② 中共中央文献研究室：《毛泽东诗词集》，中央文献出版社1996年版，第168页。

农民运动相结合，而是南下广东，劳师远征，最终陷入失败。无独有偶，八七会议之后，中国共产党发动了湘赣边界秋收暴动、广州起义，湖北、广东、江西以及陕西、河南、直隶等省的党组织也发动了多次武装起义。这种城市暴动思维显然来自苏俄"十月革命"的模式，即通过工农暴动占领城市、推翻政府，建立工农革命政权，这些按照共产国际和中共中央的指示发动的大小上百起的武装暴动，结果却是屡战屡败，损失惨重。通过"城市暴动"来实现"土地革命"的路径也是完全行不通的。

城市武装起义的战略目的之一是实行土地革命，但武装起义纷纷失败的情况下，革命力量到哪里去落脚？怎样才能保存自己、继续坚持斗争？土地革命何以为继？毛泽东在执行中央攻打长沙的暴动计划失利以后，则面对现实，审时度势，改变了部队的行动方向，毅然引兵井冈山。这个撤退不是出于对困难的消极回避，而是积极应对客观形势的变化的，革命的队伍在敌人统治薄弱的农村积蓄、锻炼自己的力量，把落后的农村改造成巩固的根据地。毛泽东创造性地将"土地革命"依托于农村革命根据地，为土地革命长久、持续地进行下去找到了支撑面。

回顾按照共产国际的思路展开的北伐时期农民运动，其模式是以城市工作为中心，向农村派驻工作组、宣传队的形式发动农民，其目的在于配合军事行动。毛泽东将秋收起义部队引向井冈山，井冈山的土地革命途径则是扎根农村、将农村作为土地革命的大本营。这个"农村割据"的成功经验好似星星之火，迅速形成燎原之势。共产党人打消了"红旗到底打得多久"的疑虑，明确认识到"先有农村红军，后有城市政权，这是中国革命的特征、这是中国经济基础的产物"[1]。中国共产党肯定了现时的红色政权虽然还很小，但是中国革命肯定会很快发展起来，并将创造红色区域，实行武装割据，是促进全国革命高潮最重要的因素。由此，中国共产党转变了长期以来的"城市中心"思维，将全党的工作重心由城市转入农村，长期积聚，

---

① 周恩来：《周恩来选集》（上卷），人民出版社1980年版，第32页。

等待时机，再由农村根据地走向全国胜利。

谁赢得了农民，谁就赢得了中国。中国共产党把农民看作革命主力军，但是，农民的力量不会自然而然地成为现实的革命力量。要使农民投身革命洪流，最有效的手段就是给农民世世代代梦寐以求、为之奋斗的土地。"不使农民得到土地，农民将不能拥护革命至于最后之成功。"① 从大革命时期开始，共产党就在实践中逐步探索解决农民土地问题的方案，此后，以毛泽东为代表的中国共产党人在总结各个革命根据地的土地革命斗争经验的基础上，逐步解决了关于没收土地的对象、土地分配的原则和方法、土地分配后的所有权，以及土地革命中的阶级路线等基本问题，逐步摸索、逐渐完善各项切合中国农村斗争实际的土地革命具体政策：没收一切公共土地及地主阶级的土地，以乡为单位，以农民的原耕地为基础，以人口为标准（不分男女老幼）通过"抽多补少、抽肥补瘦"的办法平均分配土地。基本确立了依靠贫雇农、团结中农、中立富农，保护中小工商业的土地革命阶级路线，并正式宣布农民的土地私有权。这个土地革命的路线、政策和方法比较切实可行，符合中国自古以来的平均、体恤孤寡老弱等传统习惯，受到农民的欢迎和拥护，调动了农民的革命积极性和生产积极性，使党赢得了广泛的群众基础，支援了战争需求，为中国革命取得胜利之基础。共产党的领导、武装斗争、土地革命、根据地建设形成了四位一体的良性互动循环。由此，毛泽东指出："如果我们能够普遍地彻底地解决土地问题，我们就获得了足以战胜一切敌人的最基本的条件。"②

在"土地革命"战略的探索和实践过程中，以毛泽东为代表的共产党人越来越自觉地对党以后赖以存在和发展的阶级基础以及今后的革命道路进行深入思考。中国共产党以解决农民的土地问题的方式成功地发动农民参加反对封建地主阶级的民主革命，农民为保卫自己的

---

① 中国现代革命资料丛刊：《第一次国内革命战争时期农民运动资料》，人民出版社1983年版，第48页。

② 毛泽东：《毛泽东选集》（第4卷），人民出版社1991年版，第1225页。

土地而战斗，给农民以土地不仅发动了农民，也发展了农业生产。土地革命的目标任务就是打倒封建地主阶级，最终解放农民。由此而言，"土地革命"之路实现了推翻封建根基的目标与手段的高度统一。2011年7月11日，胡锦涛在庆祝建党九十周年大会上的讲话中指出，在鸦片战争后那风雨如晦的年代，为改变中华民族的命运，中国人民和无数仁人志士进行了千辛万苦的探索和不屈不挠的斗争。这些探索和斗争，都是由于没有触动"封建根基"而一次次地归于失败。① 事实上，这个"封建根基"就是封建的地主土地所有制。中国共产党发动和领导的以农民为主力军的"土地革命"，打碎了这个"根基"，完成了中华民族救亡图存的民族使命和反帝反封建的历史任务。触动封建统治根基的思路以及相关重大问题的解决，是中国民主革命胜利的根本所在，中国共产党所实施"土地革命"战略的重要前提条件就是政权与武装斗争，这些探索与实践的过程，正是开辟中国革命的新道路的过程，而毛泽东思想亦在此过程中得以形成。从这个意义上来说，中国式"土地革命"之路就是中国革命的新道路。

共产党人在广袤的农村建立了赖以生存和发展的革命根据地，将如马铃薯般分散存在的农民动员和凝聚成为革命的主力军，开辟了一条中国式的"土地革命"实践路径。中国共产党所开创这种四位一体的"土地革命"道路，完成了共产国际最初提出的反帝反封建的战略目标，其实现路径有时和共产国际的设想雷同，而最终却相去甚远。这个中国式的"土地革命"实践路径真正切合了中国国情和革命实际、真正解决了中国农民土地问题，走出了一条农村包围城市的革命道路。毫无疑问，这是以毛泽东为代表的中国共产党人运用马克思主义基本原理分析中国革命，制定指导中国革命的正确路线、方针和政策，是马克思主义中国化的伟大创举。

将马克思主义的基本原理与中国的革命实际相结合，不唯书不唯上，独立自主地探索思考革命过程中的实际问题。以马克思主义中国

---

① 胡锦涛：《在庆祝中国共产党成立90周年大会上的讲话》，新华社2011年7月1日。

化为理念,独立自主地探索"道路"和"方法",这就是本书的最终归旨。

　　中国共产党走过了一百年的历程,峰回跌宕、波澜壮阔,但贯穿其间的主题始终是马克思主义中国化问题。无论胜利与挫折,成功与失利,都在于是否坚持马克思主义中国化这个理念,在于是否立足中国国情、切合中国实际。回顾"土地革命"的历程,笔者不禁陷入凝重的沉思。中国是有着八亿农民的国家,农民问题始终是中国革命和建设的根本问题。在有着数千年封建积压而又幅员广大、人口众多的中国大地上,中国共产党人发动和领导的"土地革命"是中国革命道路上的一次艰苦的探索,解决了农民的土地要求,赢得了农民的支持。这个探索过程既有可圈可点的成功经验,也有耐人深思的痛苦教训。今天,农民土地问题仍然是现实生活中的一个重大课题,认真研究农民的需求,研究"三农"问题的实质,在现代化建设的国情下解决农民土地问题的探索还远远没有结束。

参考文献

一　文献资料

《马克思恩格斯全集》（第 18、22 卷），人民出版社 1964、1965 年版。

《马克思恩格斯选集》（1—4 卷），人民出版社 2012 年版。

《列宁全集》（第 3、4、10、13、16、18、19、21、29、39 卷），人民出版社 2013—2017 年版。

《斯大林全集》（第 9、10 卷），人民出版社 1954 年版。

安徽大学苏联问题研究所、四川省中共党史研究会编译：《苏联〈真理报〉有关中国革命的文献资料选编》（1—3），四川省社会科学院出版社 1985 年版。

《辞海》（第六版第三册），上海辞书出版社 2009 年版。

广东革命历史博物馆编：《中共"三大"资料》，广东人民出版社 1985 年版。

广东农民运动讲习所旧址纪念馆编：《广东农民运动资料选编》，人民出版社 1986 年版。

广东农民运动讲习所旧址纪念馆编：《广东农民运动资料选编》，人民出版社 1986 年版。

广东省档案馆等编：《广东区党、团研究史料：1921—1926》，广东人民出版社 1983 年版。

江西省档案馆选编：《湘赣革命根据地史料选编》（上），江西人民出版社 1984 年版。

《井冈山革命根据地》写作组编：《井冈山革命根据地》（上），上海人民出版社 1977 年版。

李玉贞：《鲍罗廷在中国的有关资料》，中国社会科学出版社 1983
    年版。

张允侯等：《五四时期的社团》（一），生活·读书·新知三联书店
    1979 年版。

中共海丰县委党史办公室、中共陆丰县委党史办公室编：《海陆丰革
    命史料》（第 2 辑），广东人民出版社 1986 年版。

中共湖南省委党史资料征集研究委员会《湘赣边界秋收起义》写作
    组：《湘赣边界秋收起义》，湖南人民出版社 1987 年版。

中共浙江省委党史资料征集研究委员会、中共浙萧山县委党史资料征
    集研究委员会编：《衙前农民运动》，中共党史资料出版社 1987
    年版。

中共中央党史研究室编：《土地革命纪事（1927—1937）》（内部发
    行），求实出版社 1982 年版。

中共中央党史研究室第一研究部编：《共产国际、联共（布）与中国
    革命档案资料丛书》（1—12），北京图书馆出版社 1997—2002
    年版。

中共中央书记处编：《六大以前》，人民出版社 1980 年版。

中国革命博物馆、湖南省博物馆编：《湖南农民运动资料选编》，人
    民出版社 1988 年版。

中国革命博物馆、湖南省博物馆编：《马日事变资料》，人民出版社
    1983 年版。

《中国共产党第二、三次代表大会资料选编》，中国社会科学出版社
    1985 年版。

中国人民解放军政治学院党史教研室编：《中共党史参考资料》（1—
    24）（内部发行）（1979—1986）。

中国社会科学院近代史研究所编：《国外中国近代史研究》（1—24），
    中国社会科学出版社 1981 年版。

中国社会科学院近代史研究所翻译室：《共产国际有关中国革命的文
    献资料》（1—3），中国社会科学出版社 1981 年版。

中国社会科学院经济研究所中国现代经济史组：《第一、二次国内革命战争时期土地斗争史料选编》（内部发行），人民出版社1981年版。

中国社会科学院现代史研究室、中国革命博物馆党史研究室选编：《"一大"前后》，人民出版社1985年版。

中国社科院现代史研究室编：《马林在中国的有关资料》，人民出版社1980年版。

中国社科院现代史研究室编：《维经斯基在中国的有关资料》，中国社会科学出版社1982年版。

《中华民国史档案资料汇编》（第5辑、第1编），江苏古籍出版社1999年版。

中央档案馆编：《八七会议》，中共党史资料出版社1986年版。

中央档案馆编：《秋收起义》，中共中央党校出版社1982年版。

中央档案馆编：《中共中央文件选集》（1—18）（党内发行），中共中央党校出版社1982—1992年版。

二　译文著作

［德］郭恒钰：《共产国际与中国革命（第一次国共合作）》，（台北）东大图书公司1989年版。

［德］考茨基：《土地问题》，梁琳译，生活·读书·新知三联书店1955年版。

［美］埃德加·斯诺：《西行漫记》，董乐山译，生活·读书·新知三联书店1979年版。

［美］丹尼尔·雅各布斯：《鲍罗廷——斯大林派到中国的人》，殷罡译，世界知识出版社1989年版。

［美］韩丁：《翻身——中国一个村庄的革命纪实》，韩倞等译，邱应觉校，北京出版社1980年版。

［美］黄宗智：《中国革命中的农村阶级斗争——从土改到文革时期的表达性现实与客观性现实》，载《中国乡村研究》第2辑，商务印书馆2003年版。

［美］罗伯特·诺斯、津尼亚·尤丁编：《罗易赴华使命》，王淇、杨
　　云若、朱菊卿合译，中国人民大学出版社 1981 年版。

［苏］A. B. 巴库林：《中国大革命武汉时期见闻录》，郑厚安、刘功
　　勋、刘佐汉译，中国社会科学出版社 1985 年版。

［苏］C. A. 达林：《中国回忆录（1921—1927）》（内部发行），侯均
　　初等译，中国社会科学出版社 1981 年版。

［苏］波斯别洛夫主编：《苏联共产党历史》（第 1 卷），上海人民出
　　版社 1983 年版。

［苏］普列汉诺夫：《我们的意见分歧》，刘若水译，人民出版社 1955
　　年版。

［苏］切列潘诺夫：《中国国民革命军的北伐——一个驻华军事顾问
　　的札记》，中国社会科学出版社 1981 年版。

［西班牙］费尔南多·克劳丁：《共产主义运动——从共产国际到共
　　产党情报局》（内部发行），中共中央党校外文组译，求实出版
　　社 1982 年版。

三　专著

《列宁斯大林论中国》，张仲实译，解放社 1950 年版。

毛泽东：《毛泽东农村调查文集》，人民出版社 1982 年版。

毛泽东：《毛泽东文集》（第 1—8 卷），人民出版社 1993—1999
　　年版。

毛泽东：《毛泽东选集》（1—4 卷），人民出版社 1991 年版。

毛泽东：《毛泽东自述》，人民出版社 1993 年版。

周恩来：《周恩来选集》（上、下卷），人民出版社 1984 年版。

蔡和森：《蔡和森的十二篇文章》（内部发行），人民出版社 1980
　　年版。

蔡和森：《蔡和森文集》，人民出版社 2013 年版。

陈独秀：《陈独秀著作选编》（1—5 卷），上海人民出版社 2009 年版。

陈旭麓、郝盛潮、王耿雄：《孙中山集外集》，上海人民出版社 1990
　　年版。

成汉昌：《20 世纪前半期中国土地制度与土地改革》，中国档案出版社 1994 年版。

杜润生：《杜润生自述：中国农村体制变革重大决策纪实》，人民出版社 2005 年版。

杜润生主编：《中国的土地改革》，当代中国出版社 1996 年版。

高王凌：《租佃关系新论——地主、农民和地租》，上海书店出版社 2005 年版。

高熙：《中国农民运动纪事（1921—1927）》，求实出版社 1988 年版。

郭德宏：《中国近现代农民土地问题研究》，青岛出版社 1993 年版。

郭德宏主编：《共产国际、苏联与中国革命关系述评》，中共党史出版社 1996 年版。

郭德宏主编：《十一届三中全会以来中共党史研究的新进展》，中共党史出版社 2004 年版。

何东等编：《中国新民主主义革命时期的农民土地问题》，中国人民大学出版社 1983 年版。

何沁：《中国共产党武装斗争认识史》，中共党史出版社 2007 年版。

黄修荣主编：《共产国际、联共（布）秘档与中国革命史新论》，中共党史出版社 2004 年版。

黄允升：《毛泽东开辟中国革命道路的理论创新》，中央文献出版社 2006 年版。

金德群：《民国时期农村土地问题》，红旗出版社 1994 年版。

瞿秋白：《瞿秋白文集》（政治理论编）（1—5 卷），人民出版社 2013 年版。

孔永松：《中国共产党土地政策演变史》，江西人民出版社 1987 年版。

黎永泰：《毛泽东与大革命》，四川人民出版社 1991 年版。

李大钊：《李大钊全集》，人民出版社 2006 年版。

李维汉：《回忆与研究》（上），中共党史资料出版社 1986 年版。

李泽厚：《中国现代思想史论》，东方出版社 1987 年版。

梁怡、李向前：《国外中共党史研究述评》，中共党史出版社 2005

年版。

彭湃：《彭湃文集》，人民出版社 1981 年版。

沈志华主编：《中苏关系史纲》，社会科学文献出版社 2016 年版。

宋庆龄：《宋庆龄选集》，人民出版社 1966 年版。

孙中山：《孙中山全集》（第 6—11 卷），中华书局 1981 年版。

唐致卿：《近代山东农村社会经济研究》，人民出版社 2004 年版。

王庭科：《共产国际、斯大林与中国革命》，成都出版社 1992 年版。

王友明：《解放区土地改革研究（1941—1948）——以山东莒南县为
　　个案》，上海社会科学院出版社 2006 年版。

温锐、谢建社：《中央苏区土地革命研究》，南开大学出版社 1991
　　年版。

许纪霖、陈达凯：《中国现代化史》，上海三联书店 1995 年版。

杨奎松：《马克思主义中国化的历史进程》，河南人民出版社 1994
　　年版。

杨奎松：《毛泽东与莫斯科的恩恩怨怨》，江西人民出版社 2008
　　年版。

杨奎松：《中间地带的革命》，山西出版集团、山西人民出版社 2010
　　年版。

杨奎松：《中间地带的革命——中国革命的策略在国际背景下的演
　　变》，中共中央党校出版社 1992 年版。

杨天石：《找寻真实的蒋介石——蒋介石日记解读》，山西人民出版社
　　2008 年版。

姚金果、苏杭、杨云若：《共产国际、联共（布）与中国大革命》，
　　福建人民出版社 2002 年版。

俞良早：《马克思主义东方社会理论研究》，中共中央党校出版社
　　2006 年版。

张国焘：《我的回忆》（内部发行）（上、下），东方出版社 2004
　　年版。

张喜德：《中共对国民党政策的三次转变与共产国际》，中共中央党
　　校出版社 2000 年版。

张学强：《乡村变迁与农民记忆：山东老区莒南县土地改革研究（1941—1951）》，社会科学文献出版社 2006 年版。

赵效明主编：《中国土地改革史》，人民出版社 1990 年版。

郑超麟：《郑超麟回忆录》，东方出版社 2004 年版。

中共中央党史研究室：《中国共产党历史》（上、下），中共党史出版社 2011 年版。

中共中央文献研究室：《毛泽东诗词集》，中央文献出版社 1996 年版。

中共中央文献研究室：《毛泽东早期文稿》，湖南出版社 1990 年版。

中国井冈山干部学院、中共中央党史研究室第一研究部、江西省社会科学院编：《井冈山道路与马克思主义中国化——纪念井冈山革命根据地创建 80 周年学术研讨会论文集》，中共党史出版社 2008 年版。

四　论文

曹建坤：《共产国际对于中国革命道路的探索》，《重庆社会科学》2006 年第 2 期。

曹幸穗：《论旧中国苏南土地占有关系的演变及其推动力》，《中国社会经济史研究》1990 年第 4 期。

陈金龙：《"半殖民地半封建"概念形成过程考析》，《近代史研究》1996 年第 4 期。

陈清泉：《八七会议的是非功过——陆定一谈中共党史》，《中共党史研究》2000 年第 3 期。

董志凯：《土地改革与我国的社会生产力——回答对我国土改的一种看法》，《中国经济史研究》1987 年第 3 期。

杜敬：《土地改革中没收和分配土地问题》，《中国社会科学》1982 年第 1 期。

郭德宏：《第二次国内革命战争时期党的土地政策的演变》，《中国社会科学》1980 年第 6 期。

郭德宏：《关于土地改革研究中的几个问题》，《东疆学刊》1988 年第

　　1、2 期。

郭德宏、梁尚贤：《大革命时期的土地斗争》，《历史研究》1983 年第
　　1 期。

郭德宏：《毛泽东的土地政策思想》，《党史教学与研究》1990 年第
　　2 期。

郭德宏：《土地改革史若干问题论纲》，《近代史研究》1987 年第
　　3 期。

何秉孟：《论土地斗争中党对富农的政策》，《近代史研究》1986 年第
　　1 期。

胡艳萍：《中国革命：对农民的动员——读〈地主、农民与共产党：
　　社会博弈论分析〉》，《河北农业科学》2010 年第 4 期。

胡英泽：《流动的土地与固化的地权——清代至民国关中东部地册研
　　究》，《近代史研究》2008 年第 3 期。

黄道炫：《1920—1940 年代江南地区的土地占有——兼谈地主、农民
　　与土地革命》，《历史研究》2005 年第 1 期。

黄琨：《中国共产党土地革命的政策与实践（1927—1929）》，《长白
　　学刊》2006 年第 4 期。

黄修荣：《棋高一筹——毛泽东和共产国际关于中国农民问题理论的
　　比较研究》，《中共党史研究》1994 年第 5 期。

江红英：《新民主主义理论框架内外的富农与富农经济》，《中共党史
　　研究》2005 年第 5 期。

金德群：《如何正确看待我们党的"平分土地"的主张》，《教学与研
　　究》1982 年第 1 期。

李康：《西村十五年》，博士学位论文，北京大学，1999 年。

李里峰：《经济的"土改"与政治的"土改"——关于土地改革历史
　　意义的再思考》，《安徽史学》2008 年第 2 期。

李里峰：《土改与参军：理性选择视角的历史考察》，《福建论坛》
　　2007 年第 11 期。

李里峰：《"运动"中的理性人——华北土改期间各阶层的形势判断
　　和行为选择》，《近代史研究》2008 年第 1 期。

李元勋：《南昌起义揭开土地革命的新篇章》，《江西大学学报》1978
　　年第 1 期。

梁尚贤：《湖南农民运动中"左"的错误及其影响》，《近代史研究》
　　2006 年第 4 期。

刘晶芳：《再探共产国际与中共六大对工作重心的认识》，《探索与争
　　鸣》2008 年第 11 期。

钱枫：《北伐战争时期中国共产党的"小地主"政策分析》，《中共党
　　史研究》1986 年第 4 期。

秦晖：《土地改革＝民主革命？集体化＝社会主义？——马克思主义
　　农民理论的演变与发展》，《学术界》2002 年第 6 期。

区延佳：《略论第二次国内革命战争时期党对富农的政策》，《近代史
　　研究》1982 年第 2 期。

孙其明：《共产国际和农村包围城市的中国革命道路》（论文摘要），
　　《同济大学学报》（人文社会科学版）1997 年第 1 期。

唐振南：《从大革命时期湖南的土地问题谈毛泽东土地革命思想的萌
　　芽》，《学术界》1989 年第 1 期。

汪澎：《共产国际试图影响孙中山接纳土地革命战略的努力与失败》，
　　《湖北行政学院学报》2012 年第 1 期。

汪澎、朱静：《略论考茨基有关"农民土地问题"的思想》，《社科纵
　　横》2011 年第 11 期。

王德京：《毛泽东与一九二七年的土地会议》，《中共党史研究》1985
　　年第 12 期。

王建英：《六大以前中共中央领导成员基本状况的分析》，《中共党史
　　研究》1993 年第 1 期。

王文涛：《"毛主义"话语的起源、性质与内涵——简评史华慈〈中国
　　的共产主义运动与毛泽东的崛起〉》，《湖南科技大学学报》（社
　　会科学版）2005 年第 3 期。

王新生：《联共（布）、共产国际与南昌起义》，《光明日报》2007 年
　　8 月 3 日。

杨奎松：《新中国土改背景下的地主问题》，《史林》2008 年第 6 期。

姚金果:《共产国际、苏联与中国革命关系第九次学术讨论会概述》,《中共党史研究》2003 年第 4 期。

姚曙光:《论国民革命思想在农民运动中的流变》,《北京大学学报》(哲学社会科学版) 2005 年第 1 期。

张景虎:《彭湃的农民运动思想》,《中共党史研究》1990 年第 6 期。

张佩国:《中国乡村革命研究中的叙事困境——以"土改"研究文本为中心》,《中国农史》2003 年第 2 期。

张喜德:《论共产国际关于中国革命由"城市中心"向"农村中心"的策略转变》,载《井冈山道路与马克思主义中国化——纪念井冈山革命根据地创建 80 周年学术研讨会论文集》,中共党史出版社 2008 年版。

张永泉:《"平分土地"的政策应当基本肯定》,《中共党史研究》1994 年第 6 期。

赵刚:《大革命后期土地革命问题讨论中的几种意见》,《中共党史研究》1987 年第 1 期。

赵淑梅、牧之:《邓演达土地革命思想述评》,《长白学刊》1996 年第 4 期。

周其仁:《中国农村改革:国家和所有权关系的变化——一个经济制度变迁史的回顾》,《管理世界》1995 年第 4 期。

后　记

　　2005年我来到美丽的成都，师从鲜于浩教授攻读硕士和博士。本书是在博士论文基础上修改和润色而成的，于我而言，这不仅是硕博连读六年的成果，也是"寒窗三十年"求学之路的一个阶段性总结。

　　遥想当年考入西南交通大学研究生，初入师门，完全不懂"学术研究"为何物。第一学期选修何云庵教授的"共产国际与中国革命"课程，当时就被扒着"学术研究"的门缝所瞧见的绮丽吸引了：原来，做研究可以提出自己的观点；原来，学术研究是创造前所未有的成果。这是一种完全不同于本科的学习方式，那个时候，何老师就在课程中介绍了相关的研究资料和前沿问题，比如：苏联解体后大量的档案资料陆续开放和出版，《共产国际、联共（布）与中国革命档案资料丛书》就是极具史料价值的档案文献，当时是出版了前12卷（至2012年，全套丛书共出版21卷）。这些资料和问题让我觉得十分有意思，算是学术兴趣的萌发。

　　2007年开始转入博士阶段的学习，鲜老再次提到这个选题。利用苏俄解密的这套档案资料重新考察共产国际与中国革命问题的研究方兴未艾，鲜老设想从比较研究的角度，逐个考察中国共产党在"土地革命""武装斗争""统一战线"等重大理论和实践问题上，与共产国际所设想的异同。我自告奋勇，选择了"土地革命"的选题，开始共产国际与中国土地革命缘起与实施的研究。

　　兴趣与想象是一回事，真正去爬梳整理浩瀚的史料又是另一回事。在消化资料的过程中，越读书越觉得掌握的太少，越是不敢下笔。2011年是辛亥革命胜利一百周年，鲜老嘱我先写小论文，我的第一篇学术论文《孙中山对共产国际"土地革命"战略的态度析论》顺利发表，并被《新华文摘》论点摘编。俗话说"十年磨一剑"，我是"五年成一文"。吾师点评曰"有悟性"，并未批评我效率低，反倒背后表扬我"沉得下心"。鲜老历来严格严谨，这样的包容和鼓励，让我有了充分的信心和充足的力量，随后一两年即发表十余篇学术论文，同时完成了18万字的博士论文。

得遇恩师，受益终生！求学与工作十余载，恩师不嫌愚钝、悉心指教，师母贤惠慈爱，对我悉心关照。而今，恩师和师母已驾鹤仙去，每每读到老师的文字、忆及老师的教导，神态恍若昨日，音容如在眼前……

著书立说是"苦中作乐"，本书终于付印，心情并不轻松。博士毕业十年有余，这之间由于工作繁忙，研究能力不足，今天呈现出的，依然是一份不成熟之作，敬请批判指正。

在本书的写作过程中，我的家人给予了大力的支持，母亲常常来到我身边为我分担。这几年对父母和孩子疏于照料，幸父母身体健康，孩子聪明懂事。在此，谨致歉意和感谢。

本书的出版得到西南交通大学马克思主义学院马克思主义文库出版基金的支持。中国社会科学出版社刘艳编辑对本书的出版给予大力的支持，在此一并致谢。

汪　澎

2022年4月于西南交通大学